授業実践の限界を超えて
ある教師の表現者としての教育実践

小川博久・岩田遵子・本庄冨美子

ななみ書房

はじめに

　本書は，兵庫県姫路市立荒川小学校を昨年定年退職した本庄冨美子の教育実践を10年間にわたって年間平均3回ほど訪問し，学級活動と授業を観察するとともに，岩田がそれをVTRに撮り，のちに岩田が文字記録として再生し，エスノグラフィとして分析考察した。この過程では，小川も参加し討論をおこない考察結果を岩田が文章化した。この論文作成には，小学校訪問時における本庄冨美子とわれわれ研究者との話し合いの内容もここに反映されている。ちなみに，この論考の中心となるものは，日本教育方法学会等で発表されたものである。なお本庄冨美子の教育実践については小川博久と岩田遵子の共著で『子どもの「居場所」を求めて』をすでに出版済みである。にもかかわらず，あえて本書をさらに出版する理由は次の点にある。

(1)　前著では，本庄冨美子の学級経営と児童たちの自主的活動の特色にわれわれの分析の焦点があった。しかし，本庄冨美子という教師自身の個性についてはあえて深く考えることはしなかった。なぜなら教育研究の対象があまりに個性的であり過ぎてしまうと，研究成果を他者が応用できないと思われるからである。

(2)　しかし，本書ではあえて本庄冨美子の教育実践に対し教師の個性の側から踏み込んでみようと考えたのである。こう考えた理由は，本庄の教育実践としての特性はけっしてパーソナリティによってのみ規定されているのではないからである。むしろ，本庄実践の個性的側面を言語的に明確化できれば，新たな教育実践として他者に多くの示唆になりうると考えたのである。それゆえ，本書では研究者である岩田と小川と共に，教育実践者自身にも参加を仰ぎ，三者で執筆することにした。

(3) 三者で本書を執筆する過程としては,これまでのように本庄実践を研究者の岩田と小川が当事者の視点を想定した立場から,実践記録をエスノグラフィとして分析し,本庄には自己の実践を自らのことばで語ってもらった。それぞれの内容をお互いに読みあうことを通して,お互いの相互理解を図った。そして,この過程を読者に開くことが本書の意図でもある。

小川　博久

もくじ

はじめに

序　章　本庄冨美子の教育実践の特色

　第1節　学力のみによって教育は語れるか（小川）……………6
　第2節　学力偏重の中での子どもたち（小川）……………7
　第3節　現代の学校の問題点と教師の病理（小川）……………8
　第4節　本庄教諭との出会い（小川）……………9
　第5節　本庄実践の日常について語る（小川）……………13
　　　　　－エスノグラフィへの導入として－

第1章　子ども一人ひとりが生きる学級経営　―障碍児が健常児と共に―

　第1節　集団生活の中でケアの精神が生かされる（その1）………30
　　　　　－障碍児H子をめぐる学級生活－（岩田）
　第2節　集団生活の中でケアの精神が生かされる（その2）………44
　　　　　－障碍児S子と共に楽しむ縄跳び活動－（小川）

第2章　集団的知性としての学力　―学級活動の発展として―

　第1節　身体知の集団的遊び……………50
　　　　　－ボール回しの活動を通して－（小川）
　第2節　集団による意味理解……………55
　　　　　－劇活動〈ごんぎつね〉のリハーサルを通して①－（小川，岩田）
　第3節　「観る⇄観られる」関係における相互的学びと発見………92
　　　　　－劇活動〈ごんぎつね〉のリハーサルを通して②－（小川，岩田）
　第4節　パフォーマンスと意味生成の関連性……………136

－古典朗読劇のリハーサルを通して－（小川，岩田）

第3章　子どもが主導する授業

　第1節　学級活動の役割分有に始まる学習主体性の確立 ………168
　　　　　－4年生理科〈水のゆくえ〉が教えてくれるもの－（小川）
　第2節　役割の分有を介して表現の総合性を獲得する喜び ………172
　　　　　－学級全員による分担奏を通して－（岩田）
　第3節　学級仲間の知性を尊重し学び合う授業 ……………………192
　　　　　－4年生理科〈関節〉の授業を通して－（小川）

第4章　生きたモデルとしての本庄冨美子の教育実践

　第1節　新人教師の授業の援助 ……………………………………212
　　　　　－「ノリ」の共有を高める介入－（岩田）
　第2節　同僚と共に学び合う自主的な現職研修 …………………238
　　　　　－学ぶ共同体としての「スマイル」－（小川）

第5章　臨床教育研究における実践者と研究者

　第1節　自己の教育実践を語る ……………………………………262
　　　　　－実践者の立場から－（本庄）
　第2節　臨床教育研究における研究者と
　　　　　教育実践者の関係はどうあるべきか ………………………328
　　　　　－研究者の立場から－（小川）
　第3節　今後の教育研究のために（小川）………………………350

おわりに

序　章
本庄冨美子の教育実践の特色

第1節　学力のみによって教育は語れるか

　現在，教育現場で実践している教師にとって何より関心の高いのは授業実践である。授業を通じて子どもの学力の向上を図らなければならないということが，教師の頭を悩ませている最大の問題である。私の所属している学会の一つである「日本教育方法学会」は，学校教育における教育実践を研究する学会であるが，ここで発表される研究の多くは授業研究や学力に関するものであり，それに比して学級活動や学級経営に関するものは，もともと少ない傾向にある。そして，この数年を見てもますます減少する傾向にある。

　このことは，学校教育の目的からすれば，当然という意見もあるかもしれない。世界の先進国の教育事情を俯瞰してみたとき，グローバル経済の普及とともに，経済発展の要は，優れた人材養成にかかっているといわれてきた。そのため，アメリカ合衆国などは，世界の優秀大学や大学院のランク付けをしており，特に経済発展と国力の向上に深い関心を寄せる中国，韓国，台湾などのASEAN諸国，インドなどは，ユーロ所属国，英国，アメリカ合衆国，カナダ，日本，などの先進諸国に対抗すべく，学力向上のために，初等教育から力を入れてきている。こうした人材養成を学校教育の目標に結びつける動きは，市場競争が民族国家のヘゲモニー争いと深く結びついている状況の中では容易には修正できないことかもしれない。

　わが国も，学校教育を問題にする時，学力問題が中心にならざるを得ないのであろう。しかし，研究者の間では，「学力」概念の問い直しをする人も少なくなく，果して学力テストによって子どもの学習能力を的確に査定できるのかという疑問も絶えない。そこからPISA型の読解力に着目したり，フィンランドの教育に関心を寄せる研究者もいる。また，数年前までは，学力テストを実施することを止めて独自の教育実践を行っていた地方自治体もあったが，現在はそれも学力テストを行っている。こうした状況の中で，全国的に子どもたち

の多くが，学習への奨励を国家政策として，具体的には学校や教師側からだけでなく，親側からも促され，学校時間だけでなく放課後学習塾に通う姿からも明らかである。結果として，今や経済格差は学歴格差を反映しているという事実は当たり前の事実であり，学力差は家庭の経済力を反映することもメディアで報道されている。正規雇用と非正規雇用の給料格差も大きいということから，学校教育での学力向上への社会的圧力も大きいことを考えれば，学力偏重の教育体制の根が深いことは明らかである。果たして，学力への関心だけで教育を語ってよいものであろうか。今や40万人という不登校の子どもが存在する教育体制の改善は可能なのであろうか。

第2節　学力偏重の中での子どもたち

　問題は学校教育の中で，子どもたちがこの状況をどう受け止めているかである。多くの子どもたちはこの状況を従順に受け入れ，毎日，休むことなく通学し，放課後は遅くまで塾に行くという生活を送っていると考えられる。20数年前，私（小川）は，小平市の企業内幼稚園児を対象に実踏調査を行ったことがある。幼稚園降園後，ほとんど全員が様々なお稽古や学習塾に通っている。幼児たちは，他児と同様に自分もそうすることが当たり前のことだと考えているらしいことは，私の調査から解釈できた。言い換えれば，サラリーマンが勤めに通うのは当たり前のことだと思うようにである。しかし，だからと言って子どもたちの日常が幸せであるとか，ストレスが全くないといった解釈をすることは早計である。なぜなら，2011年の「大津のいじめによる自殺事件」以来，いじめを警察に申告する件数が増えているという事実から，子どもたちの日常が必ずしも幸せだとは言えないからである。不登校の件数が減少しているという報告もないのである。こうしたメディアの報道を待つまでもなく，子どもたちの日常はわれわれ大人の子ども時代と比べてみると，大変，多忙になっているこ

とは確かである。

　このことから子どもはどんな状況にも耐えていけるとか，それが望ましいという結論を早急に引き出すべきではない。なぜなら，前述のように，大人の予想を超えたところでいじめや不登校という病理を発症させているからである。

　また，発達障碍児が急増しているという事実も，この障碍の要因が気質には関係がないということからも不安材料であることは確かである。われわれ教育関係者は，現代の学校教育に潜む病理の要因を「大人－子ども」関係の問題として構想力を発揮して探り出す必要がある。

第3節　現代の学校の問題点と教師の病理

　現代の学校教育を考える時，親や社会の期待が子どもへの社会的圧力となっているものとして，学校に寄せられる学力期待をまず挙げる必要があるだろう。それは，逆の言い方をすれば，不登校児たちが学校に行かなかったことでもたらされるネガティブな意識から解放されることがいかに大変かということ，大学生になっても，学校の社会的評価についての世間の風評を自分の能力の評価にしてしまうという傾向がいかに強いか，をみれば明らかである。こうした世の中の学力信仰は，学校教育の教育実践を担当する教師たちにも大きな圧力となっていることは確かである。

　私も大学院生の頃，中学校と，高等学校で社会科の非常勤講師を数年経験したことがある。大規模校なので，教科書の中の単元を順次教えていかなければという気持ちに迫られるのである。それは，期末テストの範囲を他のクラスの学習進度に合わせるためであり，テスト結果が，他のクラスに遅れをとらないためである。こうした脅迫感で授業をする限り，児童生徒の興味を喚起する授業などは困難になる。ましてや，授業についていけない生徒に配慮することなどはできない。日々多忙さを増す教職の中で，ともすれば，クラス大多数が平

均点を通過すれば良しとし，多少の落ちこぼれは不可抗力である，という諦観（諦めの心情）にもなりがちなのである。そうした心情の教師にとって，結果として特に成績の良い子，あるいは成績が劣り問題視されている子は，良くも悪くも教師の記憶にあるが，いわゆる「目立たない子」は無視されやすい。授業のコマ数が多く，しかも同じ授業を何コマも担当し，担任のクラスを持たない中学校以上の教科担当だけの教師の場合，教師の関心は成績だけであるという本音を筆者のゼミを受講した教師たちは異口同音に語っていた（この学生たちは，免許取得のため教育学関連科目を受講したが，こうした科目は教育の意義や目的，子どもの特性などを論じているにもかかわらず，その必要性について関心を持ったことはこれまでほとんどなかったと，つまり，教科内容を教えることだけが関心であったとも述べている）。こうした状況は，子どもたちの学業への興味を喪失させ，子ども一人ひとりの個性に関心をもつことをせず，子どもたちを匿名化していくのである。

第4節　本庄教諭との出会い

1　幼小連携問題を契機として

　こうした教師たちが陥りがちな状況を背景に，私は本庄教諭の教育実践に出会ったのである。われわれ研究者が優れた実践に出会うことは一つの僥倖である。それは偶然でもあるが，出会いという点では必然の部分もある。フィールドワークを重視する研究の場合，実践家との良き出会いを求めるという意味からすれば，いたずらに偶然の出会いを待つのではなく良き出会いを見出すためにも，私と本庄教諭との出会いを語っておく必要はあるだろう。

　本庄教諭の実践との出会いは全くの偶然ではない。本庄教諭は私（小川）が東京学芸大学幼稚園教育教員養成課程の教官に奉職していた昭和48年度の卒

業生である。しかも，私は卒業論文の指導教官である。私の記憶の中には，独自な思考力と存在感を持った学生であったという印象がある。卒業後，故郷の姫路市で教職に就かれ，結婚をされてからも続けておられたことは年賀状の交換で知っていた。ただ印象に残っているのは，数年おきに教育実践の問題について長電話を交わした記憶であり，そこから本庄教諭が総合的学習の実践や郷土学習に強い関心を持っていること，子ども一人ひとりの育ちについていつも心を配っているということであった。

　ちょうど17年前，姫路市で幼小関連に関する研究会があり，本庄教諭はその会に出席して自分の中で未消化の課題が残ってしまったのだそうである。それというのも，本庄教諭は大学で幼児教育を学んだことが未だに強く念頭にあり，それが要因でもあったようである。そこでこの幼小の研究会に私が招聘されたのである。

　その後，私は姫路市の公立幼稚園の園内研究会に招かれた（平成14～15年まで，市立広峰幼稚園，さらに平成18～19年まで，市立網干幼稚園で）。こうした出会いから，私と共著者の岩田は本庄実践を見学することになったのである。最初に見た本庄教諭の授業は，平成17年2月19日，姫路市広峰小学校2年B組の授業で，劇〈スーホーの白い馬〉の練習の様子である。そのエスノグラフィを分析した論文は，われわれの前著『子どもの「居場所」を求めて』の第1章で「『問題児』がクラスの中に『居場所』を獲得することによって『問題行動』が減少していく実践事例－本庄冨美子教諭の実践から－」（岩田遵子）に掲載されている[①]。この授業が私との出会いと無関係でなかったことは，この授業についての本庄教諭自身の実践報告の次の文章のなかにある。

　　文部省の幼小連携に関する総合調査研究を受け，幼稚園と小学校との連携の在り方を模索することの中で気づいたことの一つは，小学校における負の要因（授業についていけない，集団行動がとりにくい）を抱えた児童がいつしか集団の外に置かれがちになる。また，外に置かれがちになった子どもたちは，常に朝からことあるごとに，負の評価の雨（早くしなさい。

> まだできていないの。話を聞いていないね。など，集団について行けない現状をつつかれる。）を降らされ，いつしか自信を失いやる気を無くしていることに気づく。また，集団についていけない子として保護者にも精神的負担をかけ，子育てに自信をなくさせている現状がある。
> 　そこで活動を中心として環境を構成していく幼稚園教育のあり方に学び，個に焦点をあて，この良さを十分に生かすこと，各教科を独立させすぎず，各教科のねらいを持ち，環境を整えてやること，（中略）集団になじめない子を集団の力で，無理なく自然な形で集団の一員である喜びを味合わせ，人間関係をつくる喜びを味合わせることができると考える[2]。

　このことから幼小連携の研究会がさらに遡れば，学生時代からの教育についてのコミュニケーションにおける共感性が本庄実践と出会う契機になったと言えよう。今にして思えば，そこには単なる偶然性ではなく，出会う必然性もあったと言えるのではないだろうか。

2　本庄教諭の幼小連携に対する問題意識

　本庄教諭の作成した小冊子のこの要約した文から，小学校教育に対する本庄教諭の基本的な教育観と指導方法を伺うことが出来る。その原則は幼児教育における生活体験を重視した，活動中心の教育を継承していくということであり，指導方法としては言語中心の学習ではなく物・道具と場所を介して人間関係が生まれる様に，生活科だけでなく教科を超えて児童が主体的に学べる環境を作ることで，体験的に学ぶ機会を用意する授業のやり方を考えるのである。そして驚いたことに 本庄教諭の教育実践は われわれが参観した際の印象でも，本書に引用されたすべての事例において実証されることになるが，見事に上述の教育方針が実現されているのである。このことこそ本書を上梓した理由でもある。

3　本庄実践についての研究過程と本書の構成

　まず始めに，本書の構成としては，本庄教諭の教育実践についての小川の主観的印象を序章として述べ，その実践についての仮説的解釈を提起した。序章に続き，本庄教諭の実践事例を岩田がVTRに撮り，岩田と小川が分担して文字記録として起こし，それぞれの事例を分析し，解釈を加えることで，小川の印象上の仮説を実証的に検証した。さらに本庄教諭自身が自己の実践事例についての語りを加えることで読者に本庄実践の実像を多角的に捉えてもらいたいという思いから三部構成にしたのである。

　こうした構成を通して，われわれの解釈の妥当性が証明されると確信している。というのも，われわれ二人（小川と岩田）は，授業者である本庄教諭とも繰り返し話し合いを持ち，一致点を模索してきた。このプロセスは，現場教師と研究スタッフとの話し合いが臨床研究の重要な部分であると確信しており，このことは，後の章で改めて論ずる。

　ここで本研究は，基本的にエスノグラフィーによる教育実践事例の解釈を通して教育実践の当事者がどのように実践を進めていけばよいかについての仮説生成を目論んでいる。この立場から，積極的に本庄実践により確かだと考える解釈を提出したと信じている。もちろん，この解釈は本庄教諭との話し合いを通じてのものである。

第5節　本庄実践の日常について語る
　　　　─エスノグラフィへの導入として─

　これまで本庄実践を延べ30数回訪問して、1回につき平均3時限の授業を見学したことになる。まず、本庄学級で出会った子どもたちの印象から語ることにしよう。

1　子どもたち自身による自主的な学級経営

　まず第一に気づくことは、本庄教諭の担任学年が、広峰小学校に在職していた時は2年生の担任であったが、荒川小学校に移ってからは、4, 5, 6学年であったということもあり、教室内の子どもたちの様子がいつも変わらず、落ち着いていて、しかも自主性に富んでいたということである。高学年になると、朝の職員会議のため、本庄教諭が自分の担任の教室へ行く時間が遅れることがある。その時には、いつも2人の当番係によって学習活動がすでに始められるのである。それは宿題の答え合わせであったり、読書の時間であったりする。学習活動を自分たちで自主的に進めるという意識は、クラスのみんなが共有しているように伺われた。

　ある時、午後最後の音楽の時間に、本庄教諭は学外出張に当たっていたので、子どもたちに自主的に学習活動を進めるように指示して教室から消えた。当番の2人はさっそくクラスのみんなに歌いたい曲を挙手して言うように促し、挙げられた曲を順次、CDプレイヤーにセットした。CDは教科書に掲載されている歌のカラオケであり、それを順にスタートさせるとともにみんなで一緒に歌ったり、リコーダーを演奏したりして、授業は子どもたちによって展開された。ここには、自主的な学級活動を土台として、子どもたちによる主体的な授業活動の展開へと発展して行く可能性が示唆されている。子どもたちは明るく、われわれ外部の人間に対してとてもオープンで、われわれが学級に入室しても、

子どもたちの態度にあまり変化の様子は伺われない。いつものように日常の活動ができるようである。しかし，われわれに対する配慮はしっかりできるのである。われわれが立ったままで見学していると，誰かれとなく，椅子を用意してくれる。いったいこうした子どもたちの姿勢は，どのようにして形成されたのであろうか。この疑問への答えは後の章で論じるつもりである。しかし，その前に，もう少し子どもたちの姿を追ってみよう。

2　クラスの親密な人間関係

　第二に，子どもたちの人間関係の密度が濃いという印象を受ける。それは休み時間の子どもの姿に現れている。休み時間になると，子どもたちが頭を寄せ合ってお喋りをしたり，机が後ろの壁に寄せられて，前の方にスペースができている時などは，子ども同士がお手合せを始めたり，お互いにじゃれあったり，時にはくんずほつれずの，取っ組み合いが生まれたりするのである。これは決して喧嘩ではなく，親しさの表現なのである。このように述べると，良い点ばかりを挙げているように聞こえるので，本庄クラスで起きたパニックを書いておこう。

　本庄クラスの子どもたちの中には，学業の遅れだけでなく，家庭の事情などで，問題を抱えた子どもがいつも2〜3人はいる。その他に本庄教諭は，学校側とすれば，発達障碍として特別学級に配置した方が良いと考える子どもをクラスに抱えていることが多いのである。われわれが訪問した10年間の中で，本庄教諭がそうした子どものいないクラスを担任したのは，最後の1年間だけであった。

　パニックが起こった日時ははっきり覚えていない。4年生のクラスだったと思う。子どもたちはグループの話し合いをしていた時であった。机をくっつけて，向かい合って，話し合いをしていたあるグループの男の子同士2人が，始め低い声で言い合いをしていたが，いきなり，立ち上がりあっという間に，無言で殴り合いを始めた。そしてもうこの勢いは止まらないかのように，その

子どもは無言のまま，椅子などを蹴飛ばして瞬く間に教室内が無秩序状態になった。また，われわれは，クラスのほとんど全員が騒ぐという場面に遭遇したことがあった。やはり4年生のクラスであった。その日，社会科の授業を新卒の教師が受け持つことになった。最初静かにしていた子どもたちも，次第に私語が多くなり，終業時が近づくにつれて，収拾がつかなくなっていった。しかし，廊下に担任の本庄教諭の姿が現れた途端，子どもたちは静かになった。ところが，こうした事態にたいして，本庄教諭は子どもを声を荒げて怒ることはなかった。

３ 本庄教諭のクラスの子どもたちへの基本的対処姿勢

この時の本庄教諭の対処を紹介しよう。この日，この授業の前の時間に，子どもたちは，2年生の自習を援助する役割を与えられていたので，われわれはこの様子を観察するために，2年生のクラスに入っていた。子どもたちは，とても優しく，静かに2年生をサポートしていた。騒いでいた姿に出会った本庄教諭は，私に対し，2年生たちに対してどうでしたかと聞いたのである。私はもちろん，正直に見たままを話し，子どもたちはどの子もとても親切に手助けをしていたと言ったのである。

本庄教諭は，授業見学者の私を使って，子どもを叱る代わりに，あなた方は，わざわざ東京からあなたがたの授業を見にきてくれたこの人から，このように高く評価されていますよ。この監督さん（私は，本庄教諭の授業を見学する時には，いつも一緒に行く岩田がVTRカメラを回しているので，岩田がカメラマンであるのに対して，私は映画監督の「監督」さんということになっているのである）が言うあなた方の姿が本当のあなた方の姿でしょう。私（本庄）はそう信じていますよ，という気持ちを子どもたちに伝えたかったと思われる。つまり，本庄教諭は，子どもたちに，負の評価の雨を降らせないということを教育実践の規準にしている。本庄クラスには上述のように，問題を抱えた子どもが多い。特に，そうした子どもの場合，クラスの秩序を乱す可能性が高い，

そしてそうした出来事の度に，教師が叱るということが行われたとする。それは騒ぎを起こした子どもへの負の評価が繰り返される事を意味する。その負の評価は，クラスの他の子どもたちにも，伝わるだけでなく，その学校の教師たちにも伝わり，父母にも伝わる可能性もある。結果として，その子どもは周囲から負の評価の積み重なりによって，「問題児」とされてしまうのである。負の評価の雨を降らせないというのは，そういうレッテル貼りはしないということである。学力の差が授業で生まれてくることはありうることであり，その差を短期間に解消することもまた容易なことではないことも本庄教諭は認めている。しかし，子ども一人ひとりはそれぞれ固有の存在であり，その固有性を認めていく必要がある。ここに本庄冨美子独自の子ども観があり，人間観がある。本庄教諭はこの立場をどう実践するのであろうか。本庄教諭の実践が学級活動を出発点にしている理由がここにある。

4　学級活動と授業活動の連続性
── 基盤としての倫理的人間形成観 ──

　学級活動を教育実践の基盤にすることのさらに積極的理由は，子ども一人ひとりが自分らしさを発揮する場面を用意することができるという点にある。この文の冒頭で紹介したように，学級活動での当番係はすべての子どもが自分らしさを発揮する場面となる。そこでのパフォーマンスは，本庄教諭が教育活動において行う本庄教諭のパフォーマンスを真似て形成するのである。本庄教諭が担当する授業の内容は，国語，算数，理科，社会，総合的学習，音楽，体育，生徒指導，道徳などほとんど全教科である。また，約10年間に本庄教諭が担当する学年クラスは毎年異なり，2年生～6年生までを担当しているが，その実践を観察して受ける印象は一定の共通性を持つように思われる。それは次のようなものだ。

　子どもたちの学級活動に始まり，それに応答する形で本庄教諭の生徒指導上

のパフォーマンスがあり，いつの間にか教科の内容についての活動へと移って行くというように，連続的なイメージが強い。われわれは，本庄実践の特色を子どもの表現を重視する実践と呼びたい。この特色によって，① 子どもの学力差に関係なく，クラスのどの子にも表現のチャンスが与えられる。そして，教師と子ども，子ども同士の間の応答関係を確立すること，② 後に岩田の事例分析や，ボール回しの実践や，体育の時間で展開された集団縄跳びなどに見られるように，クラス集団が全員で同調性の「ノリ」（リズム）を高める活動が繰り返されることで，クラスとしての一体感と共に，子ども同士の相互関係性も高まっていくのである。ここには，一面では，③で述べた本庄教諭の倫理観に基づく人間や集団についての見方と教育観があると思われる。

つまり，子ども一人ひとりの固有のあり方が認められ育てられること，本庄教諭にとっては，教育とは，そのための「人間形成」なのである[3]。この言葉は，本庄教諭にとって，抽象的観念ではなく，クラスの子ども一人ひとりの独自なあり方と日常の教育活動の中で向き合うことで実現するものなのである。

5 話し言葉を中核にする総合的教育活動

そしてこの教育観を支える具体的教育活動は，本庄教諭と子どもたち，子どもたち同士間で交わされるコミュニケーションにおける共感に始まり，教科において「国語」と言うより，他の教科においても言葉の意味や使い方に注目する態度につながっていく。本庄教諭自身の認識の中に，すべての教科の中で国語が最も基本的な教科であるということがあったかどうかは分からない。しかし，彼女の実践の基底に言葉，特に話し言葉を重視する，「話す－聞く」という関係の重視があったことは明らかである。

本庄教諭は，教科がなんであれ，わからない言葉があると，学年を問わず，一斉に子どもたちに辞書を引かせるという指導がある。そしてその辞書の意味を読み上げさせる。

しかし，それだけでは，クラス全員がその言葉の意味を解るということには

ならない場合も多い。そこでの本庄教諭の問いかけの方向は劇の授業における演技の指導と同質のものである。例えば，〈ごんぎつね〉の劇のリハーサルの中で重いものを「かかえる」という演技を巡って，実際に「重さ」を身体で感じるように，「身体で重い物を『かかえる』姿勢を取るようにしてごらん」という。「かかえる」という行為が実際に展開する場面で，この言葉の意味を把握するという点に力点を置いていた。言い換えれば，本庄教諭の言語指導の観点は，日常のコミュニケーションにおいて常に使われている言葉の意味をより具体的に，自分の感覚や身体のレベルで捉えられるということであり，辞書で調べるときも，このことが大切にされるのである。現在の国語では，指導要領において以前より「話す」，「聞く」という口語レベルでの言葉の働きが重視されているが，本庄実践では，このことが日常的な学級活動のレベルから大切にされているということになる。このことは，子どもたちの立場に立てば，学校の日常生活の段階から，どの子も自分の思いを先生やクラスの他者との対話の中で表出する機会を与えられ，また表出するよう促されることになる。

　そのひとつが当番活動だ。クラス全員が二人一組で，前の日に出された宿題の答え合わせをしたり，担任から託された話し合い課題の司会をしたりする。この役割は，① 本庄教諭の行動を見て真似る，② 自分より前の当番係のやり方を見て真似る，③ 二人組であるという心強さがある，などの点でパターンとして学び易い体制をとる。さらに当番係の役割に対して話し合いをする子どもたちの間にも，「意見を言ってもいいですか」「誰々さん，どうぞ」というように，クラス集団の間で，応答の形式が定型化されており，本庄教諭自身が学級経営をする時も，聞く時と話す時の応答のルールを単に教師の指示として伝えるのではなく，「はい，気分を一新して」とか，「はい，深呼吸して」といった指示によって対話のリズムを整えさせ，クラス内の子ども同士のコミュニケーションにおいて，「話す−聞く」の関係を，応答のリズム「ノリ」[4]として身に付けさせようとしているのである。

　こうした応答的コミュニケーションの基本をクラス全員が習得した上に，本庄学級が行う特徴的な教育活動が個人個人の個性を重視すると共に，集団活動

を大切にする音楽の分担奏や，国語の時間の集団劇による表現活動において，この応答の「ノリ」が生かされるのである。個々人とクラス集団の応答関係については，すでに，当番活動などの学級活動で習熟しているが，集団活動が集団の「ノリ」として展開されることで，子どもたちがこの応答の「ノリ」を楽しんで行くのである。その具体的事例を紹介しよう。

6　クラス集団の「ノリ」を重視する教育活動

　本庄学級で紹介したい特色ある活動としてボール回しの活動がある（後に事例で紹介する）⑤。本庄教諭がわれわれに面白い活動があるというので，昼休みの時間に校庭に見に行った。クラス全員が集まり，一列に並んで両脚を開き，そこにできた股の間のトンネル状の空間にボールを先頭から順にどん尻の子どもまで通すと，末尾の子はボールを抱えて，先頭まで走って来て，今度はボールを頭の上からに順番に後ろに回して行く。これを繰り返すのである。

　これは普通運動会の演しものとして，2チームに分かれて競うゲームとして行われる。しかし，このクラスでは，競争としてではなく行われて盛り上がっている。なぜ競う相手がいないのに楽しそうにできるのか。見ていると，クラス全員（30人前後）が参加するので一列が延々と長い。そのため敏速にボールを動かそうとすると失敗し，ボールが列からはみ出してしまう。それなのに子どもたちはボールを急いで拾いに行き，また始める。どうやらクラスメートと一緒にこの同調の動きの「ノリ」を楽しんでいるようだ。言い換えれば，成功と失敗の試行錯誤を「ハラハラドキドキ」感を楽しんでいるようなのだ。この活動はクラス全員がこの活動を集団の身体表現として楽しんでいるのである。クラスとしてのまとまりがなければ生まれる活動ではない。また，楽しくなければあのように続かないだろう。

7 クラス集団における相互的パフォーマンスの形成
― 表現活動を中心とする演劇的（観る⇄観られる）関係性 ―

　この活動は，本庄実践の特質である音楽の分担奏や〈ごんぎつね〉などの表現活動に繋がるものである。ここでは，かなり時間をかけて行われる劇作りのプロセスの中で，リハーサルの時間に焦点を当ててその意味を考えてみたい[6]。〈ごんぎつね〉の劇作りは，2月初めの4年生の国語の授業を当てて行われ，3学期の末に，同学年の他クラスや諸先生の前で披露される。ここでリハーサルの時間を取り上げるのは，表現活動が子ども一人ひとりにとって個性を発揮する場であると共に，クラス集団の学びの場であることを示す典型的な機会であることを示すためである。

　リハーサルは，2月の半ばに行われた。机を教室の後ろに下げて黒板の前面に舞台を作り，そこで劇が演じられる。リハーサルは子どもの司会で始められ，本庄教諭は，原則として見守ることに徹しているが，時として子どもたちに発言を求める。子どもたちは，どの子も劇に参加し，おのおのの役を当てられているが，このリハーサルで行われる場面では，演ずる役とその他の子どもは第三者として観客になる。前述のように，これまで子どもたちは学級活動を通して「話す－聞く」という応答のコミュニケーションの基本には習熟しているはずであった。しかしここでは，日常の学級活動では得られない質の高い学びが生まれていると想定できる。

　まず第一に，演じ手はすでに自分で教科書の脚本を読んできていて，ここでは自分らしい演じ方を試みようとする。それゆえ，子どもたちは自分らしさを表現しようとして（観られている自分を自覚して），精一杯身体を使って表出する。しかし，そうした表出は表現というにはまだ未熟だ。なぜなら，自分の感じた通りに，身体で表すことなど簡単ではないからだ。

　しかし，第二に，ここでは「演じる－演じられる」という関係，「観る⇄観

られる」という関係がセットされている。しかもこの関係にあるクラスの子どもたちは，それぞれこの劇に参加しており，自分の役を持っており，異った場面で自分も演じ手になるのである。たまたまこのリハーサルの時間が演じ手と観客に分かれたにすぎない。観客になった子どもたちは，演じ手のパフォーマンスを見て，自分が演じた経験などを振り返りながら，自分の感じた印象を批評として語るのである。ここでのコミュニケーションは，演じ手から受けるビジュアルイメージと，自らの言葉が生み出すイメージがクロスする形で展開される。その結果，演じ手の子どもは，観客の子どもの発言によって，再度，同じ場面でのパフォーマンスを繰り返すこともしばしばである。

　こうした表現を媒介にした相互コミュニケーションは，繰り返すうちにイメージの焦点が相互に共通な地点で合ってくる確率が高い。なぜなら，相互に交わされるコミュニケーションの中で，応答の「ノリ」が保障される限り，相互に共有されるイメージの確かさを明らかにする演技（身体に動き）が存在するからである。

　このように，表現を媒介にする学習を，応答的相互コミュニケーションを土台として集団的に構成することができれば，それは，一方で一人ひとりの個性的な学びを知的にも感覚的にも保障しながら，他方では，演じ手と観客役の子どもとの相互的やりとりが集団的学習を可能にするのである。表現活動は知的な学びだけではなく，情動的な心情を表現に込めることができるとすれば，集団劇のように，台詞の応答や，心を一つにしてあるフレーズを朗読するなど，「ノリ」を合わせることで，高揚した心情を共有できたりする。こうした学びを通して本庄学級は，このリハーサルを通して集団的表現活動の「楽しさ」を体現し，結果としてクラスの対人関係の豊かさを全員に味合わせるのである。

8　個と集団の豊かな関係性の創造へ
　　　― 健常児と障碍児の垣根を超えて ―

　こうした活動を通じて学力テストのもたらす能力差の意識を超え，すべての子どもの学習活動へのモチベーションを高めることになる。本庄学級の一体感はこうして生まれる。それは，一人ひとりが匿名化される一体感ではない。昨今の学校は子どもの能力差によって個別化，孤立化の傾向が一般化する中で，本庄学級は障碍を抱えている子どもがクラスの中でそうした存在であることがきちんと認知されているにもかかわらず，いささかも差別されず，仲間の一員として受け入れられ，むしろその障碍児を受け入れる形で活動が展開されるのである。

　後に事例として取り上げる一つのエピソードを紹介しよう。6年生の体育の時間である。子どもたちは体育館の中の小さな部屋に集まって，係の子どもの指示で，2グループに分かれ，集団による長縄跳びを始めた。1グループ20数名というところであった。リズムに合った縄の回転に合わせて斜めの方向から児童たちが順番に縄の輪にとび込んで，抜けて行く。実にスムーズである。ところがひとりの障碍の子がいたのである。スムーズな動きは，彼女の番になると，そこで停滞する。しかし，そこでは全員が彼女の跳ぶのを見守り，うまく行った時には，全員が拍手喝采する。彼女の存在によって全体の「ノリ」が乱されたという見方もできる状況の中で，彼女が跳べることが皆の関心であるという様子が，全員から伺える。健常な子どもたちが長縄跳びをリズミカルに連続して跳べること自体にあまり関心はなく，障碍をもつ児童が跳べることで初めて，自分たちの長縄跳びのシークエンスが完結すると考えているかのようであった。子どもたちは，障碍児の子どもが跳べたその瞬間が，自分たちが合わせて来た長縄跳びの「ノリ」が完結し成功する一瞬であるかのように，ハラハラドキドキして待ち望んでいた。だから成功した時に，一斉の拍手が出るの

である。ここには，クラス集団としての強い連帯感が伺われるのである。

　だから，子ども一人ひとりの個性が無視されたり，匿名化されたりすることもないのである。現在，建前では個性重視の時代であると言われている。しかしこの個性重視は，誤っていると言っても過言ではない。なぜなら才能を発揮して世に認められる人がいる一方，引きこもったり，非正規雇用の末，仕事を失い，ドロップアウトして行く人も多い。彼らはすべて努力をしない，無能な個性のない人と言い切れるであろうか？以前，私はある雑誌で，「一芸に秀でる者」を重視することは，教育において，個性尊重になるかを論じたことがある（「個性を生かす教育－一芸に秀でた子でいいのか－」[7]）。この小論の中で，「一芸に秀でた者」を重視して，AO入試などで入学させる制度についてそれは個性尊重の教育にならないことを批判したことがある。

　そこではこう言っている。「『個性』を『それぞれの人のもつその人らしさ』とし」「個性が認められ，育てられるためには，基本的に二つの条件が必要になる。一つは，ある人の『その人らしさ』を他者，集団，社会に認知されること，二つは，その人自身が自分らしさを認知し，評価することである。さらに個性を育てるということになると，その人のその人らしさの社会的価値と効用性を承認し，それがますます増大するように，その人らしさに働きかける。それとともに，その人自身も，そうした自分を肯定的に見て自分らしさに誇りを感じ，それが社会的に承認される努力するということになる」[8]。

　一方，「一芸に秀でた子」という場合，例えば，全国優勝のサッカーチームのエース・ストライカーと言われた人が，不慮の事故で大怪我をし，サッカーができなくなるだけでなく，障碍者となった場合，「サッカーができなくなっても，彼は以前の彼だし，彼らしさは少しも変わっていないはずなのに，社会的価値が喪失してしまっただけで，彼が自分を自分らしいと思う誇りや自信を喪失する可能性は大きい。昔の栄光が自分の誇りを支えている分だけ，彼は現在のありのままの自分を認めることができないからだ。（中略）」今では，「多くの人々は彼を一障碍者としてしか認めない。一人ひとり，生きている道筋は皆異なっているのに，障碍者という普通名詞でくくってしまい，一人ひとりの

相違に目を向けようとしないだけでなく，社会的に価値が低い者と見る傾向さえ生まれかねない。ここに差別という観念が生まれる根がある」[9]。 それは学力の低い子を差別する教師がいるとすれば，「他者の基準である社会的価値の高低で個性を捉えようとしている点で」[10]あり，一芸に秀でるという視点で人を見るのと結局は同じなのである。

そこで私が求めたもう一つの視点は，「自分史体験」を作るということである。それは「子どもが自ら興味と関心を持った事柄に自ら取り組むこと，そしてその取り組みの過程で感じた苦難を克服して楽しさを獲得すること（「ヤッタ」，「ハッピー」というような感じをもつこと），それを通じて自己充実感，満足感，自己の存在感を感じること」である。「そしてその過程を見守り，その過程で起きる困難や喜びに共感しつつ必要な時に援助してその克服体験を共に喜ぶ第三者と出会うことから，<u>自分なりの</u>個性を獲得する実感が生まれる。それは自分の物語を作ること，自分史を綴ることといえる」。（傍線原著）

この文言は，そのまま，本庄教諭に与えるべきものだと言える。ただここでの自分は本庄クラスであり，その中にいる自分である。本庄クラスの子どもたちは，このクラスの一員であるという誇りの中で，それぞれ自分史を綴り続けるのである。その一例を紹介しよう。

4年生のA子は成績の良い子である。放課後，学習塾にも通っているので，本庄教諭の授業でも適確な答えをする子である。しかし，学級の中で派手にリーダーシップを発揮するという感じはない。現在，こうした子どもたちの間にある学力差は，放課後の学習塾などの存在で，授業実践に困難さを抱えている。子どもたちの学力差は，学習進度の違いを生むことになる。教師は基本的に平均値に近い子どもに合わせて行う授業を行わざるを得ない。こうした授業は，学習進度の早い子どもには，すでに学んだ事柄であることが多く，既知情報であるがゆえに退屈になり，学習進度が遅れがちの子どもには，ついていけない。最近では，ついていけない子の場合，塾任せを当然だとする教師も多いと言われている。

こうした状況の中で，本庄クラスの中で，A子の存在は貴重である。なぜなら，

4年生の彼女はクラスのために貢献する力を持つからである。このエピソードは事例の分析で紹介するので，ここでは，簡単に述べるにとどめよう。

　4年生の教材で人の身体の仕組みについて学ぶところがあり，その中で骨について本庄教諭が触れた時，A子は塾でさらに詳しいことを学んでいた。そこで，本庄教諭はA子にその解説を任せた。A子は，本庄教諭に代わって，参考書を書画カメラで写しながら，関節部分にある軟骨部分の性質とその働きについて，わかりやすく説明した。クラスの子どもたちは彼女の学習能力について良く認識し，評価しているらしく，彼女の話にきちんと耳を傾け，しかもよく質問が出され，本庄教諭の授業に比べても引けを取らないほど，活発な話し合いが持たれた。本庄教諭も終わった時，この話し合いについて楽しかったし素晴らしかったという賛美を送ったほどであった。

　本庄クラスの場合，障碍を抱えた子であれ，A子のように学力の高い子であれ，それがクラスの学び合いに葛藤を引き起こすよりも，そうした違いがクラスの学び合いの活力として生かされていく。そこには，本庄教諭の教育実践における基本的信念「学力差が生じることへの対策は簡単には克服できない。しかし，子ども一人ひとりの個性を大切にすること」そして「子ども同士がお互いを人として認め合うこと」がクラス経営に生かされているのである。

9　子ども同士による「思いやり」を実践する

　最後に，本庄教諭の教育実践のこうした哲学が具体化された実践例を紹介しよう。

　4年生のクラスのB君のお父さんは，長距離トラックの運転手をしていたところ，事故を起こし，入院後，車椅子なしでは生活できないことになってしまった。クラスの中でB君のお父さんに何かしてあげられないだろうかという話が持ち上がった。話し合いの結果，B君のお父さんに車椅子を贈りたい，それにはどうするかということになった時，ペットボトルのキャップを30万個集めれば車椅子がプレゼントされる，という話を聞き込んできた子どもがいて，ペッ

トボトルのキャップを集めようという決議がなされ，その日から子どもたちのキャップ集めが始まった。

子どもたちはお父さんやお母さんの協力を仰いだり，通学の行き帰りや，コンビニの周りに注意を払ったりして，キャップ集めは続けられた。やがてこの努力は新聞記者の知るところとなり，新聞にも報道された結果，この運動は学級を超えて学校全体の協力も得られ，ついに4か月後，目標値のキャップが集まった。

車椅子の授与式が授与団体の責任者と新聞記者の臨席の元に，本庄学級の教室で行われる日に，われわれも運良く出席することができた。教室の隅や廊下には，ペットボトルの入った袋が数個置かれてあり，その日は授業の代わりに車椅子の授与式が，子どもたちの司会進行で行なわれた。式次第も，授与団体の挨拶以外はすべて子どもたちの手で行われた。この活動自体が総合的活動を子どもたちの自主性において展開されたといって良いといえた。子どもたち一人ひとりが達成感を感じている表情を浮かべていた。

本庄冨美子の教育実践を総括するならば，子どもたちを区別なく愛する教師が子どもたちと日々かかわることを大切にし，そのかかわりを受けた子どもたちも一人ひとりまた，クラス全体として共に豊かな教育活動の時間が流れていったという印象である。

10　本庄冨美子の授業実践の特色

本庄冨美子は平成23年に定年を迎えた。しかし，彼女の授業実践の特色は，第4章の現場研修「スマイル」の事例にあるように多くの同輩の教師の注目するところとなり，現役時代から要望に応えて他の教師の授業に介入し，その教師の実践を現場で指導する実践を行ってきており，退職後も依頼を受けてこの実践を続けている。その一例が第4章の事例の1年生への介入実践の事例である。この事例の分析を行った岩田の記述からも明らかなように，ここには，本庄実践のこれまでの蓄積の集約的特色がみごとに結果として表れている。

それを一口に言うならば，この授業実践は授業全体の展開が本庄冨美子の介入により，この学級の子どもたち全員によるドラマ表現となっているということである。これは，本章の様々な実践事例で紹介したように，① 学級活動をクラスの児童自身の自主的活動として行うこと，② ボール回しなどの身体運動をクラス全員の同調的活動として楽しむこと，③ 劇活動のリハーサルなどを演ずる側，観る側が「観る⇄観られる」という応答的関係として実践すること，④ ことばの意味を演ずるという機会を通して，身体の内側から生まれたことばとして理解すること，⑤ こうした実践のすべての成果は，子どもたちが自分たちの身体の構えのレベルから，ことばの意味を表現し，お互いに「観る⇄観られる」関係，「話す－聞く」という関係の中で，この教材を自分たちのパフォーマンスを通じて理解できるように介入している。本庄冨美子の介入を成功させているのは，あたかも児童期による口話劇を演出しているかのようにしているからである。

（小川博久）

【注】
① 小川博久，岩田遵子共著『子どもの「居場所」を求めて－子ども集団の連帯性と規範形成－』ななみ書房　2009　45頁〜97頁
② 小川博久（研究代表）「学校の余暇時間における校庭の遊び－児童の居場所を求めて－」平成14〜16年度科学研究費助成金基盤研究（(1)研究成果報告書（課題番号　14380111）2005　193頁
③ 小川博久「人間形成」『福島県私立幼稚園振興会研究紀要』19号　2008　23頁〜38頁
④ 90頁の注③を参照
⑤ 本書　51頁〜54頁
⑥ 本書　55頁〜89頁
⑦ 小川博久「個性を生かす教育－－芸に秀でた子でいいのか」　雑誌『総合教育技術』（特集　日本の教育の論点23）小学館　1994　19頁
⑧ 同上書　19頁
⑨ 同上書　19頁
⑩ 同上書　20頁
⑪ 同上書　20頁

第1章
子ども一人ひとりが生きる学級経営
── 障碍児が健常児と共に ──

第1節　集団生活の中でケアの精神が生かされる（その1）
──障碍児H子をめぐる学級生活──

　次に示すのは，6月末のある日，本庄教諭が担任の4年生クラスで，障碍を持つ（統合失調症と診断されている）H子と同じクラスの女子3人（M子，S子，B子）が教室で過ごしている場面である。この日の体育の時間は，水泳の時間で，クラスの他の子どもたちはプールで泳いでおり，プールに入らない4人は教室で過ごすことになっていた。そのことを本庄教諭から聞いた小川と岩田は，教室で4人の様子を観察することにした。というのは，H子は3年次までは「問題児」として教師から否定的に評価されクラスの皆からも排斥されており，その年度の4月に本庄教諭が担任することになった当初もその状態が続いていたため，H子は教室に入ってくることができなかった（教室に入るのが怖かったため）が，本庄教諭の努力によって，クラスの皆がH子を受け入れるようになり，5月末から教室に入ることができるようになったということを聞いていたからである。クラスの子どもたちがH子をどのように受け入れ，H子とどのように関わっているのかを比較的長時間（40分間程度）観察できる絶好の機会であった。私たちはカメラを部屋の固定位置に置き，その近くに座ることにした。そこで観察された3人の女子のH子に対する関与のありようを見て，感動したことを今でもよく覚えている。3人の女子たちは，H子の自由を尊重しつつ，彼女を受け入れながら，H子が楽しめるように気遣いながらも，H子に完全に従うのではなく，自分たち自身でも活動を楽しんでいたのである。そこにおける3人の女子とH子の関係は，3人がH子の「面倒を見る」という関係というよりも，H子と一緒に活動を楽しむ友人としての関係であった。以下その様子を事例として示そう。

第1章　子ども一人ひとりが生きる学級経営　31

【事　例】　クラスの3人の女子とＨ子の関わり
　　　　　（このクラスで，小川は「（撮影）監督」，岩田は「監督助手」ということになっている（本庄教諭のアイディア））

❶　Ｍ子，Ｓ子，Ｂ子の3人がカメラの前で歌やリコーダーのパフォーマンスを行う

　体育の時間が始まる前，本庄教諭がＭ子，Ｓ子，Ｂ子の3人に「Ｈ子ちゃんをよろしくね」と言い残して教室を出る。
　Ｈ子は教室の左前方の席に座ってボーッとしている。3人はパフォーマンスをカメラに撮ってもらおうと思ったらしく，Ｍ子がカメラの前に立つ（図1－1）。Ｓ子とＢ子はモニター画面を覗きながら「もうちょっと後ろにお下がりください」，「顔映ってないから，誰か分からん。もうちょっと後ろ行けば映る」などとＭ子に言い，Ｍ子がモニターの真ん中に来るように指示する。Ｍ子は言われた通りに動き，Ｓ子の「では，どうぞ！」という合図に続けて，リコーダーの演奏を始める。Ｈ子は時々伸びをしたりしているがほとんど演奏には関心を向けていないようで，途中，一度Ｍ子の方にちらっと目をやるのみである❶。Ｍ子の演奏が終了してお辞儀をするのと同時にＳ子が「カット，カット！」と言うと，ほとんど演奏には関心を持っていないように見えたＨ子がパチパチと手を叩いて拍手する。

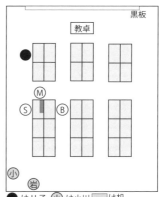

図1－1　Ｍ子がカメラの前でパフォーマンスを行う

　演奏し終わるとＭ子はすぐに画面から外れ，続いてＢ子がカメラの前に立って歌い，ファインダー側にいるＳ子がリコーダーを吹くことになる。Ｍ子が「歌って」と言い，「ワン，ツー，スリー，フォー」と音頭をとると，それに合わせてＢ子（歌）とＳ子（リコーダー）が演奏を始める。Ｈ子は，しばらくするとおもむろに立ち上がり，教室の中をうろうろと歩き始める。

2人のリコーダーと歌の演奏が終わると，2人はカメラの前でお辞儀をする。

M子が「じゃ，次」と言うと，S子がカメラの前に立ち，モニターの所にいるM子がアナウンサーのように「次はS子さんの〈緑のそよ風〉でございます。どうぞ」と言い，それを引き継いでB子が「お願いします」と言う。S子が歌い始めるが照れてすぐに詰まってしまい，「もうやだー」と笑い転げ，今度は3人で歌うことになる。教室をうろうろ動き回っていたH子が3人の近くを通る（図1−2）と，M子が「H子ちゃん，あれ（カメラを指差す），みんな映っとる？見てきて」と言う❷。H子はカメラの所に来てモニターを覗く❸

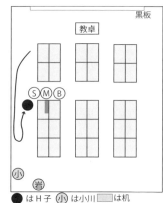

図1−2　3人でパフォーマンスを行う

が，すぐにまたうろうろ歩き回り，また席に戻って座る❹。3人は，〈緑のそよ風〉と〈世界中の子どもたちが〉を続けて歌い，それが終わると3人で教科書を覗き込んで次に何を歌うか話しあい，〈あの青い空のように〉を歌い，続けて〈牧場の朝〉をS子はリコーダーで，他の2人は歌で演奏する。すると，H子がふいに立ち上がり，演奏しているM子の所に来て，M子の肩を自分の方に半ば強引に引っ張り，M子に何か話しかける❺。M子はされるままに，H子の近くに移動し，しばらくH子の話に応じている❻。その間S子とB子は，平然と歌い続けている。H子の話が終わるとH子は席に戻り❼，M子はS子とB子の間に戻って再び歌う❽。歌は〈牧場の朝〉の3番になり，「遠い野末に，牧童の」という歌詞を歌ったところで，椅子に座って机の上で紙を折っていたH子がふと顔を上げて3人の方を見て，「今，誰かがボクーって言いよった」と言う。M子たちは構わずに歌い続け，〈牧場の朝〉を歌い終えると，再び〈走れば光〉をリコーダーと歌で演奏する。

❷ 3人は席に座っておしゃべりする

3人は，それが終わるとH子から少し離れた所に互いに向き合って椅子に座り，喋り始める（図1-3）。M子が「歯が取れた（抜けた）」と言うと，S子とB子が大きな声を上げて驚き，それまで紙を折っていたH子も顔を上げて「見せて，見せて。血，出たん？」とM子に訊く。M子はそれに答えて首を横に振る。S子とB子は「（血が出なくて）よかったな」「でも歯医者で取らなあかんで」などと言っている。H子はその様子を手を止めてじっと見ていたが，また机の上に視線を戻して，何か書き始める。S子らはお喋りがひと段落すると，M子は席を立って教室を出てどこかに行き，S子は歌を口ずさむ。

❸ 3人は黒板にいたずら書きをする

H子は書いていた紙を紙飛行機のように飛ばし，M子たちの方を見てからふと小川の方を向き，「東京から来たん？」と話しかける。小川がそれに答えると，S子がその会話に加わり，新幹線の話になる。H子はその様子をずっと見ている。黒板には，小川と岩田が「のぞみ」で来たことをネタにした文章を書いた模造紙（本庄教諭が国語の教材として使用するために作成したもの）が貼ってあり，S子たちは小川と話をしながら黒板のその横のスペースに何やらいたずら書きを始める（図

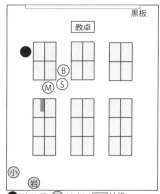

図1-3　3人でおしゃべりをする

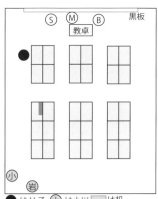

図1-4　3人が黒板にいたずら書きを始める

1−4）。H子はその様子をずっと見ている。

❹　4人で〈ロンドン橋落ちる〉をして遊ぶ

　しばらくして，H子はおもむろに席を立ち，S子の所に行き「〈ロンドン橋〉始めようか？」と言う❾。S子はそれに応えて「やろうか？」と言うが，相変わらず黒板に何か書いており，他の2人も黒板に書いている❿。するとH子はS子を半ば無理やり引っ張って黒板から離す⓫。S子はH子にされるままに黒板から離れ，M子たちに「じゃあ，皆やろうか」と言う⓬。H子はS子の両手を取ってアーチを作り，足踏みをしながら「いっせーのーせ，ロンドン橋落ちる，，」と歌い始める。S子はそれに合わせて歌い，足踏みをする⓭。M子が歌に合わせて行進しながらアーチを潜るが，すぐに順番が回ってくるために捕まりそうなので，潜るタイミングを計り，アーチの手前で止まる⓮。S子は「さあ，どう〜，，，，」のところでM子が潜るのを待ち構え，M子が急いで潜り抜けようとするのを捕まえ，「しましょう」と歌う。3人がドッと笑い，H子とS子は手を叩いて喜ぶ（図1−5）⓯。

　S子がH子に「じゃあ，次，H子ちゃん中に入りたい？」と訊く⓰と，H子は「ずっとやる」と言ってS子の両手を取る。S子が「いっせーのーせ」と音頭を取り，それに合わせてH子とS子は〈ロンドン橋落ちる〉を歌いながら足踏みをする。その歌に合わせて，M子とB子も行進し，M子が先にアーチの中に入り，今度はしばらくの間その中で止まり，「さあどうしましょう」と歌う前までアーチの中にいる。M子がアーチを出ると，次の順番のB子は捕まらないようにアーチの前で止まってしまう。S子に「さあ早く入って」と促され，B子は急いで潜り抜けようとするが，捕まってし

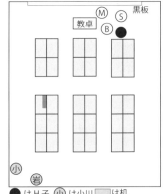

図1−5　4人で〈ロンドン橋落ちる〉をして遊ぶ

まい，今度は捕まらなかったM子はガッツポーズをする。H子が「もう一回」と言うので，S子はH子に合わせて一緒に歌い，M子とB子は行進してアーチをくぐり，再びB子が捕まる。

❺ 4人で〈花一匁〉をして遊ぶ

　4人は笑いながらバラバラになるが，すぐに戻ってきてS子が「〈ロンドン橋〉またやろうか？」とH子に訊くと，H子は両手を伸ばしてS子とアーチを作ろうとする。すると，ふとS子が「H子ちゃん，〈花一匁〉やる？」とH子に訊く❼。H子は興奮したように「やる，やる，やる」と大きな声で言い，S子と手を繋ぐ❽。B子とM子が手をつなぎ，H子・S子組とB子・M子組の二組に分かれて，〈花一匁〉が始まる❾。S子が「いっせーのーせ」と言うのに合わせて，皆が「勝ーって嬉しい花一匁」と歌い，H子・S子組が前進し，B子・M子組が後ろに下がる。こうして歌いながら歌のリズムに合わせて互いに前進と後進を繰り返し，「相談しよう」「そうしよう」まで歌うとそれぞれの組が誰を指名するかを相談する。H子・S子組が「決ーまった」と歌い，「M子が欲しい」と歌いながら前進する。それに続いてB子・M子組は「××（聞き取れない）が欲しい」と歌う。S子は「H子ちゃんね。H子ちゃん」と言ってH子を前に押し出し，H子とM子が「最初はグー，じゃんけんぽん」という掛け声に合わせてじゃんけんをする❿。H子が勝ち，S子は「やったー」と言ってM子を自分たちの方に引き寄せ，H子は「やったーやったー，やったー」と飛び上がって喜ぶ。

　H子・S子・M子の3人対B子で，〈花一匁〉の2回目が始まる。「相談しよう」「そうしよう」と歌い合い，「決ーまった」と3人が歌い，続けて前進しながら「B子さんがほしい」と歌う。B子は「S子さんがほしい」と前進しながら歌い，B子とS子はじゃんけんをする。S子が勝ち，B子は「いや〜（笑）」と言ってしゃがみ，皆が笑う。急にM子が4人のあだ名を決めると言い出して，S子，B子，M子の3人がとりとめもない話をしていると，H子が「やろか！」と言い，先ほどと同じ組み合わせで3回目の〈花一匁〉が始まる。

6 H子の提案で〈ロンドン橋落ちる〉を鬼ごっこにして遊ぶ

ところが，H子たちが「あの子が欲しい」と歌った後，すぐにH子・S子・M子の3人が，S子を中心に回り，3人が手を離す。するとH子が「じゃあな，今からな，〈ロンドン橋落ちる〉で，さあどうしましょうでつかまえごっこな」と言う㉑。S子は，ちょっと驚いたようにH子を見るが㉒，H子はすぐに「行くで〜」と言いながらS子の両手を取りアーチを作り足踏みをしながら「ロンドン橋，落ちる,,」と歌い始める㉓。S子はそれに唱和して足踏みをする。M子とB子は慌ててアーチの前に立って行進を始め，アーチを潜る㉔。「ロンドン橋落ちる，さあ，どう（しましょう),,」のところで，突然H子はS子とつないでいた手を離して「逃げなあかんで，逃げなあかんで」と叫びながら，教室の後方に一目散に走り出す（図1－6）㉕。S子とM子は一瞬「あれ？」というように顔を見合わせる㉖が，慌てて「えーっ」と言いながら走り出し，M子がS子にタッチし（M子が鬼役ということらしい），教室の外に逃げる㉗。

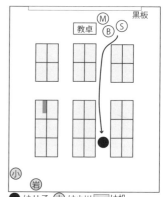

図1－6 〈ロンドン橋〉を鬼ごっこにして遊ぶ

7 ラインダンスをする

逃げていたM子とH子が教室に戻ってくると，ふとS子が「ワン，ツー，スリー，フォー」と掛け声を発しながら，それに合わせてラインダンスのようなステップで踊り始める。M子がすぐに同じ動きを始め，H子も同じステップで跳ぶように踊り始める。M子はS子と肩を組んで踊り続け，B子がH子に「おいで」と言うと，S子も「H子ちゃんもおいで」と言う。M子もH子に「おいで」と手招きをする㉘。B子はM子の右側に位置して肩を組み，楽しそうに3人で「いっせーのーせ。ワン，ツー，スリー，フォー。ワン，

ツー，スリー，フォー」と唱和しながら掛け声に合わせてステップを踏んでラインダンスをする（図1−7）。H子はS子の左手を繋ぎ，3人と同じような動きをする㉙が，足があまり上がらず少しついていけない㉚。3人が繰り返すうちに，H子は繋いでいた手を離し，自分の席に座ってしまう㉛。その間も3人は「いっせーのーせ。ワン，ツー，スリー，フォー，ファイブ，シックス，セブン，エイト」と唱和してラインダンスのステップを踏んでは楽しそうに笑う㉜。H子は机の上の小物入れをいじっている。3人は，ダンスをやめて笑いながら教室の外に出て行く。

❽　アニメ〈プリキュア〉の話をする

3人がお喋りしながら戻ってくると，H子が席を立って3人の方に近づきながら，「キュアーズは，，，ホシキュアーズは，何がいい？」とアニメ〈プリキュア〉のキャラクターの話をする（図1−8）。S子が「青，青，青！」と嬉しそうに言い，M子がH子を指差しながら「じゃ，（H子ちゃんは）アクア」と言う。S子がB子を指差し「緑」というと，B子は「えーっ」と言って笑う。H子が「敵が来たら〜，敵の大量の，，，敵を殴る」と言うと，M子とS子が片方の手を伸ばして大きく円を描くポーズをする。H子も同じように手を回しかけるが，すぐに止めてまた席に戻り，

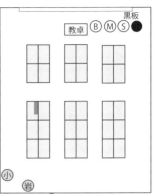

図1−7　4人でラインダンス

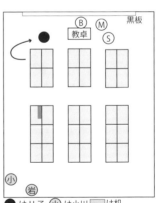

図1−8　4人で〈プリキュア〉の話をする

何かを書き始める。S子たちは〈プリキュア〉のテーマソングを歌い始め，歌いながら椅子に座る。

❾　H子がB子に教わりながら五十音を書く

　M子とS子はリコーダーを鞄から出し，それぞれ別の曲を吹き始める。B子はH子の前に座り，H子の書いているノートを覗き込む。H子はB子に「これでいい？」と訊くと，B子が覗きこむようにH子のノートを見て「うん」と頷く❸。続けてH子はノートに何か書き，B子に「ここは？」と訊く。B子は「な，に，ぬ，ね，の」と言い❸、それを聞いてH子がノートに書く。こうしてH子は五十音をノートに書いている。その様子に，S子が気づき，カメラのところに走ってきてモニターを覗き込みながら，アナウンサーのように「B子さんとH子ちゃんの物語です。どうぞ存分，お楽しみください。H子ちゃんがいろいろB子さんに聞いています」と実況中継をするように言うと，それに続けてM子が「H子ちゃんとB子さんは相談をし合っています」と言う。S子が「お勉強しているのですね。」と言い，続けてM子が「H子ちゃんが何か書いているようです」と言うと，S子が「何でしょうか」と言い，M子が「ピンクのペンで書いてますね」と言う❸。その間も，H子は五十音を順番に書いており，B子はH子の手元を見ながらH子の質問に答えている❸。B子がH子の質問に答えて「らりるれろ」と答えると，それを見ていたM子が「らりるれろ，と言っています」と言う。B子は「ら，，り，，，，る，，，，れ，，，，，，，，ろ，，，」と言いながら文字を書いて，それをH子に見せ，H子はそれを見ながら自分のノートに書いて，B子に見せる。

　そこでチャイムが鳴り，H子とB子は持っていたペンにキャップをして，筆箱にしまう。

この場面において，3人（S子，M子，B子）はH子の自由を尊重しながら，H子が望みどおり行動できるようにH子を受け入れている。一般に，問題を抱えている子どもの「面倒を見る」という場合，ケアする者とケアされる者との関係は，どちらかが「主」でどちらかが「従」になる主従関係になる可能性が高い。例えば，ケアされる子どもが思い通りに行動できるようにする場合は，ケアする側は相手の望みに沿おうとして自身の思いを抑圧し，ケアされる者が「主」となりケアする者が「従」となる。また，ケアする者がケアされる者に積極的に関わり，いろいろな活動をするように働きかけたり，ルールに外れた行動を制したりする場合は，ケアする者が「主」となりケアされる者が「従」となる。それに対して，事例のH子と3人の関係は，一見するとこのような主従関係にはない。H子は自由に行動しており，3人はH子の思いに沿った行動をしながらも，自分たちも自由に行動しているのである。

事例の場面においてH子の行動に対する3人の応じ方には，次のような姿勢があると思われる。基本的には，H子の思いが実現できるようにすることである。それは具体的には次の❹，❺，❻の3つである。つまり，❹H子が3人の提案に全くあるいはあまり乗ってこないときは，H子の望むままにして，自分たちで活動を楽しむが，❺H子が3人の提案に乗ってきた時は，H子と一緒に活動を楽しみ，H子がより楽しめるように配慮する。また，❻H子の方から3人に働きかけてきたときは，H子の提案を受け入れてそれに乗り，H子が楽しめるように関わりながら自分たちもそこに楽しさを見出す。以下，そのことを具体的に説明しよう。

❹ H子が3人の提案に全くあるいはあまり乗ってこないときは，H子の望むままにして，自分たちで活動を楽しむ

場面❶では，3人とH子はそれぞれ別の活動をしている。3人はカメラの前でパフォーマンスを行っているが，それにH子はほとんど関心を持っていないかに見える（下線❶）。このとき，3人はパフォーマンスに夢中で，まるでH子の存在を全く意に介していないかのようである。しかし，必ずしもそ

うではないことが，M子の発言から明らかになる。M子はH子に，カメラに3人が映っているか確認するように言い（下線❷），H子も一旦はそれに応じている（下線❸）が，すぐにカメラから離れて歩き回り，席に戻ってしまう（下線❹）。映っているか否かについてH子は何も言っておらず，H子が言わないことに対してM子も特に追及してはいない。ここでは，M子がH子を気にかけていると同時に，H子が自分の要求に応じなくても彼女の自由に任せ，自分たちで歌とリコーダーのパフォーマンスを楽しんでいる。

また，場面❼では，S子たちがラインダンスにH子を誘う（下線㉘）とH子はそれに一旦乗る（下線㉙）が，思うように動きを合わせられず外れてしまう（下線㉚㉛）。そこでも，M子たちは，H子の自由を尊重し，自分たちでラインダンスを楽しんでいる（下線㉜）。

❽ H子が3人の提案に乗ってきたときは，H子と一緒に活動を楽しみ，H子がより楽しめるように配慮する

場面❺で，S子がH子に新しい遊び（〈花一匁〉）を提案する（下線⓯）とH子は喜んでそれに乗り（下線⓲。その様子からすれば，H子の好きな遊びらしいことがわかる），二人組に分かれて新しい遊びを開始する（下線⓳）。

ここで注目すべきなのは，S子がH子がより楽しめるように働きかけていることである。H子がジャンケンをするようにH子を前に押し出し，H子が勝敗を決める際の重要な役割を担うようにしている（下線⓴）。このことは，場面❹の〈ロンドン橋〉でも同様であり，アーチ役を担当していたH子に，アーチを潜る役をやることを提案している（下線⓰。ただしここでは結局，H子はアーチ役を続けている）。

❾ H子の方から3人に働きかけてきたときは，H子の提案を受け入れてそれに乗り，H子が楽しめるように関わりながら自分たちもそこに楽しさを見出す

3人は，H子が3人に何らかの関与を行う際には，それに応じている。そのような姿は場面❶から見られる。H子が立ち上がり，演奏している3人の側

第1章　子ども一人ひとりが生きる学級経営　41

に来てM子の身体をやや強引に自分の方に向けて何か話し始めた際（下線❺）には，M子はH子の思いに沿うように，自分の演奏を止めてH子の関与に応じ（下線❻），H子が話を止めてその場を離れる（下線❼）とまた自身のパフォーマンスに戻っている（下線❽）。また，3人がお喋りに夢中になっているときに，H子が自分の席からそこに部分的に介入してきた際も，H子の問いに応えている。

　このような応じ方の中でも最も注目すべきなのは，場面❹以降である。H子は，3人がそのときに展開している活動の脈絡とは無関係に，自分のやりたい遊びを提案する（下線❾）。その提案は，3人の思いを無視した（3人は，黒板に落書きし続けている：下線❿）強引な要求でもある（H子がS子を無理やり引っ張る：下線⓫）。このような無謀なH子の提案に，3人はそれまでの自分たちの活動を中断して応じるのである（下線⓬⓭）。さらに注目すべきなのは，3人が単にH子に応じるだけでなく，自分たち自身でその遊びを面白くしていることである（M子はアーチが落とされるタイミングを計っている：下線⓮⓯）。

　これと同様の対応は，場面❻にも見られる。H子は，それまでの脈絡〈花一匁〉とは全く無関係な遊びを提案し，3人の同意を得ようともせずに自分で遊びを始めてしまう（下線㉑㉓）。それに対して，3人はやや戸惑いながらも応じているのである（下線㉒㉔）。しかも，その遊びのルールもH子独自のものであり（下線㉕），3人はそのルールをよく分からないまま，H子独自のルールに従って動いている。それでも，S子らが戸惑う表情を見せるのは一瞬のみで（下線㉖），H子のルールを理解するとすぐにそれに従って，鬼役と子役を演じている（下線㉗）。

　場面❾では，五十音を書く練習をしているH子の求めにB子が応じている（下線㉝㉞㊱）。その様子を見ながら，M子とS子がH子（とB子）を主人公にした物語をカメラに向かって「実況中継」風に語っている（下線㉟）。

以上のようなクラスメイト3人（S子，M子，B子）のH子に対する関与のありようは，H子と3人が全く対等の関係性にはないことを示している。H子の行動は脈絡が無く，クラスメイト3人の状況を無視した，自己中心の要求を強引に押し通すものである。それに対して3人は，H子の希望に沿ってH子の要求が実現するように自分たちの行動を柔軟に変更している。普通に考えれば，H子の自己中心的な行動に3人が忍耐強く従っているという他ない。

　しかし，H子が精神的な疾患を持っており，そのせいで家庭にも問題を抱えている子どもであることを考慮するならば，この3人がH子をケアする精神に溢れていることがわかる。特に，数か月前まで皆から排除され，クラスに居場所を感じられなかったH子に，自分たちのクラスの仲間の一員として，クラスに居場所があることを感じてほしいと思っているとすれば，H子の要求や希望をできるだけ実現しながら，自分たちもH子と一緒にいることを楽しんでいる姿をH子に見せているのだと解釈できるだろう。おそらく，H子は，この時間，自分のやりたい遊びをクラスメイトと一緒に楽しみ，そこでクラスメイトも楽しく盛り上がっていることを感じ，居心地の良さを感じているに違いない。H子が，次から次へとやりたい遊びを要求する姿は，自分の思いがここでなら実現されるという安心感があることを示しているだろう。

　このような3人のケア精神とその態度は，本庄教諭の努力によるものである。本庄教諭は，H子もいつか皆と同じように行動したいと思っており，今はまだそれができないでいるが，皆で支えてほしいことを日々，クラスの皆に伝えると同時に，どのように関わればよいかを具体的に説いてきた。H子がクラスのメンバーの物を取ってしまうなどして，それを，どうしても受け入れられないことは「それはしてはいけない」と明確にH子に伝えること，そうでないときは，できるだけH子の思い通りにさせてあげてほしいこと，できなかったことができたときは一緒に喜んであげてほしいこと，等々。実際，H子がそれまでできなかった片付けをしたり，給食の配膳を上手にできたりしたときは，「先生，H子ちゃんが今〜〜〜できたよ！」と誰かが大きな声で嬉しそうに報告し，それを本庄教諭が「そうか！そら，凄いわ！」と言って皆で拍手する場

面に，私たちは何度も出会ってきた。

　本庄教諭は以前，子どもたちに，人間としての価値は学業成績が良いことにあるのでは無く，弱者に対してどれだけその人の身になって親切になれるかだ，と説いていた。これまで，本庄教諭の授業中に指名されて答えに窮している子どもに他の子どもたちが考え方を教えている（正答だけを教えるので無く）姿を私たちは幾度となく見てきた。障碍を持つ子どもと健常児とが一緒に生活することは，障碍児だけでなく，健常児にとってもとても非常に良い学びになる，と本庄教諭はしばしば言っている。事例のH子と3人の関わりの場面は，弱者に対してどれだけ共感できるかが，人間としての価値に関わるという本庄教諭の精神を，クラスの皆が共有していくことの具体的な場面だと言えるだろう。

　　　　　　　　　　　　　　　　　　　　　　　　　（岩田遵子）

第2節　集団生活の中でケアの精神が生かされる（その2）
―障碍児S子と共に楽しむ縄跳び活動―

　個々の子どもの自己実現が奨励される教育環境にあって，障碍児には特に個々の障碍児に対応する援助が求められている。とはいえ，障碍児も人間として健常児と共に社会の一員として日常を送る権利がある。

　次の事例は，画一視されがちな集団活動としての長縄跳びにおいて，一般には，集団活動のリズムを壊すとされがちな障碍児の運動能力を助成することで，集団活動に参入させ，活動の楽しさを高める要因にするという，優れてインクルーシブな実践が，子どもたちの主体的意思によって展開されている。個への配慮が集団活動によって支えられた事例である。

【事　例】　長縄跳び

　体育の時間，係の子どもの主導で準備体操を始める。指導する子どもが「一，二，三，四，五，六，七，八，」と呼称すると，子どもたちもそれに応じて，「二，二，三，四，」と子どもたち全員が応答して声をあげながら数種類の準備運動をする[1]。この間本庄教諭は小体育館の後ろの壁で子どもたちの動きを見ている。その後，本庄教諭の指導でやり方の手本が示された後，2人一組での活動が行われる。ひとりが両足を伸ばして45度程度に拡げ座るともうひとりがその子の後ろに回って背中を押す動きを数回繰り返すと，数分毎に交替する。次は，ひとりが中腰で背中を丸めて水平にすると，相方がその背中に両手を着けて馬跳びをする。これも交替で行う。次はひとりが座って両足を伸ばし，一定のリズムでその足を開閉する。するともうひとりがその足の内側と外の空間を挟んで跳ぶという動きをする。座っている子どもが足を開いている時に着地して，両足を閉じた時に跳び上がる。両者がリズムを合わせて行う。

この動きをさせる先生の意図は，2人が呼吸を合わせ気持ちを合わせるところにある。そのことを最初にやって見せた後やらせている。

その後，男女おのおの1列になって座り，先頭からボールの列の終わりまでまわしていく。最後尾に達するとその子はボールを持って最前列まで走りそこに座ってまたボールをすぐ後ろに回す。次の活動へ移る前に，本庄教諭は，総括としてよくできたお手本として，2組みの男子児童を選んで皆の前で，ひとりが座り足を開閉し，そのリズムに合わせてもうひとりが両足の間と足の外の空間を跳ぶという運動をデモンストレーションさせる。終わると皆が拍手する[2]。

その後男女分かれて2列に整列し，小体育館の空間の左右に分かれて長縄跳びが始まる。クラス2組に分かれて，女子組の中で2人が縄を回す役で，あと19人が列を作って縄が回り始めると先頭の子が縄の回転に「ノリ」を合わせ始める。最初，縄の回り始めは数秒，縄の動きを見る瞬間があったが，縄が床を叩くリズムが整ってくると共に，それにあわせて「一，二，三，四，，，」という子どもたちの唱和する声もリズミカルに力強く大きくなる。次々縄の回転に飛び込んでくる子どもたちの動きも出てくると，この動きは途切れることなくリズミカルに淀みなく続いて行く，それとともに子どもの生き生きとした笑顔もカメラに映し出される。回数に合わせて唱和する声と共に，失敗せずに跳び続ける回数が増すに連れて盛り上がる歓声がウォーと言うような音で大きくなってくる[3]。

しかし，この声の勢いが時に，減速し低くなる時がある。この列の中に障碍を持つ児童S子がいて，S子の番になると，この動きの流れが最初の頃は一時的に止まりがちになる。すると3巡目当たりからS子の番が近づくと，S子の後ろにいる2人が縄が回るタイミングに合わせてS子の背中を縄の輪へと押し出してやる。その結果，上手く跳べたことが重なるに連れて列に並んだ子どもたちから一斉に拍手と歓声が上がる。最初失敗し終わるとうつむきがちだったS子の表情が明るく上向きになり，動きにも躍動感が出て来たようだ。その後，うまく跳べ失敗することもあったが，S子は参加し続け，縄跳びの勢いも最後まで盛り上がっていき，この動きは約15分ほど続いた。

本庄教諭には,教科を超えて大切にしている教育理念があるように思われる。それは一つにクラス全体の活動を子どもの自主性に任せたいということと,二つにクラスの子ども同士の繋がりを身体の行為のレベルから身につけさせたいということである。この実践には,その二つの願いが具体的に現れている。この種の活動をクラス全体でまたグループで,あるいは,一対一で子どもにやらせる機会が多いように思われる。そして,次に行われた長縄跳びの実践は上述の本庄教諭の願いが,子どもたちの日常活動の蓄積の結果として生まれたものと言える。それは一つに,縄跳びを繰り返してリズムが合えば合うほど,どんどん盛り上がっていくこと。そしてさらに重要なことは,障碍の子どもがいることで,縄跳び全体のリズムが一時的に乱れることがあっても,次の段階で周りの子がバックアップし,タイミングを合わせ障碍の子Ｓ子を援助することで跳ばせることに成功させ,彼女を自分たちの仲間に入れ,しかもその障碍児Ｓ子が成功した時はグループ全体の子どもたちの拍手喝采が湧き上がるのである。なぜ,こうしたことが可能なのであろうか。それは,注③で指摘したように,障碍児Ｓ子の縄跳びの動きを全体のノリに合わせて押し出してやることで,子どもたちは全体の動きに同調しているのである。健常な児童たちは縄跳びに参加し,全体の動きのノリにのりながら,このノリに合わせて障碍児を援助できる客観性を身に付けているのである。だからこそ何の問題もなくリズミカルに縄跳び活動が進行する。いや,むしろ,障碍児Ｓ子の乗り越え体験がある方が,長縄跳び活動全体のリズムが単純に続くよりも,一時そのリズムが停滞しかかり,それを皆で乗り越えることの方が盛り上がって面白いとでも考えているかのような雰囲気が生まれるのである。ここには,子どもたちのこの活動への二つの認識が働いていることが想定される。

　一つは,縄跳びのリズムにのって,同じリズムにのれるという実感をもっているということ,そしてそれがみんなの歓声として表現されることになる。もう一つは,そうして整然とした働きを一貫した働きとして捉えている(俯瞰するまなざし)認識である。だからこそ,この全体の動きに障碍児Ｓ子の動きを合わせる働きかけができるのである。加えて日頃から学級活動を当番係の自発

性で行い，教科においても，机を並べた小集団による話し合い活動，朗読劇の制作においても，小集団の活動を経験し，さらにクラス全体で各グループのパフォーマンスを批評し合う。そんな経験の積み重ねがこの長縄跳びの実践にも現れている。

　それは，本庄教諭の「貴方たちは，朗読劇を立派にやり遂げたんやから，これも出来るはずやね」の言葉や，参観者で著者の一人である岩田がこの授業を見た感想の中で子どもたちに，「あなたがたの朗読劇とこの活動で皆さんが一つのリズムで纏まっていることを見せて頂いてとても楽しかった」という挨拶に集約されている。教師のこの想いは障碍児を含めた長縄跳びの活動の集団的なノリに表現されていた。

（小川博久）

【注】
① 本庄学級の特色として児童達が集団活動をするときには，こうした掛け声をかけることを特色としている。このことは，岩田によれば，集団がノリを共有するのに有効であるとしている。
② 本庄学級の特色として，本庄教諭自身がモデルになるというのは，基本的な学び（見て真似る）の基本形であるが，この事例にあるように，クラスの仲間にモデルを演じさせ，仲間がそれを見て真似るという学習はが基本にあると考えられる。モデルになった児童の行動が上手くいったときにはここに見られるように，クラスみんなの拍手（賞賛）が寄せられ，またそのことが，見て真似る意欲を増大させていると考えられる。
③ これは前著のリレーの事例と共通である。小川博久，岩田遵子『子どもの「居場所」を求めて－子ども集団の連帯性と規範形成』ななみ書房　2009　177頁

第2章
集団的知性としての学力
── 学級活動の発展として ──

第1節　身体知の集団的遊び
―ボール回しの活動を通して―

　これまで，学校教育における学習，特に知的学習は，言語を通して命題を学ぶことであり，その学びも，個人的に内面で学ぶことである，という"常識"がまかり通ってきた。これから紹介する活動は，生活体験に根ざしているがゆえに，頭を使うことは，身体を使うことでもあり，しかも，集団で行うことを通して，ノリを合わせ気持ちを合わせることを通して集団の連帯感をも高めている。このことが，子どもたちの自発性によって生みだされていることに注目したい。

　この日，お昼休みに本庄教諭から，今クラスで面白い活動が流行っているという報告を受けた。これは子どもから生まれた自主的な活動であるという。「見てみます？」と言われたので，ぜひ見てみたいと言ったところ，本庄教諭が子どもたちに向かってこう尋ねた。「こないだのボール回しまたやりたい？」子どもたちから異口同音に「やりたい，やりたい」の声が上がり，校庭に飛び出して行ったのでわれわれも慌てて校庭に出た。活動に教師の関与は一切なく突然始まった。

【事　例】　ボール回しの活動

　子どもたちの掛け声がする場所に行くと，すでにその活動は始まっていた。33人が縦一列に並び，先頭の子どもが頭の上から後ろへとボールを回していく。子どもたちは両手を上に伸ばして待ちながらボールを手から手へと落とさないように気を配りながら次の子の手にボールを渡して行く。回すたびに，子どもたちは一斉に「セッセッ」という掛け声を揚げながら，ボールを渡した後，両手を上げ，頭上で手を叩いて掛け声のリズムに合わす。ボール

が先頭から一巡すると，最後尾の子どもは全力でかけて先頭に行き，ボールを後ろへ回す。ボールが一巡して子ども同士の間隔が空き過ぎると，子どもたちは異口同音に「詰めて，詰めて」と言い，適度な間隔をとり列を整えたりする。また，次のボール回しの時には，掛け声を「サッサッ」というように変えながら，ボールが後ろに回るたびに，その掛け声のピッチが速く手拍子も加わっていく。自分がボールを後ろに回したら子どもたちはすぐ後ろを向いて，ボールが最終者に届くかどうかを見極めようと思う気持ちのせいか列の間隔は広がり，列は乱れる。しかし，応援する掛け声の強さとピッチが上がることで，列の乱れは修復される。どん尻までボールが届くと，末尾の子どもはそのボールを抱えたり，頭上にかかげたりしながら全力で列の先頭まで走っていく。列に並んだ子どもたちが手拍子と掛け声を合わせ，最後は拍手で送る。ボールが最後尾に近づくに連れて掛け声と拍手はテンポアップして最後尾に着いた瞬間，「ワー」という歓声に変わる。先頭に立った子は，またボールを後ろに回す[①]。

　そして何回か過ぎると子どもの中から「トンネル，トンネル」という声が上がる。すると股の間からボールを後ろに回す動きになる。そしてその時も掛け声が一斉に上がる。子どもたちの中から，「2分たった」という声が上がったところを見ると，先頭から末尾までできるだけ早くボールを回すという課題だけは共有しているようだ。しかし3〜4分たって，よく見るとこの列は必ずしも，ボール回しのために秩序正しく整然としてはいない。自分たちのボールの動きがスムーズかどうか，ボールが最後まで届いたかどうか見極めるために，個人個人の行為が全体の動きに合うかどうかを見極めるかのようにその都度，振り向いたり，隣の子どもに話しかけるおしゃべリの声も大きくなるので，列が乱れるし，列から離れてしまう子もいる。

　しかし，自分から離れた後ろの方でボール回しがスムーズに動いているかどうかを確認するや否やまた列に戻り，また調子を合わせてボール回しに加わる。そのためボールの回し始めと，終わりに近づくにつれて，掛け声と拍手と動きがハイテンポで復活する感じがある。そんな動きが繰り返されるので，途中列が乱れたり，いろいろなお喋りでこの活動が途切れそうにみえるが，ボールを回し始めるとまた動きと掛け声が起こり，「いけいけ！」の声

> がかかる。なかなかこの流れは壊れない[②]。
> 　こうした動きについてはどうやら前以ておのおのの動き方の確認などないらしい。また，この動きを統率するリーダーもいないらしいので，股の下を通す動きの場合，始めはボールを一人ずつ手渡していたのが，そのうち，ある子が後ろに転がすと，次の子も転がす。すると子どもの列が少し曲がったりしていれば，勢いよくボールを転がそうとすればするほどボールは誰かの足に当たって途中で股の間から列の外へ転がり出す。すると急いで拾いに行く。こんな事が繰り返される。でも，先頭から末尾までボールを回すという活動は繰り返され，その間掛け声も手拍子もまた再生し，盛り上がりも変わらず続く。
> 　この動きは17,8分続く。終わりに本庄教諭の話がある。途中で居なくなった本庄教諭はいつの間にか列の真ん中あたりに立って話し始める。「何分やった？」子どもの中から「14分25秒」という返事が返る。

　本庄教諭がどんな意図があって，この活動をわれわれに見せようとしたのかはわからない。ただ，この活動が子どもたちの中から自発的に生まれてきたことと，こうした動きを本庄教諭は担任としてとても喜んでいたこと，さらに，この活動が目当てを持った活動としてクラス作りにとても有意義なものだと評価していることは，活動後の本庄教諭の子どもへの語りかけに伺うことができる。

　研究者の視点としては，一つに，序章にも触れておいたが，普通，チーム対抗などで，競うボール回しゲームはここでは単独の組で，あれほど盛り上がるのは何故なのだろうかということである。確かにできるだけ早くボールを回すことを目標に時間を短縮することに熱中していることは分かるとしても，だとすれば，それは100m競走の時間を短縮するために，ひたすら練習をするアスリートにも例えられる。しかもあんなに楽しく集中できるのである。言い換えれば，一つのクラス集団が，一つの人格のように，同じ目標に向かって行動することを集中して楽しんでいるということである。ここに本庄教育実践の一

つの特質をみることができる。

　二つは，それにもかかわらず，子どもたちは一人ひとり，このゲームを自分自分で楽しんでいることである。なぜなら，どこにもこの活動を仕切っている個人がいないからである。にもかかわらず，循環が個々人の動きを超えて繰り返し展開することによって，視覚上のゲシュタルトとしてこの動きが認知されることで子どもの多くがこの活動が全体として一つの循環を繰り返しているといえる。彼等は全体像を把握しており，なおかつ，その循環をできるだけ早く達成したいという活動全体の目標をつかんでやっているということであり，そこにスリルと面白さを感じているということである。しかもこの活動が外から命令された活動ではなく，一人ひとりが認知している活動であることは，列を乱してもボールの動きを確認しようとする一人ひとりの動きで分かる。子どもたちはこの活動を通して，クラス全体の活動のなりゆきを見極める目と，一人ひとりの動きが全体にかかわっていることを学ぶのである。

　三つに，このボール回しの特色として，集団としての目当てがあり，一定時間内にできるだけ速くボール回しを達成したいという共通の意思を実現しようと努力していることは本庄教諭自身の発言にも表れているし，子どもたちのあのリズムと高揚感にも表れているのである。しかし，その動きは一糸乱れずというものではなかった。子どもたちは，活動のそれぞれの局面で個人の感情を発揮して周りの子とおしゃべりしたり，一斉に掛け声をかけたり，ボールの行先を確かめたくて列からはずれて独自の動き方をしたりして，一人ひとり自分らしい楽しさを味わっているように思われた。そうした動きのすべてが個々の子どもの意思であり，かつ，クラス集団の意志であることを認識し，それを本庄教諭は教育的に評価し，高めようとしているのである。そしてこうした集団的活動が子どもの自発性に基づいて楽しく展開できるのも，日頃の本庄学級の学級経営が充実していることが背景となっているのである。

（小川博久）

【注】

①これは自主的に始まった活動であるから，その意味で「遊び」と呼べるかもしれない。前田愛は集団的伝承遊びには，循環と応答という二つのパターンがあるといった。児童たちは，この活動でボールが一巡した時に歓声を上げていることから，循環の動きを自覚していると思われる。前田愛「遊びの中の子ども」，山口昌男・前田愛・中村雄二郎・川本三郎・H.B.シュワルツマン編『挑発する子どもたち』駿駿堂出版　1984　33頁～51頁

②この循環の流れが止まらないのは，多くの児童たちの頭の中に循環のイメージがすでに形成されているからであり，列の乱れは頭の中のイメージを確かめるためにボールの流れがスムースに入っているかを確認しようとしているからであり，そのために列の秩序が乱れるのはイメージと身体行為のずれである。集団による意味理解と言える。

第2節　集団による意味理解
――劇活動〈ごんぎつね〉のリハーサルを通して ①――

1　ritual（儀式的行為）から演技へ

　本節においては，子どもたちの主体的学びが，特に表現活動においてより顕著に明らかになるということから，本庄教諭の演劇的表現活動を事例として取り上げ分析する。ここでは，4年生の国語の授業において，新美南吉の〈ごんぎつね〉を集団劇として，3学期に発表する過程でのリハーサル風景を分析する。

　本庄教諭の学級経営は，本庄教諭の特色あるパフォーマンスによって規定されており，このパフォーマンスによって，子どもたちの自主的学級活動が成立し，さらには授業の展開にも応答的コミュニケーションが成立しているといえる。ここでパフォーマンスの定義をゴフマンに従って次のように述べておこう。「ある〈パフォーマンス〉とは，ある特定の機会にある特定の参加者がなんらかの仕方で他の参加者のだれかに影響を及ぼす挙動の一切である」[1]。さらにゴフマンは言う。「特定の参加者および彼のパフォーマンスを基本的準拠点とすると，他のパフォーマンスに寄与する人々をオーディエンス，観察者，共同参加者とよぼう。あるパフォーマンスの間に開示され，別の機会にも呈示されたり演じられたりする形成の行為の形式は，役〈part〉ないし，ルーティーンとよべよう」[2]。

　このゴフマンの「パフォーマンス」の定義に従って本庄学級の特色を明らかにする事例をわれわれの前著『子どもの「居場所」を求めて』を参照しつつ述べよう。

　ある時，本庄教諭は教室に入って子どもたちの前に立ち，「先生，今，ちょっと悩んでいることあるんです」と述べたのである。すると，ほんの数秒後，子

どもたち4, 5人が立ち上がり，自分の机の向きを直したり，教室の後の方向に移動し，床に落ちているゴミを拾ったり，ロッカーの中や上に置いてあるモノを整理したりしてゴミはゴミ箱に入れ，教室を整理した。最初，観察者の私は，本庄教諭が教師としての何か深い悩み事を述べるのかと思っていたら，子どもたちがこの発言で動きだしたので，正直，不思議な印象を持ったのである。後になって，本庄教諭のこの発言は，子どもたちの上述のようなパフォーマンスを引き出すパフォーマンス発言であることが判明した。本庄学級には，教室環境を整備すること，教科指導以外の教育活動（学級活動）は子どもたちの当番が中心として，その他の子どもも自主的に自分たちで気づいてやるのだというハビトゥスが成立している。こうした関係性が本庄教諭のこうしたパフォーマンスによって引き出されていたのである[3]。これをわれわれは，ドイツの教育学者が使った用語に従って，ritual（儀式的行為）とよんでおこう[4]。このritualが岩田が後述する演劇的表現活動の土台となっているというのが，われわれの仮説である。

　先の事例を想起してほしい。なぜ，本庄教諭のあの発言で，子どもたちが部屋を整理することに動きだしたのか。ゴフマンは，儀式的行為（ritual performance）について，「儀式的な義務と期待に導かれるこうしたしきたりを通じて，寛大な絶えざる流れが社会に浸透していく。そこでは同席している他人がつねに，その人間に対し，みずから良い振舞いを身につけた人間としておのれを持たなければならず，他人の神聖な性格を肯定しなければならないことを思い出させるのである。（中略）したがって，自己は部分的に儀式的なものであり，適切な儀式的配慮をもって扱わねばならず，また他人に対し適切な姿で示さねばならない神聖な存在である」[5] といっている。このことを子どもたちは理解しているのである。言い換えれば，子どもたちは，「こうした自己を確立する手段として，人は，他人と接触しているあいだ適切な振舞いをもって行動し，他人からも敬意をもって扱われる。また同時に重要なことは，もしも人がこの種の神聖なゲームを行いたいと思うならば，状況がそれに適したものでなければならない」[6] と考えているのである。

こうした儀式的心情が本庄教諭と子どもたちに共有されるのは，本庄教諭のパフォーマンスが子どもたち一人ひとりの存在を承認し（子どもに負の評価の雨を降らせない）その行為を評価するパフォーマンスとして貫かれており，子どもがそれに応じたパフォーマンスをするという一種の共軛意識が確立するからである。このことは言い換えれば，岩田の言うように，教師と子どもたちの間に「ノリ」が共有されているのである。

　ではなぜ，こうした ritual が本庄教諭を起点として子どもとの間に，あるいはまた子ども同士の間に成立するのであろうか。それは，岩田がわれわれの前掲書で指摘しているように，教師の集権性が分有されることによって，子どもたちの自治性として成立しているからである[7]。もとより，教師は一般論として教授－学習システムの中では，権力を保持している。それは，本庄教諭が，常識的な意味で「権力者」であるというのではなく，教師という役割が制度として「権力（一定の力が働く起点とその方向性を示す。M.フーコーが作った概念）」として働くという意味である。本庄教諭はこの作用を上述のゴッフマンの言う意味で，ritualなパフォーマンスとして行使する。本庄教諭は，子どもたちがよき振舞いをする存在として承認（評価）をしつつ，前述のようなパフォーマンスを行う。子どもたちもこの期待に応える観客（オーディエンス）あるいは，共同参加者としてのパフォーマンスを行う。ここに，岩田の言う集権性が分有され，自治性が確立する状況が成立する。

　本庄教諭は，4月当初授業が始まる前，教室の中で机の並び方が乱れていたり，飲水用のポットが机の上に置かれていたりしたとき，しばしば，子どものところに出向いていって自らそれを直すという行動をとっていた。前述のように「今，悩んでいます」という発言を聞いた時，子どもたちは，この発言と態度から，教室空間が乱れたときに，本庄教諭がとる「心身態勢」あるいは「相観」を読み取り，この「心身態勢」に「感情移入」し，それを自分たちのパフォーマンスとして「なぞった」と考えることができる。ここでの子どもたちの学びは身体が内側から実現すべき行為のイメージである。このイメージを実現しようとする学習者の意義は，身体全体が遂行すべき行為目標に向う。学習

者はイメージとしての（行為の意味）だけを意識して肉体の調整は暗黙知にまかせる。心身は岩田が後述するように模倣から「なぞり」の体制に入るのである。ritual は，ハビトゥスによって成立しており，ヴルフも言うように，ミメーシス（模倣）によって成立しているのである[8]。当番活動によって担任が居なくなっても，教科の係が教卓のところに出てきて教科書の読み合わせを始めたり，宿題の答え合わせを始めたりすることが子どもたちにできるのは，「らしく」振舞うという態度が形成されるからである。

　しかし，この ritual の部分の延長線上に展開される演劇的表現活動は，ritual をハビトゥスとして身につけたものが，質的に変化したものである。これが本節の事例分析の中心であり，岩田が担当するところである。

　そこで本節において岩田が明らかにしたいことは，儀式的パフォーマンスが，演劇的表現のパフォーマンスへと連続して発展する過程で，子どもたちの集団的パフォーマンスは，大きな変貌を遂げるのである，すなわち，子どもたちは教室の日常行動でよりスムーズなパフォーマーになることだけでなく，演劇的表現のパフォーマンスをより的確な演技として身につけようとするリハーサルの中で，一つ一つの演技を通して演劇的世界を想像的にクリエートとするという，集団的探求を行っているのである。言い換えれば，一つ一つの演技上のパフォーマンスを追求する中で，脚本の指示する文字上の台詞や身振りを自らのイメージ図式によってより具体的に想像し，身体化するプロセスを実現しているということである。これは，脚本が意図している演劇的世界を，子どもたちが話し合いやパフォーマンスを試行的に表出することを通して集団的に構築しているということである。それは，国語科と言う教科の中で，一番実践することが困難だとされる演劇的表現活動が，学級活動の分有を通して，落ちこぼれを出すことなく，子どもたちの力で実現しているということなのである。ここに本庄実践の新たな特色を見い出すことができる。このことを岩田の分析で明らかにしたい。

　　　　　　　　　　　　　　　　　　　　　　（小川博久）

2　意味はどのように理解されるのか

1　学校教育における意味理解

　物語の意味理解，すなわち，物語の情景や登場人物の情景を理解することとは，書かれた言葉の意味を単に言葉で説明できることではない。尼ヶ崎彬は，文学作品の理解とは，その登場人物の心情や情景を実感することであって，それらを「適当な言葉で整理することではない」と言う[9]。たとえば，ある場面の登場人物の心情について，「悲しい」「嬉しい」というような心情を表す形容詞を用いて説明できたとしても，それでは物語を真に理解したことにはならない。登場人物の「悲しみ」や「嬉しさ」を実感していなければ，物語を理解したことにはならないというのである。

　しかし，そうだとすれば，物語の意味理解を一斉授業における「教授－学習」形態の中で達成することは難しい。登場人物の心情や情景を，教師が説明するだけでは，子どもが「実感」することは到底困難であるし，「このときの登場人物はどのような気持ちか」「この場面はどのような情景か」という類いの教師の発問によって，物語の文章から心情や情景を考えさせたとしても，それは心情や情景を「適当な言葉で整理すること」にしかならないからである。そもそも，物語の情景や心情を「実感」するということは，他人に指示されることによって行えるものではない。当事者が，自らその気にならなければ可能ではなく，この意味で物語の意味理解は，子どもたちの自発的で主体的な活動だということである。

　けれども，ここに，「教授－学習」形態の授業でありながら，子どもたちが自ら物語の情景や心情を実感しつつ物語の意味理解を行っていると思われる授業がある。本庄冨美子教諭の〈ごんぎつね〉（新見南吉作）の授業である。この授業では，〈ごんぎつね〉を子どもたち自身が演出するクラス全員で行う劇活動として行うことにより，物語の深い意味理解が可能になっていると考える。

後述するように，登場人物の振る舞いを実際に身体的パフォーマンスとして具現化することは，物語の情景を具体的なイメージとして把握し，心情を実感することを可能にするからである。いわば，物語を頭で理解するのではなく，「身体で理解する」のである。以下では，このことについて論じたい。論じる手順は，まず，言葉や文章の意味理解が身体的な「型」（尼ヶ崎）を基礎としていることを説明し，〈ごんぎつね〉の練習場面の事例を示し，その事例において子どもたちが身体的な「型」を共有しながら，登場人物や情景の「らしさ」を追求し，表現していくことを分析によって示す。そして，このように子どもたちが身体的な「型」を共有するという集団的な過程が，子どもたちの物語理解を深める過程であることを論じたい。

2　私たちは意味をどのように理解しているか
――　身体化された「型」に基づく理解　――

　一般に西洋的な言語観では，言葉は私たちの心から離れて客観的な体系として存在し（ラングに相当する），言葉の意味は，記号表象と客観的な現実との間の抽象的な関係である，という考えに立っている。ここにおいて言葉の意味は，言葉の定義として示される普遍的で客観的なものであり，私たちは，そのような言葉の意味を把握し，それらを学習することによって自分の中に取り込んで蓄積し，必要なときにそこから取り出して使う，と考えられている。そこでは，言葉は私たちの外にある客観的な存在であり，取り込み理解し，使用する対象である。

　このような言語観に対して，尼ヶ崎は異議を唱える。言葉の意味は，私たちの外側に存在するのではなく，私たちの身体に基づいている，というのである。尼ヶ崎は，理解が身体的動きのパターンつまり「型」に基づいているという論を展開する[10]。例えば，子どもは「椅子」という言葉を知らなくても，椅子を見てそれをどのように扱うかを身体で知っている。「腰掛ける」という身体的な「型」の記憶が概念の獲得に先立っているのである。とすれば，子どもが椅子を見て「椅子」と言うとき，それは身体的な行動の「型」を眼前の物に結び

つけているのであり，そうだとすれば，「椅子」の概念とは，「精神的内容というよりも，身体的行為の可能性として」あるいは「身体の準備態勢として」身体の中にあるものである。このような概念を，尼ヶ崎はいくつかの「層」からなるものとして捉え，次のように述べる。「椅子」という概念の場合，最上層には「椅子」という言語的ラベルがあり，そのすぐ下には「椅子」についてイメージする表象，つまり椅子を意識対象として想起するものがある。これには，言語的表象（「腰掛けるもの」というような言語的定義やソファ，腰掛けなどのような範列関係に含まれるものも含む）と形象的イメージ（自分の家のリビングルームにある椅子やあの喫茶店の椅子，というように具体的に思い浮かべられるイメージ）がある。しかし，イメージはこのように具体的なものばかりでなく，具体的な視覚的形象ではない一般的な椅子のイメージがある。それはいわゆる〈椅子らしさ〉としてわれわれが暗黙知として持っているもので，現実の具体的な像が椅子らしいか椅子らしくないかを判断する基準となるような「型」である。それは具体的な形象の種となるもので，形象以前であるという意味で前形象的な「型」と言うことができる。この前形象的な「型」は形象的イメージの下層にある。そして，この前形象的な「型」のさらに下層に，椅子に腰掛けるという身体的な経験の「型」がある。このように，「概念とは，記号的ラベルの下に表象が，さらにその下に『らしさ』の型があり，表象の層は言語的（ロゴス的）概念と形象的イメージから，『らしさ』は前形象的イメージと身体的経験の型から成ることになる」（傍点筆者）のである。それを図示すると，おおよそ図2−1のようになるだろう。

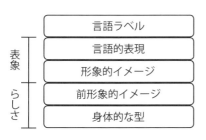

図2−1　尼ヶ崎による概念の層

ここで注意すべきことは，身体の「型」はそれ自体で閉じたものではないということである。それは単に，腰掛ける，というような個としての身体の動き

の機械的パターンなのではなく，腰掛けたときの身体の脱力感や居心地の良さ，ほっとする心情などの身体感覚や心情と未分化である。それゆえ，身体的な「型」を再現することは，「内面の『型』，すなわち，身体感覚や心情のある『型』を再現する」のである。さらに，そのような心情や身体感覚は，周囲の状況と未分化である。家族の団欒の時間に腰掛けているときは，ほっとする心情が生まれるだろうし，教室で固い椅子に座っているときは，緊張感を伴うだろう。このように，身体の「型」はその内面と結びつくと同時に，その周囲の状況とも結びついている。それゆえ，身体の「型」を再現することは，身体の「ある状況の全体とその中に置かれた身体という関係を理解し，実感するということ」である[11]。

　しかし，概念が本来，以上のような層から成り，子どもの言葉の習得が以上のような身体的な「型」の習得を基礎としているとしても，私たちの日常生活における言語使用が常に身体的な「型」を喚起することになるとは限らない。というのは，言葉の定義は，「らしさ」や身体的な「型」を捨象して抽象したものであり，それによって言葉を「らしさ」や身体的「型」を伴わないままに操作することが可能となるからである（演繹的推論はその例である）。例えば，物の名前はそれをどのように用いるかを全く知らなくても覚えることができる。つまり，身体的な「型」を伴わずに言語ラベルと物を結びつけるのである。このような場合の言葉の意味を，尼ヶ崎は「制度的意味」と呼ぶ。この場合，概念は，図2－1の表層しか持たない。言葉を聞いても，身体的な「型」が潜在的に喚起されることはなく，それゆえ「らしさ」も理解されないままである。それに対して，言葉が身体的な「型」を喚起し，「らしさ」を理解するような場合（図2－1の全ての層を持つ場合）は，言葉が理解する主体の身体にその都度肉化されるのであり，尼ヶ崎はそれを「受肉した意味」と言っている。ここにおいて意味は，主体を離れて客観的な制度として存在する定義のようなものではなく，理解する主体の「身体を場として行われている意味生成行為の一部を成しているのである」。

　以上のような尼ヶ崎の論は，学校教育における物語理解のあり方に重要な示

唆を与えるものである。近代学校における「教授－学習」形態として行われる授業は，言葉の辞書的な意味や，品詞を理解し，また，その文章に何が書かれているかを「制度的意味」の言葉として把握することが中心となり，身体的な「型」を喚起することは，個々の学習者の任意とされ，受肉された理解が確かめられないまま，授業が進められることが可能である。子どもたちが，物語の主人公の気持ちを訊かれて「嬉しい」とか「寂しい」という言葉で整理できたとしても，それを実感しているか，身体的な「型」が喚起されているかどうかは，分からない。仮に教師がこの「制度的意味」を自己体験に結びつけて語ったとしても，それが子どもに共有されるという保障はないし，その確証を教師がとりつける努力をすることは少ない。「教授－学習」形態においては，物語に書かれている言葉の意味を，子どもたちが身体に受肉させることを保証するのは難しいのである。

このような学校教育の制度的な限界に対して，尼ヶ崎の論は，物語を劇化し，身体的パフォーマンスを行うことの物語理解における有効性を示唆するものである。尼ヶ崎は，「『らしさ』の理解とは，ある心身態勢の『型』を反復する，つまり，『なぞる』ことにほかならない」という。言葉を読んだり，聞いたりして，それを実感するのは，つまり「らしさ」を理解するのは，その身体的な「型」を身体の中に潜在的に喚起し，同時に，それにともなうある心情の「型」を喚起することだというのである。

身体的な「型」を喚起するものとは何か。集団による演技的パフォーマンスである。演技的パフォーマンスは，身体的な「型」を顕在的に喚起することを促し，それと結びついた心情の「型」や情景を喚起することを促すだろう。そして，それが集団で行われることは，その集団の構成メンバーの一員が提示するパフォーマンスのノリ[12]に他のメンバーがノルことを通して，心身態勢の「型」を喚起し，互いに「型」を「なぞり」合いながら探っていき，それによって「らしさ」の理解に至る可能性を持つと思われる。次に，その事例を示そう。

3　事　例

　次に示すのは，本庄教諭が担任する4年生の国語の授業で，〈ごんぎつね〉をクラス全員で行う劇に仕上げていく過程の一授業場面である。このクラスでは，3学期の初めから国語の教科書に掲載されている〈ごんぎつね〉を皆で読み合わせ，台本[13]を作り，全員が登場人物やナレーター，音楽等の係で何回か登場できるような配役を考え（そのため，幕ごとにごんや兵十の配役は異なる），練習が進められた。

　次に示す事例は，そのような過程における2月下旬のある日の国語の授業で，第三節（「三の場面」と呼ばれていた）を初めて劇的パフォーマンスとして行う場面であり，最初のうちA男以外は物語世界のイメージが希薄だった子どもたちが，次第に具体的なイメージを持つようになり，物語を実感的に理解していく過程である。そして，それは，演技パフォーマンスを行うことによって可能となっていると考えられる。演技という身体的パフォーマンスを行うことによって，子どもたちがノリを共有し，それによって「型」が喚起されていくのである。子どもたちは最初は読み合わせ，その後3回の演技を行っており，合計4回のパフォーマンスを行っているが，演技パフォーマンス（パフォーマンス2回目，3回目，4回目）は，回を追うごとに，次第に子どもたちが物語を実感的に理解している様子が窺える。

　以下，事例を述べる。

【事　例】〈ごんぎつね〉の台本からパフォーマンスを皆でつくる
（Tは本庄教諭）

❶　「三」の場面のナレーターと登場人物が「ステージ」に出て来て準備する
　朝の会が終わり，劇の練習の進行役のK男とM男が「ステージ」とみなしている教室の前半分の左端（図2－2の㋔）に座り，劇の練習が始まる。
　司会のK男とM男は台本の開始する箇所を確認し，K男が「まず，え〜

今日は『三』から始めます」と皆に向かって言う。すると，座っていた子どものひとりだけが「はい！」と元気よく答える。K男はTに不安げに「ここ？」と台本の始まる箇所を確認するが，Tは「どうぞ，自分の思うようにやって」と台本を見ずに言う。しかし，どこまでにすればいいのか決めかねているらしいK男はとまどって，台本を指差しながら，Tに「ここ？」と訊く。TはK男に近づいて「ここから始めていい」という。K男が「〈15〉から,,,,,じゅ,,,,,じゅう,,はち,,,?」と口ごもっていると，Tが「ここで切るのはよくないから,,,」と言ってK男とどこまでにするか相談する。「どこがいいかね,,にじゅう,,,〈26〉?,,,いや,〈23〉,,,うん,〈23〉までいこう」と，台本の〈23〉を指差す。K男がうなづいて，安心したように大きな声で「〈15〉から〈23〉の人は，こっち（指で前の空いているスペースを指す）出てきてください」と言う。

座っている子どもたちが「え？何番まで」「何番から？」「〈20〉まで？」と口々に言い，そのたびにK男が「〈15〉！」「〈23〉番」と答えながら，ナレーターの〈15〉番から〈23〉番までの子どもたちと，そこに登場するH男（ごん），R男（鰯売り），C子（おかみ）が，それぞれ「ステージ」（教室の前方）に出て㋐（図２－２）の位置にしゃがむ。担当の子どもたちが前に出て来ると，K男が「〈15〉,〈16〉,,,,」とそれぞれ担当者がいるかどうか確認している。Tが「また，場所も決めてあげてね。どこらへん

図２－２　授業時の教室（ナレーターは㋐，司会は㋔にいる。㋑㋒㋓は図２－３参照）

で（演技を）してったらええか，いうことね。おかみさんや，ごんや，魚屋（鰯売り）が，どこら辺で，どうおったらええか，いうのも考えてみてあげて欲しいね」と言う。K男とM男は，「あれ，S男（こっちに）来とるん（来ているはず）じゃないの？」と〈21〉番を読むS男がいないことに気づいて「〈21〉番S男さん」とS男を呼ぶ。開始の場所を理解しておらずピア

ニカをいじっていた（音楽担当）S男が，あわてて出て来ると，Tは「今，『三』からスタートするでってところが，（S男の）頭の中で『一』からって思い込んでたんやね」と言う。

❷　パフォーマンス1回目
——ほぼ全員が㋐の位置に立ったままナレーションと台詞を言う

　全員が揃うと，K男が「じゃあ，〈15〉番の人から，どうぞ」と言って，パフォーマンスが始まる。〈15〉から順番に読み進む（注⑬の台本を参照）。R男（鰯売り）とH男（ごん）もナレーターたち（図2－2の㋐の位置にいる）と一緒に並んで立っている。「ステージ」に出るのではないかと思っているR男（鰯売り）は，身体を前に乗り出すようにしてH男の方をちらちらと見ているが，H男はそれには全く気づいていない。「ごんは，その，威勢のいい声のする方へ走っていきました」というナレーションに続いて，R男（鰯売り）がその場に立ったまま「おかみさん，ここに置いておくよ」（この台詞は台本にはない）と言い，C子（おかみ）が「いつもすまないねえ」と応じる。その後は，台本どおりに進み，〈20〉の「ごんは，そのすき間に，かごの中から，五，六ぴきの鰯を両手でつかみ出して，もと来た方へかけだしました」が読まれている間に，H男が「ステージ」の真ん中に出て来て，しゃがみ，鰯をつかみだすふりをして，H男「よ〜し。いまのうちだ。兵十のうちに持っていこう」と語る。それに続いて〈21〉から〈23〉までが台本に沿って読まれる。こうして，H男が少しのパフォーマンスを行う以外は，ナレーターの位置で立ったままナレーションや台詞を言い，ほとんど読み合わせのようなかたちで〈23〉までの部分が終わる。

❸　A男が，ごんとおかみさん，鰯売りの動きと三者の位置関係について動きを混じえながら説明する（説明1回目）が，他の子どもたちはイメージが希薄

　K男が「ここまでで，質問はありませんか？」と言うと，客席に座っている子どもたちから「意見（もだよ）」という声が上がるので，K男が「意見や質問はありませんか」と言い直す。すると数人の子どもたちが手を挙げて，K男が「Y子さん」と指名すると，Y子が「もう少し大きな声で読んだ方が

いいと思います」と意見を言う。その間にTは，立っているナレーターたちを座らせる。続いて，K男が手を挙げていたA男を指名すると，A男が「あの，H男さん,，R男さんもそうなんですけど,,,,, 物置の方から，離れて,，」と言いかけると，Tが，「うん，そこ，ちょっと確認してあげて」と割って入る。A男は続けて「<u>離れているって書いてあるから，離れたり,,,, R男さんは,,,, あの，R男さんは，そこに出ていて（「ステージ」の真ん中を指す），H男さんは，こうやって回りながら（胸の前で腕を回す），R男さんの近くへ行けば，この中に書いてあることに近くなると思います</u>❶」と言う。

　Tが小さな声でK男たちに，「やってもらっ（て),,,」と言うと，それにかぶせるようにK男が「やってみてください」とA男に言う。Tが「A男さんな」とA男を指し，すぐにK男に「A男さんに出て来てもろうて」と言うと，K男がそれを引き継いで「A男さん，実際にやってみてください」と言う。出て来たA男にTが「監督になってやってくれたらええわ」と言うと，A男は「ええっと,,」と言いながら「ステージ」に出て来て，「<u>たとえば，ここにR男さんが（㋑）（図２−３）の位置に両手で円を描くようにして籠があることを示す）</u>❷,,, <u>えっとここに家があるとして（㋒で両手で囲うようにして家の位置を示す）</u>❸, <u>R男さんがここに（鰯を）つかみだして持ってきて（㋑から鰯をつかみ出して㋒に持っていくふりをする）</u>❹, <u>威勢のいい声をだして,,,ここで（㋒の位置に立つ），（おかみさんが）『鰯をおくれ』って言っている</u>❺<u>から（黒板の方に歩いて㋓に行き）H男さんは，ここからこうやって，こっそり，走って行って,,こうやって回りながら，走って行って（黒板から「ステージ」の前の中央に円を描くように（図２−３ⓐ）走って中央に出てきてやってみせる）</u>❻」。

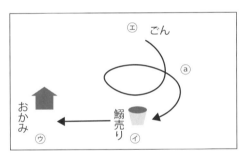

図２−３　「ステージ」上のごん，鰯売り，おかみの位置関係

　A男が鰯売り（R男）の動きについて説明しているので，TはR男に「ステー

ジ」に出るように身振りで合図をすると、R男は「え?」というような、とまどった表情を見せながら「ステージ」の方におもむろに出てきて、居心地悪そうに立っている❼。A男は続けて「R男さんは(R男の側に行ってR男を見て)その間に、家の中に持って入って(「ステージ」左端に行き、Tの方を見る)❽,そんときに(「ステージ」中央に戻り)、H男さんはここから(鰯を)つかみだして(少し前屈みになり鰯をつかみだすふりをする),,❾」,(その間にC子も「ステージ」の方に出て来る)「そうしたら、台本に書いてあることが、できると思います」と「ステージ」の中央部で言い終わり、「ステージ」の横(ナレーターのいる所)に引っ込む。その間R男は何を思ったか、両手で物を「ステージ」の左端に押しやる素振りをして、今度は後ろに向かって何かを片手で上から投げる(ちょうど投手が投球するように)素振りをしている❿。

❹ パフォーマンス2回目
—動きのイメージがよく把握できないR男とH男に、A男が具体的に動作を混じえながら説明するが、R男は相変わらず動き方が分からず、他の子どもたちからも反応が少ない

Tが「ほな、そしたら、そこ、やってもらってよ」と言いながら、少しぼけっとしているK男の背中をつつき、「ちょっと、あなた、しっかり。先生が今、あなたのかわりをやったの」と促す。K男は椅子にふんぞり返るようにすわったまま「実際にやってみてください」と言う。

(動き方の分からないR男にA男が動作を混じえて2回目の説明をする)

R男(鰯売り)とC子が「ステージ」上でどうしたらいいか分からずにもじもじしている⓫のでA男が再び出て来る。A男が「えっと、まず、ここら辺に(籠を)置いておいて」と言いながら「ステージ」の中央に両手で何かを置くような形式的な動きをする⓬と、R男もそのすぐ横に立つ。「で、ここに家があると考えて(先ほどと同じように、「ステージ」の左端に家の形を手で囲うように示す),,,⓭」と言って(その間R男はそれをちらっと横目に見ながら、「ステージ」の中央で後ろを向いてピョンピョン飛び跳ねる)席に戻りかける。

Tが「えっと,あのね,えーと,監督さん」とA男を呼び止め,「ここで(皆に)訊いてみたらええんよ。こういう感じでスタートするけど,いいですかねって」と言うと,A男がそのようにするが,観客席の子どもたちからは何の返事もなく,Tが「答えてあげて」と言って,ようやく「はい」という声が数人のみから聞こえる。続けて,Tが「実際にやってみて」とR男に向かって言うと,それにかぶせるようにK男が「実際にやってみてください」と言う。

(A男の3回目の説明)
　R男は困ったように,「こっちに行く?」と家の方を指してTに訊くが❹,Tは「監督に訊いてよ」とA男に説明してもらうように言う。A男がすぐに出てきてR男(鰯売り)のすぐ横に立ち,「お客さんの方を向いて,鰯の安売りだ～い,と言って,,,」と言い,H男(ごん)のすぐ横に立って「で,H男さんは,ここから歩き出せばいいと思います」と2,3歩歩いてH男のパフォーマンスを説明し❺,自分の席の方に戻ろうとするが,R男に「それで,俺はどう動けばいい?」と呼び止め❻られてR男の側に行く。「ここに(籠を)置いて(籠を置くふりをする),(鰯を)つかみ出して持って行く(籠から鰯を出して家の中に運ぶふりをする)」とパフォーマンスをしながら説明し❼,観客席の方に戻る。Tが「4行目の話をしてるんですよ。ね,4行目。物置の側を離れて,と書いてあるところ」と補足する。

(R男が2回目のパフォーマンスを行う)
　R男は,まだしっくりしないという感じで,「俺(が言えばいいの)?」と自分を指差してA男に訊き❽,A男が頷くのを見て,その場(「ステージ」の中央より左寄り)に突っ立ったままで「鰯の安売りだ～い。いきのいい鰯だ～い」と大きな声で台詞を言う。こうして,R男たちによるパフォーマンス2回目が始まる。ナレーション〈18〉(ごんは,そのいせいのいい声のする方へ走っていきました)が読まれた後に,H男(ごん)が,黒板の方から,円を描くように走って「ステージ」の中央に出て来る。C子(おかみ)が「鰯をおくれ」と言うと,それまでH男(ごん)が走って出て来る様子をぼーっと見ていたR男(鰯売り)❾は,自分の後ろから声がしたので慌てたように振り向き❿,その場で突っ立ったまま籠をポイッと左側に移す仕草をしながら⓫,こう? というふうにA男を見る⓬。「おかみさん,ここにおいて

おくよ」と言いながら，鰯の入れ物を持ち上げて，その場に立ったままＣ子（おかみ）の側に置くふりをする㉓。

❺　Ａ男の説明を聞きながらＲ男が断片的にパフォーマンスを行うが，表面的な動きに留まっている

（Ａ男の４回目の説明）

　Ｃ子が「いつもすまない,,」と応じていると，そこで観客席にいたＡ男が立ち上がり「そうじゃなくて,,,」と，演技パフォーマンスに割って入り，「えっと，Ｒ男さんだったら，ここにいると考えたら，ここに（籠が）あって，ここに鰯があるということになって，で，ここから（鰯を）つかんで持って（しゃがんで籠の中から鰯をつかみ出すふりをして，籠の場所から４，５歩歩いて家の方に行く），こちらへんに持っていけば,,,,,。家の中に入るのだから，もうちょっと，歩いた方が，いいと思います」㉔と，Ｒ男の鰯の籠を置く道端と家との位置関係が近すぎてしまうことに注文をつける。道端から家まではもう少し距離をとった方がよいと言っているらしい。

（Ａ男の５回目の説明）

　そこにＴが口をはさみ，「そこはちょっと意見を言ってあげて。どういうことを言ったらいいか」と言う。Ｒ男とＨ男，Ｃ子の３人はとまどいながら互いの顔を見合っている㉕。Ｒ男がとまどいながらＣ子とＨ男に「俺がこっちから来るから，そしたら，そっちに行って，そしたら俺がこっちに来る」と言っていると，再びＡ男が「そうじゃなくって,,,」と割って入る。Ａ男はＲ男に「さっき，Ｒ男さんが（鰯の籠を）ここに置いたから，自分が置く場所をちゃんと決めておいて，そこに（籠を）置いてから」と言いながら，Ａ男が籠の形を手で囲うように示して，前屈みになって籠をその場所に置く仕草をする㉖。Ｒ男は，身体を起こしたまま，Ａ男の示した位置からモノをヒョイッと「ステージ」の左隅に投げるように軽やかに持っていく動作をしてＡ男の方へ戻る㉗。Ａ男は続けてＲ男に「その中から鰯をつかみだして，『ここに置くよ』って言って」と鰯を両手でつかみあげるふりをする㉘と，Ｒ男は左手でポイッと何か軽い物をヒョイと持ち上げる仕草をする㉙。Ａ男が「で，それを持って」と言いながら「ステージ」左端（図２－２㋒）の方

に移動する❸と，R男もそれについて行く。A男は「ま，観客の方を向いて，ここらへんで，（鰯を）置く（置くふりをする）❸,,,」（R男はA男が置く動作を行った場所で数回下に何かを置く動作を繰り返す❸），そしてすぐに「ステージ」中央に戻り，「で，その間に，H男さんがセリフを言って（H男の横に行って駆けるふり），（鰯を）取ってから，セリフを言って，また抜けていったら❸，それで書いてあることと同じになると思います」（H男は，手を前に組んで，A男の仕草を見ている❸）と言う。H男とR男はふたりで何か話している。

K男が「やっている人から，皆に何か質問したいことはありませんか」と言う。H男とR男は困ったように顔を見合わせて，その場に立っている。どうも，A男の言っていることがいまひとつ理解できないらしい❸。A男が，今度は台本を持ってふたりの側に行くと，ふたりも台本を持って来て，3人でひそひそと話し合っている。A男が「,,, ここで鰯をおくれって書いてあるから❸，歩いていて,,,,,歩いていて，それで鰯をおくれって言われたら，それで家の中に入っていったら,,,」とTの方を見ながら言う（その間R男は，籠を持つふりをして黒板の方へと歩き，鰯を売り歩いてるふりをやってみている❸）。

❻　A男によるモデルパフォーマンス
　　──A男が鰯売りになり，おかみとのやりとりのモデルパフォーマンスを演じてみせる

Tは頷きながら，A男に向かって「あのね，言いよることをして。やってみた方がいいと思う。言葉はもう，だいたいわかったから。じゃあ，その通り，やってみるよ，とやってみせた方がええんちゃうかな，監督さん」と言う。K男が「じゃあ，お願いします」と言うと，A男が台本を置いて「ステージ」に出て来る。R男とH男は黒板の前（「ステージ」の奥）で立って見ている。

（A男による鰯売りのモデルパフォーマンス──A男による6回目の説明）

TがA男に「R男さんの立場でやってみますって，ね？」と言うと，A男は軽く頷き，息を大きく吸って，「ステージ」のやや後方から「鰯の安売りだ〜い。活きのいい，鰯だ〜い」と大きな声で，手でメガホンを作って「ス

テージ」の上を円を描くように歩き，中央に出て来ると，ナレーション〈18〉が入り，続けてＣ子（おかみ）が左端（家）から「鰯をおくれ」と言う。Ａ男は「ああ，はいはい」と言って，左端の方に移動し，「じゃ，ここに置いておくよ」と言って鰯を置くふりをする。Ｃ子（おかみ）は「いつもすまないねえ」と言うと，Ａ男ははにかんだように頷く。鰯売りとおかみの具体的なやりとりが初めて眼前で演じられたせいか，観ている子どもたちはじっと見入っている。「ステージ」の中央を振り向くと，Ｈ男（ごん）はまだボーッと突っ立っている。それを見てＡ男は，Ｈ男（ごん）の側に跳んで行き，Ｈ男の肩をつかんで位置を移動させながら「そのときに,,,こっちに走って来て」と言う。

　すると，Ｔが「そこ，ちょっと止めて欲しいんやね」と言うと，Ａ男はＨ男の肩を上から軽く押してしゃがませながら自分もしゃがんで，「で，（鰯を）取って」と言いながら鰯をとるふりをして立ち上がり（Ｈ男も一緒に立ち上がるが手は再び前で組んでいる），「で走って行ったら（後ろ側にはねるようにして後ずさりしながら），できると思います」。その間，Ｒ男は「ステージ」の後ろの方で，両足を揃えてかかとで立ち両手をブラブラさせてみたかと思うと，先ほどＡ男がやったのと同じように手でメガホンを作り，声を出さずに歩いてみたりしている❸❽。

❼　鰯売りの格好について子どもたちから案が出される

　ボーッと見ているＫ男たちを見て，Ｔは「これでいいかどうかを，訊いて」と言う。Ｋ男はふんぞり返ったまま「これでやってもらっていいですか」と言うと数人の子どもが「はい」と答える。Ｒ男は，演技をしようと「ステージ」の真ん中に出てきて，席に戻っているＡ男に向かって，「こう（手でメガホンを作って）するん？」と訊く❸❾。すると，席に座っている子どもたちやナレーターたちが口々に「大きな声でって書いてあるから,,❹⓿」などといろいろな声が上がる。ナレーター役の子どもたちは台本を見たりしながら，それについていろいろと意見を言い合ったり，籠を担ぐ身振りをしたりしている❹❶。Ｓ男が籠を片方の肩にかける仕草をして，もう一方の手でメガホンを作って，横の子どもと「こうじゃない？」と言いながら，Ｒ男の方を見て「籠

があるから，こうじゃない？」と言う❷。そこに，B子が手を上げて指名され，「教科書には，肩にかけるんじゃなくて，後ろに台があって，それをこうやって（腰の位置に手をあてて）するように書いてあります❸」と言うと，何人かの子どもがその場で座ったまま，こうやって引っ張るんやなどと言いながら同じ仕草をする❹。R男も同様に，荷台つきの車の柄をお腹の前で持つようにしてその場を歩き回る❺。

8　Tが鰯売り（R男）の登場する場所を提案する

　そのとき，Tが「それで向こうからやってきたら？」と言い，R男が「こっち？」と言って「ステージ」の右端に行くと，Tが「ちょっと先生，そこ入ってもいい？」と言い，「もっとね，G男さんの方から（部屋の後ろの隅，図2－4㋕を指す）ズーッと出てきてくれへん？」と言う❻。R男がG男の座っている部屋の後ろの隅へ行くと，「なんでそう言うか，分かる？」と皆に訊く。「（台本の中の）どこの言葉をとらえて，もっと向こうから，って言ったか，分かる？」と再度訊くと，G男が手をあげて指名され，「どこかで，だから，遠いところなんだと思います」と言う。Tは頷いて，「ここ」「そこ」「あそこ」「どこ」という言葉について以前学習したことを述べ，それぞれどのように指差せるかを皆に実際にやらせて，「どこ」という言葉は指差すことができず，見える所ではないことを確認する❼。

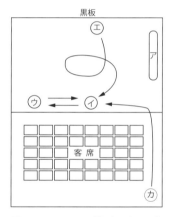

図2－4　R男（鰯売り）の動き（㋕→㋑）

❾ パフォーマンス３回目
　　――籠と家の中との位置関係がはっきりして，鰯を持って入るＲ男
　　　（鰯売り）の動きにメリハリが出てくる

　Ｔは，教室の後ろの隅（図２－４㋖）に居るＲ男に「はい。じゃ，そっから出てきて」と言うと，Ｒ男が出て行こうと身構える。Ｈ男（ごん）が「ステージ」に出て来たのを見て，Ｒ男（鰯売り）が「鰯の安売りだ～い。いきのいい鰯だ～い」と大きな声で言いながら「ステージ」の方にスタスタと歩いていき，「ステージ」の中央に出てきたところで立ち止まる。その後にナレーション〈18〉（ごんは，威勢のいい声のする方へ走って行きました）が始まり，それに合わせてＨ男（ごん）が円を描くように走り出す。Ｒ男はその間，「ステージ」の中央でＨ男を見ながら手持ち無沙汰でまごまごしている❹❽。
　〈19〉のナレーション（鰯売りは，鰯の籠を積んだ車を道端に置いて，ぴかぴか光る鰯を両手でつかんで，弥助のうちの中へ持って入りました）が始まると，Ｒ男（鰯売り）はそれに合わせて，道端に籠を置き，そこから鰯を両手でつかみあげて，Ｃ子（おかみ）の居る方（左端）に４，５歩歩いていき，「おかみさん，ここに置いておくよ」とＣ子（おかみ）の顔を見ながら言い（先ほどより，車を置く位置と家の距離が長くなり，動作がゆっくり，はっきりしている），Ｃ子（おかみ）も「いつもすまないねえ」と少し抑揚をつけて言う❹❾。Ｒ男（鰯売り）が「ステージ」の中央に戻ると，その間ずっと「ステージ」の中央右よりのところで，手を腹の下で組んで突っ立ったままでいるＨ男とはち合わせてしまう❺❶。ナレーション〈20〉（「ごんはそのすき間に，，，」）が始まると，Ｒ男（鰯売り）はあわてて家の方に戻り，首だけ後ろに向けてＨ男の方を見る❺❶。それまでずっとボーッと突っ立っていたＨ男は，ナレーションに合わせておもむろにしゃがんで籠から鰯をつかみだすふりをして，ゆっくりと立ち上がり，自分の台詞を言い，後ろに走って引っ込む。首をひねってＨ男の様子をずっと見ていたＲ男（鰯売り）は，Ｈ男が黒板の方に走っていくのを見ると，再び「ステージ」の中央に出て来るが，手持ち無沙汰でまごまごしながらキョロキョロとあたりを見回す❺❷。ナレーターが〈23〉のナレーションを読み終えると，Ｃ子とＲ男は，ナレーターたちのいる「ステージ」の右端へ引っ込む。

❿ 鰯売りの登場の身振りについて具体的な提案が出される

　すると，すでに数名の子どもたちが手を挙げている。K男（司会）が今度はTに促される前に自ら「えっと，ここまでで，質問や意見はありませんか」と言い，M男がH男を指名すると，H男は，ナレーション〈22〉に兵十が出て来るので，兵十が「ステージ」に登場した方がよいという意味のことを言い，そうした方がよいかどうかをK男が皆に尋ねると多くの子どもたちから「はい」という同意の声があがる。K男が手を挙げていたF男を指名すると，「R男さんが，そこから（部屋の後ろ隅を指す）出てきたときに，ちょっと速かったので，もうちょっとゆっくりやった方がいいと思います❸」とF男が言う。

　Tが「『やってみます』ってやってみて」と言い，K男が「R男さん，やってくれますか」と言うと，R男が照れながら立ち上がり，教室の後ろの隅に行く。C子は自分で判断して「ステージ」の左端に移動する。Tが「はい。言っていいですか？」とK男たちに自分が発言する許可を求め，「F男さんが言っていることを理解してやってね。今後ろに何が積んである？❹」と皆に尋ねると，ほぼクラス全員が一斉に「鰯」と答える。それに続いて，口々に「重いから，ゆっくりやったらええんちゃう？」「しかも○×△,,」「重たいからゆっくりや❺」等の声があがる。

　それを聞いていたTは「ああ，すごいすごい。すごいことを言っているんやで。あなたたちはすごいことを言っているんだけど,それを,動作でやってみると，どういうふうになるかということを，示してあげてほしいんやね」と言っている間，席に座っている何人かが，車の柄を前に持って膝を曲げて少し腰を落とし重そうに歩くそぶりをする❻。R男も同様の身振りを試みている❼。それを見てTが「ちょっとG男さんやっているから,G男さん。後ろに重いもの積んだときのを（やってみて）,,,」と言う。

　K子が挙手し，「えっとR男さんがやっているとき（歩いて出て来るとき）に，R男さんはずっと前を向いてやっているので，ゆっくりあちらこちら見て，やったらいいと思います❽」と，言う。TはK子の意見を受けてR男を見ながら「難しいね」と微笑みながらR男の気持ちを代弁するように言って「みんな，応援したって」と言う。

❶❶ パフォーマンス４回目
　　―Ｒ男（鰯売り）とＨ男（ごん）とＣ子（おかみ）の息が合うようになり，ナレーションも雰囲気が出てくる

　Ｋ男が「Ｒ男さんやってみてください」と促して，Ｒ男は鰯売りの登場場面をやってみる。１，２歩歩み出すが，歩くこととキョロキョロと周りを見回す仕草とがうまく噛み合ない様子で，すぐに立ち止まり❺❾，どうすればいいの？と助けを求めるようにＡ男を見る。Ａ男は座ったまま「鰯の安売りだ〜い，って言って，いろんな場所を見て」と言って首を右左に振り，あちこちを見る動作をする。Ｒ男（鰯売り）はその場でＡ男の言うように首を左右に振る。「前見ながら」「キョロキョロしながらや」「ゆっくりやれば，，，」などと，数名の子どもたちが口々に言い，その場でやってみている子どももいる❻⓿。Ｒ男（鰯売り）は，教室の後ろの隅から首を左右に振りつつ２，３歩前進する動作を２回やってみる❻❶。Ａ男が手をあげ「ちょっと止まって鰯の安売りだ〜い，と言ってみたり，また違う方にいって，鰯の安売りだ〜いと言ってみたりすればうまくいくと思います」と言う。Ｋ男に促されたＲ男（鰯売り）は，今度は自信を持って，ゆっくり歩いて「鰯の安売りだ〜い」と言い，数歩ゆっくり歩いてきょろきょろとあたりを見回し，またゆっくり歩いて「いきのいい，鰯だ〜い」と大きな声で言う❻❷。

　「ステージ」まであと数歩となったところで，ナレーション〈18〉が入り，Ｈ男（ごん）がそれに合わせて円を描くように出て来ると，ちょうどゆっくり歩いて「ステージ」の中央に出て来たＲ男（鰯売り）の近くに来る❻❸。Ｃ子（おかみ）が「鰯をおくれ」と言い，Ｒ男（鰯売り）はナレーターの方を見ながら，ナレーション〈19〉（鰯売りは，鰯のかごを積んだ車を道端に置いて，ぴかぴか光る鰯を両手でつかんで，弥助のうちの中へ持って入りました）に合わせて籠を置き，そこから鰯を取り出して家の中に持って入り，「おかみさんここに置いておくよ」と，これまでよりも抑揚のついた大きな声で言いながら鰯を置き，「いつもすまないねえ」（これまでよりもさらに抑揚が大きくなり，感情がこもっている）というおかみ（Ｃ子）とのやりとりのパフォーマンスをする❻❹。その間にＨ男は籠の位置に進む（鰯を盗むため）。ナレーションの抑揚がついてきて，ナレーションとＲ男（鰯売り），Ｃ子，

H男の呼吸が合って，スムーズに進んでいく❻❺。

⓬　子どもたちから，鰯売りの登場場面全体についての意見が出される
　ナレーション〈23〉が終わると，Tが「ちょっと先生，言っていい？」とK男に発言の許可を求めて直前の演技に対する意見を言おうとするが，K男が自分が意見があるという仕草をするので，Tは「あ，はい，どうぞ」とK男に発言権を譲る。K男は，ナレーション〈22〉のところに兵十が出て来るので，兵十役のU男に準備をしてくれるように言う（先ほど，H男が指摘し，クラスの皆が賛成したこと）と，Tは一瞬驚くが，K男がその件を説明し，「U男さん，出て来てくれるん？」と嬉しそうに言って了解する。
　そこに，M男が「R男さん，遠くから鰯売りが来ているので，最初，小さい声でやったらいいのではないかと思います」と発言する❻❻と，Tは嬉しそうに面白そうに「ほう，，，ほう，，，なるほど」と感心したように言う。R男（鰯売り）がその場に座ったまま「鰯の安売りだ～い」と言ってみている。
　そこに，A男が挙手して指名され，「ステージ」に出て来て，「たとえば，あの，ここ（家の中）に（鰯を）置いたあとに（籠を置くふりをしながら），H男さんが（鰯を）取っている間，R男さんは，ただ立っているだけだったので，『いつも』なんだから（いつも鰯を売りに来ているのだから），さっきも言ったんですけど，そうやってなかったので，ここで（家の中に立って）なんか話しているように見せるようにすれば，その間の時間も，なんか，ごんが（物を下から取り上げるようにして）（鰯をつかみ出すことが）ばれてない，という風になると思います❻❼」と言って，再び先ほどと同様に，ごんが籠から鰯をつかみ出す時の，ごんと鰯売りとおかみの状況についての改良するべき点を説明する。TがA男の意見を説明し，例を挙げ（「いや，今日の鰯はいい鰯だねえ」など），皆に考えておくように言う。
　そこにB子とR男が挙手をして指名され，R男が「えっと，鰯の安売りだい，っていうところを，えっと，2回繰り返したら，だめなんですか？❻❽」と言う。誰も何も言わないのでTが皆に向かって「『駄目なんですか』って（皆に訊いていますよ）」と答えることを促すと，「いいと思います」「いいです」「何回もやったらいいと思う❻❾」と口々に答えが返ってくる。R男が「あっち（自

分が登場する方向を指す）だけ言いよったら，急におらへんようになる，，(70)」と，発言の理由を説明する。教室の後ろの隅からゆっくり歩いて出て来ると，「ステージ」に出て来る前に台詞(「鰯の安売りだ～い。いきのいい鰯だ～い」)を言い終わってしまって，鰯売りの声が聞こえなくなり，不自然だというのである。

B子がまだ手を上げているのでK男が指名すると，「えっと，C子さん（おかみ）と，R男さん（鰯売り）の会話なんだけど，安売りなので，お金なども話に出したらいいと思います(71)」と言う。続いてM男に指名されたD男が「R男さんが，鰯を持っているときに，H男さんが，籠のところにいるので，もうちょっと遅く行ったらいいと思います(72)」と言う。

そこでチャイムが鳴り，1限が終了する。

4 子どもたちが物語を理解するようになる過程

── 集団によるノリの共有の深まりと「型」 ──

事例の過程において，子どもたちの様子は変化している。

最初のうちA男は，登場人物の位置関係と状況の時間的推移について具体的に繰り返し述べている（下線❶～❻，⓬⓭⓯⓱㉔㉖㉗㉘㉚㉛㉝）が，他の子どもからは場面の具体的な状況についての発言は無く，また，A男の説明を受けて行われる2回目のパフォーマンス（場面4）とその直後は，R男たちは自分の立ち位置や動き方がよく分からないために，戸惑う様子を見せたり（下線⓫⓳⓴㉕㉟），どうすればよいのかを繰り返し尋ね（下線⓮⓰⓲㉒），ボーッと立っていたり（下線⓳㉞），物語の情景にそぐわず，ちぐはぐな動きをする（下線❿㉑㉓㉗㉙㉜㊲）など，場面の状況に対するイメージがあまり無い様子が伺える。

しかし，場面6でA男が鰯売りの役をモデルとして実演すると，子どもたちの様子が変わり始める。物語のノリを共有し始めるのである。A男のモデル

パフォーマンスを見ている間，R男は，鰯売りの役を演じることに集中し始め，登場する際の身振りをひとりで繰り返し試すようになり（下線❸❽），見ている子どもたち（ナレーターや席に座っている子どもたち）からは，登場する際の鰯売りの手の位置，荷物の持ち方などの格好について，いろいろな案が出される（下線❹⓿〜❹❹）。加えて，Tからは登場する場所についての提案がなされ（場面❽），それらの提案を取り入れたパフォーマンス（3回目）をR男がH男，C子と共に体現する（場面❾）。

そして場面❿では，子どもたちから，さらに状況の中で捉えた鰯売りのふるまいについての具体的な案（R男の歩き方が速かったのでもっとゆっくり：下線❺❸❺❺，あちらこちら見ながら歩くとよい：下線❺❽）が出され，4回目のパフォーマンス（場面⓫）では，その提案をR男が体現し（下線❺❾❻❷），鰯売りやおかみ，ナレーターの演技がそれらしい雰囲気を増してくる（C子の台詞の抑揚が大きくなる：下線❻❹，ナレーターも同様：下線❻❺）。その直後には，子どもたちから，登場人物のふるまいを含めた状況全体に関わる意見が出てくるようになり（声は初めは小さい方がよい：下線❻❻，「いつも」売りに来ている感じを出すことが，鰯売りとごんが鉢合わせないようにもなる：下線❻❼），ときとして台本を修正していく（鰯売りの台詞を付け足す：下線❻❽〜❼❷）。こうして，「どこかで鰯売りの声が聞こえる」という物語の一文は，最終的には，「ステージ」上ではない教室の隅から，重たい物を引きながらゆっくり，あちらこちらを見ながら歩く鰯売りが，最初はその声が小さく，次第に声が大きくなる場面として作り上げられていく。鰯売りの歩く様子や，声の大きさについては，台本には記述されていない。それらは，子どもたちが「どこかで〜」を身体的パフォーマンスとして具現化しながら，物語の文章に合うと思われるイメージを作り上げたものである。つまり，子どもたちは，パフォーマンスを繰り返すことによって文章の行間を読みこんでいき，理解を深めているのである。

以上のような2回目〜4回目のパフォーマンス（1回目は読み合わせなので，考察からは除く）における子どもたちの様子の変化は，ノリの共有，心身態勢の「型」，物語の理解のありようという視点から見ると，パフォーマンスの回

を増すごとに新たな段階へと変化していると思われる。場面❸〜❺（パフォーマンス2回目）においては，子どもたちは物語のノリを共有しておらず，未だ「型」が喚起されない状態であり，それゆえ，物語が実感されていない。これを第Ⅰ段階とする。場面❻〜❾では，A男のモデルパフォーマンスを契機として，子どもたちが物語のノリを共有し始めるが，ここにおけるノリは登場人物の格好などの外的形象の次元（図2－1の表象の層の次元）に留まっている。これを第Ⅱ段階とする。そして，4回目のパフォーマンスの際には，ノリの共有が「らしさ」の層の次元まで深まり，「型」と結びついた周囲の状況が具現化されてくる。登場人物のふるまいに対するイメージが場面の情景と結びつき，場面状況の中での振る舞いが明確になると同時に情景全体が具体化されるようになり，こうして「らしさ」が一層明確になってくる（場面❿〜⓬）。これを第Ⅲ段階とする。

以上のことを表にすると次の表2－1のようになる。

段階	場面	パフォーマンス	ノリの共有の程度	子どもたちの理解の程度	子どもたちのパフォーマンスや意見
Ⅰ	❸〜❺	2回目	共有されない	物語の状況のイメージは希薄で物語は実感されない	物語とは無関係な動きやとまどいが大きい
Ⅱ	❻〜❾	3回目	外的形象の次元で共有され始める	形象的イメージを持ち始める	鰯売りの格好に対して関心を持つ
Ⅲ	❿〜⓬	4回目	共有が深まる	「らしさ」の実感	演技が「らしさ」を増し，ふるまいを含めた状況全体に関心が向けられ始める

表2－1　子どもたちのノリの共有度と物語理解の程度

以下，各段階について詳説する。

● 第Ⅰ段階：ノリの不共有　── 物語が実感されない（場面❸〜❺）

❸〜❺では，A男が，第三節の登場人物の動線と位置関係を，ステージ上でその動線を粗描しながら説明を行い，その説明を受けて，R男たちがパフォーマンスを行うが，そのパフォーマンスはA男の生成する物語のノリを共有しておらず（物語の状況にそぐわない動きをする：下線❿㉑㉓㉗㉙㉜㊲，戸惑った

りぼーっとする：下線⑪⑲⑳㉕㉞㉟），その動きは物語の具体的なイメージとはほど遠いものである。それは，動線を粗描して行われるＡ男の言語的説明が，動きそのものに焦点を当てているからである。そのことを具体的に説明しよう。

　尼ヶ崎は，パフォーマンスを学習する者に指示が出される場合，その指示が身体各部の操作目標であったり，身体を外側から見たイメージによるものである場合は，学習者の意識が身体各部の動きそのものへと向かってしまうために，身体の動きの「型」やらしさの「型」を学習者の身体上に喚起するのは困難だという意味のことを述べている。そして，パフォーマーの身体上に身体の動きの「型」やらしさの「型」が喚起されるのは，パフォーマーの意識が身体の動きそのものから動きや行為の意味に向かうようになるときであり，それを可能にする言語的な指示は，パフォーマーの内側から見た視点からのものだと言うのである[14]。

　この視点から考えると，Ａ男がＲ男たちに繰り返し行った説明は全て，各登場人物の身体の動きそのものに焦点が当てられ，その動きを分析的に説明するものであることがわかる。Ａ男が説明しているのは，主に，この登場人物の動線である。鰯売りが籠を置く位置（下線❷），家の位置（下線❸）を示した後，鰯売りの動線（図２－３㋐から㋒）を自身でたどりながら示す（下線❹）。その際に，鰯売りが籠を置く動きや鰯を籠から掴み出す動きや，それを持っていく動きは，シンボリックに（手を形式的に動かすのみで，重い籠を置く身振りや鰯を掴み出すような動きではない）その動線に付随するものとして示される。ここにおいて籠を置くことを示す形式的な動きは，図２－１で言えば表象の層のみであって，籠を置く「らしさ」を伴わない。鰯の入った籠を扱うときの身体的な「型」や前形象的なイメージは伴っていないのである。おかみさんの動き（下線❺）やごんの動き（下線❻），その後のごんと鰯売りの動きの対応関係（下線❽❾）についても，全く同様であり，その後に４回繰り返されるＡ男の説明も同様である（下線⑫⑬⑮⑰㉔㉖㉘㉚㉝）。つまり，この説明では，登場人物の動線に焦点が当てられており，鰯売りが客に鰯を売りに行く，というような登場人物の動きの意味には焦点が当てられていないのである。Ａ男の説

明は，言わば，登場人物の外側の視点によるものなのである。
　R男たちのパフォーマンスが，物語のイメージとはほど遠いのはそれゆえである。A男の説明は動き方に焦点が当たっているために，R男たちの身体に役柄の「型」が喚起されないのである。それゆえに，R男たちは，物語世界に入ることができず，とまどう様子を見せたり（下線⓫㉕㉟），立ち往生したり（ぼーっとする：下線⓳㉞），相手役との動きの応答関係が分からず慌てたり（後ろから声がして慌てて振り向く：下線⓴），無関係な動きをしたり，外形的には類似した動きをしても，全く役柄の動きとはほど遠い動きをする（置くとしゃがむ，つかみ出す，ひょいと取り出す：下線❿㉑㉓㉗㉙）など，物語世界のノリを共有できず，それゆえ物語を実感できない。また，他の子どもたちからも意見は無く，この場面では子どもたちは〈ごんぎつね〉の物語世界を共有していないと言えるだろう。

● 第Ⅱ段階：外的形象の次元でのノリの共有
　　――物語世界が実感され始める（場面❻～❾）
　❻でA男が実際に演技を行うと，子どもたちの様子が変化し始める。A男の身体的パフォーマンスによって身体の動きの「型」が所作という具体的形象と結びついて体現されることによって，子どもたちが物語のノリを共有し始めるのである。A男がパフォーマンスを行っている間，R男は，それまでとは異なり，役柄の演技に集中し始め（登場する際の身振りを，ひとりで繰り返し始める：下線㊳），物語とは無関係な動きがなくなる。それはR男がA男の生み出す物語のノリにノリ始めたからである。また，見ている子どもたちが，R男がA男に向かって発した質問（A男に向かって「こうするん？」と訊く：下線㊴）に対して（A男ではないのに）応えている（下線㊵～㊹）のは，子どもたちがR男の立場に立っていることの表れであり，それは子どもたちがR男やA男と物語世界のノリを共有しているからである。何人かの子どもたちが登場人物の身振りを実際にその場でやってみている（鰯売りがどのように手でメガホンをしているか，どのように籠を担いでいるかを，やってみている：下線㊶㊷㊹㊺）

のも，子どもたちが物語のノリを共有していることの表れである。そして，このようにノリを共有し始めたがゆえに，これらの意見の後に行われるＲ男たちのパフォーマンス（３回目）は，第Ⅰ段階とは全く異なり，ボーッとしたり，立ち往生することも少なくなり，動作にメリハリが出てきて相手役との動きの応答関係もスムーズになっているのである（下線㊾）。

　しかし，ここで注意すべきことは，子どもたちのノリの共有が外的形象の次元にとどまっていることである。Ａ男のパフォーマンスの直後にＲ男がその一部の身振りを繰り返し模倣し（呼びかけの身振りや口メガホンを何度かやってみる：下線㊳），その格好をＡ男に確認する（下線㊴）のは，関心が外形にあることの表れである。また，子どもたちの意見も鰯売りの格好（形）そのものへの関心にとどまっている（メガホンをするかしないか，籠はどこに担いでいるか：下線㊵〜㊹）。尼ヶ崎は，ノリの共有が「型」を「なぞる」次元までに深まるまでには，段階があるという意味のことを言っている。例えば芸事の習い手が師匠のパフォーマンスを真似ることを通して「型」を理解し習得していく場合，最初から師匠の「型」を「なぞる」ことができるわけではない。最初のうちは外形を模倣することしかできず，その過程で次第に「型」が理解されるようになるのである。そして「『型』の理解」が「成就」すると，「『型』が自分のものになる」のであり，それがいわゆる「ものになった」ということなのだと言う[15]。つまり，まず外形（形象）を模倣する段階があり，その次に「型」を理解する（「型」をなぞることができるようになる）段階があり，その次に「型」が自分のものになる段階があるということである。

　このように考えるなら，この場面における子どもたちは，ノリは共有され始めているものの，それは外形的な形象にとどまっているという点で，「型」の喚起は未だ潜在的であり，「らしさ」の理解に至る（「型」を反復し，「なぞる」）ものではない，と言うべきである。子どもたちは物語世界を共有し始めてはいるが，それは外的形象という表層にとどまっているのである。Ｒ男やＨ男が，まだ状況全体の中での振る舞いを考えることができていない（とまどう，鰯売りがごんとはち合わせる，手持ち無沙汰になる：下線㊽㊿[51][52]）のも，それゆ

えである。

　しかしながら，ここで注目すべきことは，子どもたちの外形への関心が，眼前のパフォーマンスのみに向けられているのではないことである。子どもたちは，常に台本や教科書を参照して，意見を言ったり，演技を行ったりしている（下線❸❹❸）。このことは，子どもたちが物語の言葉から外形を考えていることを示している。つまり，子どもたちは，A男やR男のパフォーマンスによって潜在的に喚起されつつある「型」をもとに，物語の言葉の基層にある「らしさ」を探り始めているのである。Tの意見（物語中のある言葉「どこかで」に着目し，その具体的な形象——教室の後ろの隅から登場する——を提案：下線❹）は，この方向性を強化するものとして働いていると思われる。

●第Ⅲ段階：ノリの共有の「らしさ」の次元への深まり
　　　——物語世界の理解の深まり（場面❿〜⓬）

　3回目のパフォーマンスが終わると，ノリの共有が「らしさ」の層へと深められていく。パフォーマンス直後に出される意見は，子どもたちの意識が，行為の意味に向けられるようになっているのが分かる。子どもたちは，鰯売りのふるまいに対する様々な意見を述べており（もうちょっとゆっくり歩く方がよい：下線❸，鰯を後ろに積んでいて重たいからゆっくり：下線❺，あちらこちら見ながら：下線❺），もはや，身体の各部の形象ではなく，ふるまいのあり方へと関心が移っている。特に，Tの助言（後ろに何が積んである？：下線❺）を契機として子どもたちから出される「重たいからゆっくり」という発言（下線❺）は，注目すべきである。というのは，この言葉は，膝を曲げる，腰を低くする，というような身体各部の操作目標を指示した言葉ではなく，「重たい車を引く」という「行為の意味」に関する言葉であり，鰯売りの内側のイメージを表した言葉だからである。尼ヶ崎が述べていたように（先述），このような言葉は，「型」を喚起し作動させることを可能にする。子どもたちは「らしさ」を追求し始めているのである。R男を含めた何人かの子どもたちが，その場で膝を曲げて腰を少し落とし，車の柄（架空）を腰の前に持ってゆっくり歩く身

振りをやってみている（下線❺⑥）のは，身体の中の動きの「型」，つまり「らしさ」の層（図２－１）を具体的な形象を通して顕在化させていることの表れであり，皆が同じような身振りをしたり，鰯売り役のＲ男にまるで自分がその役を演じるかのように声をかけている（「ゆっくりや」「前を見て」など：下線❻⓪）のは，動きの「型」が共有され始めたことを示している。つまり，ノリの共有は，ここにおいて，第Ⅱ段階の外的形象の次元よりも深められ，「らしさ」の層へと至っているのである。

　意識が動きの意味へと深められ，「らしさ」を探り始めていることは，４回目のパフォーマンスが始まった直後のＲ男の様子に顕著に表れている。Ｒ男が歩く身振りを何度もやり直している（下線❺⑨）のは，その意識がふるまいの意味へと深まっていることの表れである。Ｒ男は，子どもたちから「重たいからゆっくり歩く」という意見に混じって，「あちこち見ながら歩く」という意見が出され，それをひとりの鰯売りの行為としてなかなか統合できず，試みては否定し，再度試みる，ということを繰り返す。これは，Ｒ男が二つのふるまいを一つに統合することが「身体で分からない」からであり，何度も繰り返すのは「身体で分かる」ことを目指しているからである。言い換えれば，鰯売りが重い車を引きながら鰯を売り歩く，という「らしさ」，心身態勢の「型」を探っているのである。

　このように子どもたちの意識が「行為の意味」へ向かい，ノリの共有が心身態勢の「型」（「らしさ」）の作動し始める次元へと深められることによって，４回目のパフォーマンスはそれまでに比べると登場人物の応答性が深まっている。鰯売りとごんの動きの対応がスムーズになり（下線❻③），鰯売りとおかみの呼吸が合い，おかみの台詞がより感情のこもったものになっている（下線❻④）のである。同時にナレーションも，それまでよりも抑揚がつき，その場の雰囲気がよく出るようになっている（下線❻⑤）のは，それゆえである。

　このように「型」が作動され始めることは，それと結びついている状況のイメージを持ち始めることになるだろう。４回目のパフォーマンス終了後に出される子どもたちの意見，つまり鰯売りの声は最初は小さく聞こえるのがよい（下

線❻❻），鰯売りが家の中でおかみともう少し喋った方が，鰯を盗むごんと鉢合わせしなくてすむし，鰯売りがおかみにいつも売っている感じが出る（下線❻❼），おかみと鰯売りの会話の話題は値段のことも入れるとよい（下線❼❶），鰯売りが家に入るときにもう少し遅く行った方がよい（下線❼❷），鰯売りの登場の際の台詞を変更しないと（2回繰り返す）鰯売りの声が聞こえなくなって変だ（下線❻❽〜❼⓪），という発言は，そのことを示すものである。

　このように子どもたちの意識が内側からの行為の意味へと向かうことによって，「型」を作動させ，それと結びついた周囲の状況を具体化していくことによって，「〜〜どこかで，鰯を売る声がします。『鰯の安売りだあい。いきのいい，鰯だあい。』」という物語のテキストは，鰯売りがステージ上ではない教室の隅から，重たい物を引きながらゆっくり，あちらこちらを見ながら歩きつつ，売り歩く際のかけ声が最初はその声が小さく，次第に声が大きくなる場面として具体化されていく。物語のテキストには，鰯売りの歩く様子や，声の大きさについては記述されてはいない。それらは「どこかで〜声がします」というテキストを子どもたちが身体的に理解することによって出てきたイメージなのである。言い換えれば，子どもたちはテキストを身体的に理解することによってテキストの行間を読み込んだのである。

　以上に示したように，子どもたちは，ひとりの子どものパフォーマンスにノルことによって物語世界のノリを共有し始め，それによって身体に「型」を喚起させ，次第に「型」を作動させていき，ノリの共有が外的形象の次元から「らしさ」の層へと深められることによって，物語の登場人物のふるまいや情景のイメージを具体化していく。このように，物語世界のノリの共有を深めることが，物語の「らしさ」を理解し，実感的に理解することになるのである。

5　物語の意味理解とは何か

1　集団的過程としての意味理解の過程
──　ノリの共有の「らしさ」への深まり　──

　以上のように最初は物語を実感していなかった子どもたちが，外的な形象から「らしさ」へとノリの共有を深めることによって，意識が内側からの行為の意味へと向かい，「型」を作動させ，それと結びついた周囲の状況を具体化していく過程は，物語の文章理解を深め，行間を読み込んでいく過程である。この事例で主要に扱われた「～～どこかで，鰯を売る声がします。『鰯の安売りだあい。いきのいい，鰯だあい』」というテキストは，第Ⅰ段階ではただ突っ立って読み合わせのように発せられるだけだったが，第Ⅱ段階ではステージ上ではない教室の隅から登場することになり，第Ⅲ段階では，それに加えて重い物を引きながらゆっくり，あちらこちらを見ながら歩きつつ，売り歩く際のかけ声が最初はその声が小さく，次第に声が大きくなる場面として具体化されている。物語の文章には，鰯売りの歩く様子や，声の大きさについて記述されているのではなく，それらは「どこかで～声がします」という文章を子どもたちが身体的に理解することによって出てきたイメージなのである。
　このように物語の意味理解は，身体的なノリの共有が形象の次元（表象の層）から「らしさ」の層へと深められることによって深められるものである。つまり，物語を実感的に理解することは，ノリの共有を深める過程であり，その意味で集団的な過程なのである。
　このように考えるなら，物語の意味理解を深めるには，その集団のノリの共有のありようが関わっていることになる。日常的にノリを共有することによって集団の関係性が構築されていれば，その集団の意味理解はより深まる可能性が高い。反対にノリの共有が剥奪され，阻害されているような集団は，意味理解を深めることは難しい。事例の本庄教諭のクラスの子どもたちが，物語の意味理解を深めていけるのは，このクラス集団が日常的にノリの共有を深めて

いるからである。それは，本節で小川が述べているように日常の学級生活がritualな行為によって行われていることと関係している。

2　教師の役割

しかし，ノリの共有が日常的に深められている集団であれば，意味理解のノリが容易に深められるかと言えば，必ずしもそうではないだろう。この事例の過程において，教師が言葉の意味理解を身体的な「型」の方向へと深める方向性を示唆していることは，注目すべきである。

本庄教諭は，物語の言葉のひとつをとりあげ（「どこかできこえる」），それが具体的にどういうことなのかを，子どもたちの身体と場所との関係を身体の動きとして具現化させる（下線㊼）。このことは，「どこかで」という言葉の基層にある身体的な動きの「型」を喚起させるものである。そして，本庄教諭が「どこかで」というのが「どこかわからない」ということであり，そうであるがゆえにステージ上ではない「教室の隅から登場する」ことを具体的な状況として提案する（下線㊻）ことは，この言葉の概念の基層にある動きの「型」が，周囲の状況と結びついていることを示すことになる。事例の過程では，それまでは格好などの形象の理解にとどまっていた子どもたちが，この本庄教諭の発言の後，次第に「型」を作動させながら，徐々に「型」と結びついた状況へとイメージを豊かにしている。その展開に，本庄教諭の発言が少なからず影響を与えていると思われる。

（岩田遵子）

6　実践の教授学的意義

以上の分析で詳細に解明したことを改めて語るまでもないが，教授学的に整理しておきたい。第一は，「理解する」という言葉の意味である。学力テストによる評価の一般論として，より抽象度の高い命題を獲得するという通念が通用しがちであるが，真の理解は，逆に，より具体相のレベルで一般命題を把握

することだということは，これまで多くの心理学者も指摘してきた。しかし，岩田の分析のように，こうした演劇的表現活動の中でこそ集団的に把握することだということが事例を通して明らかにされたと思う。この実践事例のように教科書にある脚本の読みの抽象性，観念性が，クラス集団による演技というパフォーマンスによって，岩田の言うように尼ヶ崎の言う「型」を通して具現化し，さらには「ノリ」を通して「らしさ」が集団的に獲得されていく。その結果，教科書の「脚本」の文言は子どもたちによって，より具体的な所作や台詞によって肉付けされていく。そのためには，個々の演技のパフォーマンスが観客である他児の共同参加（批評の言葉と呼応する類似した演技パフォーマンス，さらには群読するト書きの音声など）とノリを共有することで，一つの舞台空間における時間の流れや位置取りを形成するノリを獲得することができるのである。これこそみんなに「理解」される過程なのである。言い換えれば，それは脚本（教科書の文言）の読解が深まったということであり，ここに国語における読解のひとつの形があるといえる。このことは国語という教科における表現活動の持つ意義を明らかにしたことでもある。

　しかし，一般には，国語科は基礎教科であるがゆえに，ミニマムエッセンシャルズを押さえるという要請から，必要な漢字数を暗記しなければならないという圧力が教師に求められ，冗長性が求められる詩の理解や脚本の理解を表現活動ですることに対しては敬遠される傾向がある。特に学力差が大きいクラスでは，こうした集団的表現活動に取り組むことへの躊躇も大きい。本庄クラスがこうした集団的表現活動に取り組み，それを成功裡に達成できるのは，前述のように，日頃の学級活動における ritual パフォーマンスによってクラス全員の相互コミュニケーションがルーティーンとして確立しているからである。このルーティーンの延長線上の質的発展として演劇的表現活動がクラス集団によって展開され，共通理解が達成されるからである。

（小川博久）

【注】

① A. ゴッフマン著，石黒毅訳『行為と演技－日常生活における自己呈示』誠信書房　1974　19頁
② 同上書　19頁
③ Christoph Wurf,"Images of Social Life",in B.Huppauf & C.Wulf(ed.), *Dynamics and Performativity of Imagination : The Image between the Visible and the Invisible,*New York,Routledge,2009 pp.167-177
④ Ingrid Kallermann,"Elementary Education as Ritual Performance：An Ethnographic Study on the Initial Phase of Schooling in a Mixed-Aged Class",in S.Suzuki & C.Wulf(ed.), *Mimesis, Poiesis, and Performativity in Education",*Munster,Waxmann,2007,pp.171-188
⑤ A. ゴッフマン　前掲書　19頁
⑥ A. ゴッフマン著，広瀬英彦／安江孝司訳『儀礼としての相互行為－対面行動の社会学』法政大学出版局　1986　88頁
⑦ 小川博久・岩田遵子『子どもの「居場所」を求めて－子ども集団の連帯性と規範形成』ななみ書房　2009　209頁，293頁〜298頁
⑧ C.Wulf　前掲書　196頁〜197頁
⑨ 尼ヶ崎彬「なぞりとなぞらえ」山田奨治編『模倣と創造のダイナミズム』勉誠出版　2004　49頁〜69頁
⑩ 尼ケ崎彬『ことばと身体』勁草書房　1990　111頁〜180頁
⑪ 同上書　58頁〜59頁
⑫ 山崎正和（『演技する精神』中央公論社，1988）によれば，人間の行動は，顕在的であるか否かの違いはあるにせよ，リズム構造を潜在させている。日常の行動は，行動そのものよりも目的の方が重要なので，リズム構造は均衡を喪失している。それに対して，演技（ふり）や舞踊，語りやうたにおいては，リズム構造は均衡を回復してリズムを顕在化させる（『演技する精神』）。リズムという用語は，ともすれば，近代的な意味での時間的側面に繋げられ，「拍のグルーピング」（クーパー＆マイヤー『音楽のリズム構造』）というような，五線譜に記すことが可能なリズムパターンと同一視される傾向が強いので，山崎の言う「リズム」を，近代的時間概念に収斂するようなリズム概念とは区別する意味で，「ノリ」と呼ぶことにしたい。筆者は「ノリ」概念を用いて，読み聞かせの場における子ども集団の反応や子どもの遊びについて分析・考察を行ってきている（拙著『現代社会における「子ども文化」成立の可能性－ノリを媒介とするコミュニケーションを通して－』風間書房，2007等を参照）

⑬子どもたちが作ったごんぎつねの台本は下記のようなものである。

原　作	4年2組の台本
兵十が，赤いいどのところで，麦をといでいました。	〈15〉兵十が，赤いいどのところで，麦をといでいました。
兵十は今まで，おっかあと二人きりで，まずしいくらしをしていたもので，おっかあがしんでしまっては，もうひとりぼっちでした。	〈16〉兵十は今まで，おっかあと二人きりで，まずしいくらしをしていたもので，おっかあがしんでしまっては，もうひとりぼっちでした。
「おれと同じ，ひとりぼっちの兵十か。」	ご：「おれと同じ，ひとりぽっちの兵十か。」
ごんは，物置のそばをはなれて，向こうに行きかけますと，どこかで，いわしを売る声がします	〈17〉ごんは，物置のそばをはなれて，向こうに行きかけますと，どこかで，いわしを売る声がします。
「いわしの安売りだあい。いきのいい，いわしだあい。」	魚や：「いわしの安売りだあい，いきのいい，いわしだあい。」
ごんは，その，いせいのいい声のする方へ走っていきました。	〈18〉ごんは，その，いせいのいい声のする　方へ走っていきました。
と，弥助のおかみさんがうらぐちから「いわしをおくれ。」といいました。	魚や「　　※　　　　　　　　」 おかみ「　　※　　　　　　　　」
いわし売りは，いわしのかごを積んだ車を道ばたに置いて，ぴかぴか光るいわしを両干でつかんで，弥助のうちの中へ持って入りました。	〈19〉いわし売りは，いわしのかごを積んだ車を道ばたに置いて，ぴかぴか光るいわしを両干でつかんで，弥助のうちの中へ持って入りました。
ごんは，そのすき間に，かごの中から，五，六ぴきのいわしを両手でつかみだして，もと来た方へかけだしました。	〈20〉ごんは，そのすき間に，かごの中から，五，六ぴきのいわしを両手でつかみだして，もと来た方へかけだしました。
	ご：「いまのうちだ。」
そして，兵十のうちのうらぐちから，うちの中へいわしを投げこんで，あなにむかってかけもどりました。	〈21〉そして，兵十のうちのうらぐちから，うちの中へいわしを投げこんで，あなにむかってかけもどりました。
とちゅうの坂の上でふりかえってみますと，兵十が，まだ，いどの所でむぎをといているのが小さく見えました。	〈22〉とちゅうの坂の上でふりかえってみますと，兵十が，まだ，いどの所でむぎをといているのが小さく見えました。
ごんは，うなぎのつぐないに，まず一つ，いいことをしたと思いました。	〈23〉ごんは，うなぎのつぐないに，まず一つ，いいことをしたと思いました。

※新見南吉の文章にはこの部分は無いが，本庄教諭が会話を入れる部分を空白で示し，その役になった子どもが，役の気持ちになってセリフを入れるようになっている。291頁参照。
⑭尼ヶ崎彬　前掲書　147頁〜180頁
⑮同上書　181頁〜190頁

第3節 「観る⇄観られる」関係における相互的学びと発見
──劇活動〈ごんぎつね〉のリハーサルを通して ②──

1 学校教育に矮小化された「教育現実」

　われわれの研究の出発点の第一は,「教授－学習」システムにおける教授の作用の一方向性の克服ということである。「教授－学習」システムは近代学校が近代社会の社会的要請に応えて, 発展する近代社会の維持に必要な知識, 情報を最も効率的に次世代に伝達するための社会的装置であることは否定できない。それゆえ, 今のところ, このシステムに代わる効率的システムは存在しない。したがって, 近代化をめざす社会は, 世界のいずこにおいても, 近代学校の確立を求め, それが世界に普及してきた。そして, その効率性を実証するために, 学力テストに代表される評価システムが普及してきた。しかし他方, この「教授－学習」システムは, 国民教育を志向しながら, 現段階において学力テストの体制を通して結果的に義務教育段階から子どもを序列化していかざるを得ない。現今の政治体制が建前として民主主義であるからといって, 新自由主義体制からすれば, 権力機構においてはリバタリアニズム（自由放任主義）の立場をとらざるを得ず, しかも中曽根内閣における臨時教育審議会以来, 日本の教育体制は, 平等原則（equality）よりも（教育の機会均等の原則はかろうじて保持しているとしても）優秀原則（excellency）を選択しているところから言っても, 平等原則は補充的意味でしか存在しない。このことは, 予算配分の原則において, 研究中心の大学（旧帝国大学）は研究と教育の割合が7：3であるのに対し, 一方教員養成系の大学は, その割合を逆転させているという点に顕在化している。

　それゆえ,「教授－学習」システムが現在支配的であるということ自体を否定することは, 時代の要請として不可能であるとしても, このシステムが社会

的格差を引き起こす要因の一つであるという問題点をわれわれは指摘したいというのが，第一の論点である。つまり，それは「教授－学習」による学びというシステムの偏在化がもたらす問題点なのである。これまで教育学研究者の間では，教育現象について，デュルケームが指摘するように世代間の文化の伝承を教育現象ととらえるのが常識であった。もちろん，この常識は現在でも存在している。しかし，多くの市民的常識としてこうした常識への自覚は喪失しつつあるというのが小川の私見である。私がこれまで，大学の教壇において学生に「教育」という言葉から連想される言葉を述べさせたところ，学校にかかわるタームしか学生から浮かんでくることはない。言い換えれば，教師に限らず，多くの大人たちにとって教育とは，教師の指導によって学習するという意味しか浮上してこない。言い換えれば，教授による学習が生活の中で支配的になっているということである。事実，現代の子どもたちは，学校で教師から学ぶだけでなく，放課後も塾で学ぶ，あるいはスポーツも芸事や趣味も先生に教えてもらうという体制が支配的になっているのである。それを筆者は学業の文化（教授文化）[1]の肥大化と呼んできた。

　1950年代，筆者が大学院で教育学を学び始めたころ，ルソーのエミールにしても，フランス啓蒙思想にしろ，学校で教師から教わる学習というのは，人間の発達や，人生の旅の経験から学ぶものの大きさに比べたら，矮小なものでしかないということを教えられた。しかし，いまやこの常識は，多くの市民社会の親たちの日常的態度から消えかかっているのではないだろうか。このことは，特に現代の若い親たちの日常行為の中に現れているのではないだろうか。現代人は日常生活の省力化と消費生活の普及によって，煩雑で多様な日常行為を身体的習熟によって獲得する必要がなくなり，記号操作中心の情報処理によって省力化された快適な生活を送ることが可能になった。パソコンなどの情報処理で日常の問題解決が可能になった大人たちは，生物としての人間の子どもがどのようにしてヒトとして成熟していくかについて共有経験を持ちながらそのことへの自覚を失っている。大人たちは子どもの成長と発達を言語による指示や教導による援助としてのみとらえる傾向が年々増大しており，人間の子

どもが大人になるための学びイコール言語による教導とみなす傾向が増大しているといえる。このことは，日常的に幼児に対応している多くの母親のかかわりからも観察される。

　もし以上の仮説が正しいとするならば，そこから次の問題が誘導されよう。近代学校における「教授－学習」システムの偏在化は，子どもの学習への動機付けの資源をこのシステムの中でしか保障できないということにならないのかという問題である。これまで内発的動機付け（spontanious motivation）の問題は，心理学では学習上もっとも重要な課題であるが，一斉授業でこれを教授課題とすることはきわめて困難なことであった。なぜなら「教授－学習」システムは本来，一方向的コミュニケーションであり，このシステムは，多人数の子どもを対象にしているものであり，教師が子どもとのインターパーソナルな関係を前提として保障しないかぎり，ひとり対多数という関係の中で匿名的関係を発生しやすく，相互性を保障されることはきわめて困難である。

　また，現代の学校は原則として教師対子どもとのインターパーソナルな関係を持続させることを学校システムとして期待していない（担任は一年交代である）。さらに，現代の学校教師が教授活動において子どもに教授すべき教授内容の量が多く，その内容が学習されたか否かの検証を学力テストによる評価を偏差値によって表記するということは，序列化を正当化するということである，この体制がある限り，「学力」に自信を喪失している子どもを通常の授業の中で救済するゆとりは教師には存在しがたい。

　したがって，学力低下の発生には，学習意欲の喪失と学びへの努力不足が一般に想定されるが，教授者側の要因（教え方が悪い）は不問にされることが多い。結果的にアチーブメントの結果が悪くなると，それを回復する手立ては学びへの努力の不足の責任にされ，肥大化された学校文化の中でたらいまわしにされる。つまり塾に行かせる，家庭教師をつける等の手段が残される。たまさか，このプロセスの中で学習意欲を再生し「学力」が向上する僥倖に出会うこともなくはないが，「学力低下」⇔「学習意欲の喪失」⇔「学力への努力の衰退」の悪循環を逆転させる機会は決して多くない。なぜなら，塾のシステムも

教師に対し，多数の子どもを対象にする一方向的教授システムであることが多い。また仮に教師ひとりに対し生徒子どもひとりという家庭教師的塾であっても序列化による学習システムのレッテルは学習者をしてその評価を個人の本質的能力として認知させてしまう可能性も大きい。とはいえ，現在では少子化が進行することで，入学試験が厳しくない大学であれば，入学する機会は保障される。しかし，大学入学後も学びへの動機は低く，自己学習への努力も十分ではない場合，その点を教師から指摘されると，「私って『馬鹿』だから」とうそぶく学生も少なくない。こうした自己評価の低さは専門学校生にはしばしば見られ，短大やあまり著名でない大学の学生たちにもよく見られる現象である。

　われわれが，幼児期からの義務教育段階への発達という視点で幼小の一貫性を把握する場合，幼児期の遊びから学齢期での学びへの連続性を考える必要がある。すると，そこから「教授－学習」による学びを小学校期において見直す視点が見出されるのではないかと考える。それは，遊びという学びにおいて特色とされる「見てまねる」という学習の機会を保障することである。また，義務教育段階においても，この「見てまねる」学習の機会の増大こそが生活体験での主体性（積極性）を保障し，学びへの学習動機への創出へと発展する。その点から「見てまねる学習」の機会の持つ意味を再考したいという視点をわれわれは持ってきた。

2　本庄教諭の教育実践に着目した意味を考察する

　われわれが本庄学級の教育実践にこれまで着目してきた理由は，本庄学級の教育実践の中核をなす授業実践が本庄教諭の学級経営と不可分な形で展開されるということである。そして，この学級経営は岩田が筆者との共著『子どもの「居場所」を求めて』の中で明らかにしたように，「教師の管理型発話」による教師の集権性の一部を子ども（当番活動の係）に譲渡することによって，子ども自身が子どもの「集団的自由発話」を統制する。そのことで教師の一方向的コミュニケーションを双方向的なものに交換し，そのシステムを通して子ども

たちの「集団的自由発話」をも活性化させるという点であった[2]。

そして，学級活動において教師の集権性を分有された当番係は，学級活動において定型的でありながらも，また，それだからこそ，学級活動を主体的に運営する機会を保障し，そのことが子どもたちの発話機会を増加させ，発話能力を習熟させることになり，こうした定型的な日常的コミュニケーションが子どもたち全員の表現能力を高める機会となる。これをわれわれは，日常活動の儀式的コミュニケーションととらえた。そして，このことが，本庄学級が3学期に行う劇活動の高度な表現性の確保を可能にしていること，そしてそれは，子どもたち自身のディスカッション（リハーサル風景）を通じて学習されるという点に現れているのではないかという予想において，第一節で岩田がリハーサル風景（授業）の記録のエスノグラフィーによってそのことを分析した。

この分析を通して，われわれはこの研究に関して今回次のような課題を負った。

その①：日常的に行われている学級活動における定型的コミュニケーションは教師の誘導を媒介としながら，子どもたちによる自主的な劇づくりのディスカッションへと展開した。そこで，この筋道を連続的でありつつ，質的に変化したプロセスとして，これを共通の理論的枠組みにおいてとらえると共に，劇づくりの話し合いにおける表現力の高まりが子どもたちの相互コミュニケーションによって達成されていくことをエスノグラフィーの分析によって明らかにすること，そのことを廣松渉・増山真緒子の共著書『共同主観性の現象学』で提出された「情動の場の形成」と「表現の被拘束性」[3]という概念を使って明らかにしたい。

その②：われわれは，この研究から学級活動を教授活動と連結させている本庄教諭の教育実践の可能性を次のようにとらえ，今後の研究の目標としたい。現代の学校教育は近代社会が絶えず発展する社会であることから，年々増大する情報量を次世代に伝達する責務を負わされ，教授活動は専ら，次世代に必要な不可欠な知識をいかに学ばせるかという教師側（大人社会）の要請の圧力が強化されている。ミニマムエッセンシャルズを次世代に学ばせるという要請は，教師側には子ども一人ひとりの学習動機を尊重するという余裕を

失わせてしまい，一斉的集団への教授は益々評価の序列化を促進する結果を招いているのではないだろうか。

　そういう認識から，本庄実践はこうした動きとは逆に，学級の子ども全員を表現者として自立させる機会を用意している。しかも，この実践は当番活動における定型的表現能力の確保を出発的にして，リハーサルにおいて，各々の場面における台詞(せりふ)や演技をより状況適合的に話し合うという機会を生み出した。その結果台詞の言葉の意味を想像力によって具体的に共有するという営みを成立させた。このことこそ，真の学力確保の機会であるとわれわれは考えるのである。

③　学級活動において，教師の集権性を分有する当番活動の主体性はいかにして成立するか ── 演技による情動の場の形成 ──

　まず，本庄教諭の学級活動におけるエピソードをわれわれの先の著書『子どもの「居場所」を求めて』から引用しよう。（事例中のTは本庄教諭である）

　　小学4年生，2月下旬の4時間目の理科の授業時（黒板には2限の授業の記述がされたままの状態。3時限目は体育），授業開始のチャイムが鳴り，着替え終わった子どもたちが各自席に着くが，まだざわついている。Tが黒板の前に立ち「これ消していい？」と皆に訊く。「はい」と数人の子が答え，その後Tは黙ってじっとしている。しばらくして，Tが「先生が何をしているかわかる人？」と言う。子どもたちは，え？というように一瞬驚いた様子だが，このようなこと（Tが「先生が，今どのようにしたいか分かる人？」「今の先生の気持ちが分かる人？」というように，教師の様子について子どもたちに推測させること）はよくあるので，すぐ二人の子どもが手をあげる。G男が「外に出て，あの冬の､､､」といつか理科の授業で行ったことと関係することを話し始める。するとTは，そのような理科の授業のことなのであり，さきほどの「消していい？」に続くことであること

> をほのめかす。(前の理科の授業を想起させてこの授業につなげようとしている。)すると,また数人が手をあげ,B男「(僕たちが)自分で消す」と言うと,Tがにっこり微笑んで「そうやね」と言う。G男,K男,F男,Y男,C男が前に出て,黒板を消し(黒板消しが数人分しかないのでY男とC男は手持ち無沙汰になり席に戻る。Tも黒板のチョークを数えたりする。Tは「そうしたら,切り替えましょう。理科の方へ」と言い,まだ机の上に教科書やノートが出されておらず,落ち着かない子どもがいるのをみて「1分の間に切り替えてね」と言う[4]。

このエピソードは,同書で岩田が取り上げている別のエピソードときわめて類似している。「筆者らが参観したある日は,その日が何日かを尋ね(4月24日),子どもの正解を聞くと,『今日は4月23日です』と繰り返す。子どもたちが『えっ?』という表情を見せ,数人の子どもたちは教室内をきょろきょろ探す。本庄教諭が続けて『あなたたちは間違っています。今日は23日です。あなたたちは23日に舞い戻って24日をしようとしています』と言っていると,すぐに2,3人の子どもが黒板に書かれている日付が23日のままであることに気づき,前に出て黒板の日付を書き直す。すると,本庄教諭は『日付が戻ってよかったね』と言う」[5]。

この二つの事例の中で,本庄教諭の発言で共通していることは,われわれのようにこの日に突然観察したのではすぐには了解できない内容を語っているということである。言い換えれば,日頃,教室空間で相互にコミュニケーションを行っている子どもには了解できることとして問いかけている。特に後者の事例では4月24日なのに「4月23日です」と述べることは第三者には意味論的に誤った内容を述べているのである。にもかかわらず,本庄教諭の発言はパフォーマンスとして子どもたちに自分たちの誤りを了解されるものとしてなされている。

山崎正和は「社交」について,それは「他者との間に抑制された形で調整的に振舞う『〜かのような』意識による行為(演技)である」[6]とした。われわ

れもまた，この本庄教諭のパフォーマンスを教室空間における生活上の演技ととらえたいと考える。本庄教諭は教育実践を遂行するにあたって，一人の教師が多数からなる子どもを対象にしてとらざるをえない「教師による管理型発話」の集権性を子どもたちに分有させようとした。そして，そのことによって教室空間の秩序を保ちつつ，この授業過程における子どもたちの実践過程への主体的参加を保障し，「集団的自由発話」を活性化させたのは，教師のこの演技性によって教師と子どもたちの間に増山の論によれば，「情動の場」[7]が形成されたからに他ならないといえよう。

　増山は舞台で演じる役者とその相手役さらにそれを観る観客の三極構造は「日常生活における役割行動の三極構造としても記述することが許されるだろう」[8]と述べ，学校を舞台にした教師と学生の関係を挙げている。そして，その例として舞台空間における三極構造との相違は，芝居の場合，観る者と観られる者との関係が開幕前に一種の契約として成立しているのに対し，「日常生活においては役割関係の発生する端緒が相互に共振し合う二者の身体の背後に後から与えられる」[9]という。言い換えれば，本庄教諭と子どもたちとの間に共振関係を作り出すためのパフォーマンス（演技）によって役割関係が成立するのだというのである。

　先の事例に沿って論じよう。本庄教諭が自らの集権性によって「管理型発話」の一部を子どもに譲渡するという働きかけにおいて，本庄教諭の学級活動における教育的意図はこうである。授業活動を展開する条件として，授業のコミュニケーションがスムーズに展開する環境が一定の秩序のもとにありたいという考えがある。本庄教諭はその教師の意図を教師の役割として一方向的な指示的言語行為の形で展開する（教師による管理型発話）のではなく，教師のそうした教室の秩序維持の役割を子どもたちに分有させ，自主的な形で秩序が保たれることを願うのである。その際，教師の集権性を分有する仕方が上述の二つの事例で展開する本庄教諭のパフォーマンス（演技）なのである。

　前述のように，この本庄教諭の発話の特色を再度整理すると，① この種の発話は日頃よく使っていること，② いずれの発話もこの教室空間でこのクラ

スの子どもたちに了解される発話であること，③ 一般的に理解しようとすれば，了解不可能（4月24日に4月23日と言っている）であったり，多義的で一義的には了解不可能であったりする（たとえば，別の機会では，教室に来るなり，「ちょっと悩んでいることがあるんです」[10]と言ったりする）。しかし，子どもたちには「部屋の秩序が乱れているので，そのことに気づいて自分たちで修復してほしい」という共通するメッセージとして気づかせることができるのである。この本庄教諭と子どもたちの応答性には，この種のパフォーマンスの反復によって両者の関係性が成立していると想定せざるをえないのである。

　この関係を増山は，「広い意味での身体運動のリズムやパターンへの時間的遅延を含んだ共鳴」[11]としてとらえる。たしかに表層的には，そうしたリズムやパターンは可視的ではない。しかし，本庄教諭の先の発言，たとえば，「ちょっと悩んでいます」は，もし，私が君たち子どもだったら教室のこの乱れた状態を自分が即ちに動いて直したい感じ，動き出すだろうとい身体的衝動を内包させた表現として，演じられいているし，そう子どもたちにも観られるのである。だからこそこの身体の動きに共鳴した子どもたちの間から，それに共鳴した動きが創出されるのである。

　このことを増山は，「お互いの共振は様式化された身振りやしぐさ，あるいは言語による表現の伝達に対し，一種のメタ・コミュニケーションとして機能し，さらにこのような身体機能的連関は伝達メッセージの送信者，受信者的役割の原型を成している。つまり，間身体的空間が情動の舞台として形成されるわけである」[12]という。このように本庄学級の教室空間は，本庄教諭による先のようなパフォーマンス（演技）によって相互拘束的な「情動の場」を形成し，子どもたちは，私たち観察者が参観したときも，あるいは私たちが不在のときも，「見えざる観客」を登場させ，本庄学級の子どもとしてふるまうべき役割を獲得することができるのである。われわれが訪問する回数が増加するについて，特にそうした役割を自覚した子ども（この子どもは本庄教諭からクラスのリーダーシップをとる子どもとして信頼されている子どもである）の中には，未だそうした自覚の乏しい子どもが偶然に見せる学級の中での逸脱行為に

対し,「こんなみっとも無い姿をみせてしまって」といった申し訳なさそうな表情をわれわれ参観者に見せる子どもさえいるのである。これは,このクラスの子どもたちが本庄教諭と子どもたちの間で展開される学級活動に対し,観る⇄観られる,演じる⇄演じられるという二重の共軛関係を渾然一体とした形で展開することで,教室空間を情動の場として形成したことの証左であろう。

4 教室空間を情動の場（舞台）として形成するための手だてとしての儀式性

　前述のような本庄教諭のパフォーマンス（演技性）がクラスの子どもとの間に三極構造を形成するためには,繰り返しのパターンとして「教師による管理型発話」の集権性を子どもに分有し,その分有された子どもの役割が日常的に繰り返し習熟され,子どものハビトゥスとして定着することが必要である。そのために必要とされるのが日常生活における儀式的行為の定着である。

　儀式的行為の意味についてゴフマンは言う。「全ての社会は,それが社会であるためには全ての成員を社会的出会いにおける自己規制的参加者として動員しなければならない。個人をこの目的に向けて動員する一つの方法は,儀式によることである」[13]。人は各々自己にこだわる感情を持っている。そうした人間の面子を相互調整する働きこそ,儀式の原理であるという。ゴフマンによれば,儀式的秩序は他人に親切な立場を基礎として構成されるという[14]。

　本庄教諭が学級経営において儀式的秩序を強調する点も同じである。前著において岩田が引用しているように,評価において負の評価の雨を降らさないという文言[15]や,学力遅滞の子どもと組んで共同の活動をすることを拒む子どもに対し,「あんたの根性ババ色（うんこ色）やね」[16]と批判する姿勢は,クラスのメンバーはお互いに差別なく平等につきあうということであり,それはクラス経営において儀式的秩序を維持しようとする精神と通底する。本庄学級における具体的な儀式的秩序の事例を次に紹介しよう。

　まず,第一は,子どもたち全員が二人一組で担当する当番活動である[17]。こ

れはまさに前述の「教師による管理型発話」を子どもが分有する手段である。ここでは，たとえば，朝始業時に当番係が「これから宿題の点検を始めます」と言うように，算数の宿題の答えを子どもたち全員に問い，答えの正否を確かめていく。あたかも教師のように。

また次に，われわれの共著にあるように，挙手，指名，発言の定型化されたパターンである[18]。例えば，係が特定の子どもを指名して音読するようにいうと，その子どもは「読んでもいいですか」と尋ね,，皆が「はい」と言う。このような，子ども同士が指名したり，自ら発言したりするときに，「発言してもいいですか」といった問いかけに対して「ありがとう」と応答するように，定型的パターンを繰り返し，教師もこのルールに従う。

こうした儀式的パターンの実践は学級活動にどういう効果をもたらすのであろうか。ゴフマンに言わせれば，この儀式によって，この儀式が行われる「社会的状況の全てに共通する要因を発見しようと努めること」[19]であり，その要因はお互いに敬意を払うということである。この挨拶，招待，賞賛，小さなサービス儀式を通して，これをうける者は，「自分が孤立した者ではなく，他の人も自分とそして自分の個人的なこととかかわりを持っている。あるいは持ちたがっているということを知らされるのである」[20]。

増山は，この儀式的行為を遂行することを古典劇を演ずる役者になぞらえている[21]。様式化された演技の遂行は演じ手が自己を表現しつつ，観客というもうひとつの自己を意識する。それは後者の「観られる者」としての自己意識であるという。増山は山崎正和の言葉を借りて「様式化された表現行動が恰も外部のどこからか役者自身を突き動かすかのようにして作用する」[22]と言い，さらにこう言い換えている。「外部的でもあり，かつ内部的でもあるこうした演技遂行時の『感じ』『気分』は役者の『身体』が，或る意味で観客に領有されていることによって『役者自身』の身体になっていることを意味している—中略—こうした『身体』の在り方は身体活動が表情として他者（具体的には観客と他の役者）との間の機能的連関の融合態を形成している事態に相当し，したがって表情（演技）を呈している『身体』は既に他者の共演技の対象ともなり

うる『身体』として存在する」[23]。役者の立場からすれば，まさに「気分に乗る」「場の雰囲気に乗る」のである。そして，観客の役の子どもがそれを見ることで支えるのである。

　もちろん，これは古典演劇などで様式性に乗った役者の動きにおいて，例えば歌舞伎の名場面で役者が「大見得」を切った瞬間に，観客から「成駒屋！」などと掛声がかかるといった雰囲気を指している。

　日常生活場面に近い本庄学級においては，たしかに鍛え上げられた役者の演技と脚本の劇的構成は存在しないので，現象としては上述のような状況が劇的な形で成立するとは言えないかもしれない。しかし，本庄学級において前述のような儀式的応答性の繰り返しと，教師の「管理型発話」と当番活動とを日常的に繰り返すことによって本庄学級の教室空間が本庄教諭と子どもたちとの間の日常的な「親密な関係性」を示す「情動の場」が成立すると想定することができる。それを証明するのが，最初の事例であげたような本庄教諭の発言によって共振運動が突然に中断される時である[24]。それは「情動の場」の崩壊を示唆する。それは増山が指摘するような「身が縮まったり」「身がすくむ」というレベルではないにしても，「えっ，何が起こったの」といった状況へのとまどいが現れるときであることは疑いない。このように，それは「情動の場」の成立のゆえに自他の融合態にあった求心性から子どもたちの各々の自我の遠心性が表出する瞬間なのである。

　先の事例で本庄教諭が提起した発話は，いずれも子どもたちを日常の学校生活で当然であると感じられていた自明性の出来事が崩壊し，各々当惑している状況に子どもたちを導き入れることになる。それまで毎日のように自然に成立していた「情動の場」（親しさの相互関係がつくる状況）が崩れることで，逆に本庄教諭の発言（「先生が何欲しているか分かる人？」という問いと，「黒板の文字を消してもいい？」などという問い）の意味を読み解くのである。あるいは，次の事例では，「今日は4月23日です（4月24日なのに）」，あるいは「少し悩んでいることがあるんです」という発言の意味に当初当惑するけれども，やがて気づくのである。日頃当番係が，前日や前時の黒板上に書かれた文字を

消したり，黒板上の日付の書き換えをやったり，授業が新しく始められるよう部屋の中の環境を整備したり，子どもたちが授業に新鮮な気持ちで向き合うという態勢を準備するのは当番活動の役割であり，そういう状況に本庄教諭が登場するのが本庄学級の始業時のハビトゥスである，という気分がクラス全員に共有されているのである。つまり，そういう形で「情動の場」が形成されている。先の事例の場合，毎日の日常性の中に当然いつもと変わりないと思っていたところ，当番係の中にそうした状況を準備するという責任感や自覚が不十分であったために，事例のような本庄教諭の発話が提起されたのである。やがて，日頃「情動の場」を形成している子どもたちの中に，本庄教諭の発言が当番係を中心とする子どもの側の役割の誤りを示唆するものであることに気づくと共に，日頃の「情動の場」を修復する動きが子どもの側から触発されるのである。ここでは子どもたちが本庄教諭の動きを見るだけでなく，子どもたちは本庄教諭に観られているのであり，ここに「観る⇄観られる」関係，「演じる⇄演じられる」（子どもによる修復の動き）関係，つまり「情動の場」が確保される[25]。そして，この「情動の場」が回復したことを「よかったね」と喜ぶ本庄教諭の発話によってフォローされるのである。それは単に，本庄教諭の発言に正しく反応した子どもを褒めるというよりも，そうした「情動の場」の回復することを喜ぶという教師自身の心情を皆で共有することを意味しているのである。

　このクラスは以上のような「情動の場」が本庄教諭と子どもによって形成されている。しかし，本庄教諭が不在であったり，代理の教師が入ったりすることで崩壊する機会がないわけではない。例えばクラスの雰囲気が騒がしくなったり，教師が喋り始めようとする時間に子どもたちの気持ちがそこに集中していない時などである。そんなとき，本庄教諭の発言は，授業の雰囲気を乱す特定の子どもをターゲットにしてその子どもを叱責するといった方法はとらない。彼女のする発言はこの「情動の場」に気づかせる発言なのである。例えば，「そうしたら切り替えましょう」といった，本庄教諭がしばしば多用する状況変換の言葉で教室の雰囲気が一気に変わったりするのである。それが，本庄教諭とクラスの子どもたちがいつも「観る⇄観られる」という関係の中で「演じ

る⇄演じられる」という「情動の場」を共有しているからに他ならない。それゆえ，本庄学級の学級経営は，ゴフマンの言うように，教師対子ども，子ども同士が学級活動の秩序をお互いの面子を大切にし合う，お互いを敬意を持って扱うといった儀式的パターンを表現し合うことで，「情動の場」の主体的な表現者になるのである。こうした体験の積み重ねは，休み時間において子ども同士のじゃれ合いや伝承遊びの集団的表現として自主的に再現されると共に，〈ごんぎつね〉の子ども劇において，各々の子どもが分担する各々異なった役の表現においても「情動の場」を形成する土台となるのである。たしかに，劇を演ずる場合には，各々の役に振り当てられた台詞や身体表現が劇の展開の中で表現され，それらが生かされながら，〈ごんぎつね〉の劇的世界を通して，演じ手や観客の相互に通底する「情動の場」が形成されていくのである。したがって，学級活動における「情動の場」の形成よりも高いレベルのものになるであろう。しかし，そうした水準へのステップを子どもたちが昇りつめるのは，学級活動における「情動の場」の形成が学級活動のレベルで既に見られるからだと考えざるをえないのである。かくて，本庄学級の学級活動から連続的に展開する教科学習としての〈ごんぎつね〉の劇の学びがあるのである。（小川博久）

5　演技はどのようにして向上するか

　前節でわれわれは，物語の意味理解にとって，物語を劇化し，その演技パフォーマンスを実践することによって意味を身体的に理解することが，物語の情景や登場人物の心情を単に言葉の上だけで理解するのではなく，実感的に理解するのに有効であることを，尼ヶ崎彬の論をもとに事例を分析して論じた。
　しかし，物語を劇化して学級の皆で演技を行うことが意味理解に有効であると言っても，現実にはそう容易なことでない。一斉授業として演劇を行う場合，演劇が好きな数名の生徒を除いては，演じることに意欲を持てなかったり，恥ずかしさが先に立ってなかなか「役になりきる」ことが難しい場合が多い。そのような場合に，教師が言語的指示によって役になることを強要したからと

いって，子どもたちが意欲的に取り組むわけでは決してない。そのため，単にやらされているだけで，登場人物の心情を実感するまでは至らないことが少なくないからである。そうだとすれば，どのようにすれば子どもたちが役になって，ふるまうことに意欲的に取り組む活動を展開することが可能なのだろうか。

役者が，その役柄になりきった演技をすることについて，増山真緒子は，山崎正和の論を引用しつつ次のように言っている。山崎によれば，役者が役になりきり，その演技が役柄をよく表している場合，それは，その役柄の様式化されたパフォーマンスに役者自身がその意志によって接近しているのではなく，外部のどこからかの力によって役者が突き動かされることによって可能となっているのである。役者を突き動かす「力」を山崎は「気分」と言っている。「気分」は，単に外部のものであるだけでなく，外部的であると同時に内部的でもあり，この「気分」に満たされた空間は増山の言葉で言う「情動の場」である。「情動の場」とは，間身体的かつ情動的な心理的空間であり，自我と他者は未分化な状態にある。それは市川浩の言うように，自己と他者の身体が共振し同調する（筆者の言葉で言えば「『ノリ』が共有される」）状態であり，演技はそのような場を地として成立する[26]。

演技における「情動の場」は，役者とその相手役とそれを観る観客との三極構造からなる，と増山は言う。演技をする役者とその相手役の身体は同調しており，気分（ノリ）を共有しているのだが，同時にその気分（ノリ）は観客も共有しており，観客の身体も演技する役者の身体に同調している（観客も役者のノリにノッている）のである。それゆえ，役者の演技は，役者とその相手役，観客の三者からなるノリのありよう（「情動の場」）に拘束されることになる。役者の演技が，様式化された表現になればなるほど，ノリの共有度は深められ，その役柄を良く表す演技（その役柄になりきった演技）となるのだという。この三者で形成される間身体的な「情動の場」において，三者は相互に観る者であると同時に観られる者であり，演じる者であると同時に演じられる者である。役者同士が互いに演じ合うのは，相手にパフォーマンスを示して自身が観られながら，相手のパフォーマンスを観るのであるし，観客は，役者の演技を観な

がら，観ているというふるまいを演じるのである。それゆえ，三者の関係は，「観る⇄観られる」「演じる⇄演じられる」関係にあるのであり，この意味で，観る者と観られる者，演じる者と演じられる者は未分化だと言うことができる。

そして，増山は役者の能動感について次のような注目すべき論を展開している。このように役者が役柄になりきる演技を行うとき，役者は役柄を演じている自己の能動感を獲得するのであるが，ここで注目すべきなのは，「役者としての自己に感ぜられる能動感は次第に『本来の自己』が感じているかのように転倒して意識されてくる」(傍線引用者)のであり，「ここにおいて初めて役者は演技の主宰者として行動することができ」[27]るのである。つまり，良いパフォーマンスは，役者が意志的に行うことによって可能となるのではなく，「情動の場」に拘束されることによってより役柄を表すパフォーマンスが可能となり，そのことが「本来の自己」が能動的に行っているかのように転倒して感じられるのだ，と言うのである。

ここで注目すべきことは，増山が，以上のような三極構造からなる「情動の場」は，演劇における演技についてだけ言えることではなく，日常の生活における行為についても同様の構造があると指摘していることである。つまり，私たちの日常の行為は，「日常生活舞台という場において繰り広げられる表現行動」であり，例えば教師や子どもの表現は，学校という「舞台」における役割演技として捉えられるのである[28]。

以上の増山の論は，学校の授業における演技活動が子どもの主体的な活動となるためにはどのようにすればよいか，という問いに対して，示唆を与えるものである。子どもたちが演技に意欲的に取り組み，登場人物になりきるためには，そこに「情動の場」が形成されることが必要となる。つまり，登場人物を演じる子どもたちと，その観客になる子どもたちや教師が，身体的に同調してノリを共有することが必要なのである。そのような「情動の場」が形成されることによって，登場人物役の子どもの演技は，それに突き動かされて役柄をよく表すものとなり，それによって登場人物の役柄を演じている自己の能動感を獲得し，それが転倒して子ども一人ひとりが演技に意欲的に取り組んでいるか

のように意識されるのである。
　そこで，このことを具体的な事例を通して示したい。

6　一斉活動において子どもたちが演技に意欲的に取り組んでいる授業例

　次に示すのは，子どもたち同士と教師とがノリを共有することによって「情動の場」が形成され，そこで子どもたちの意欲が引き出され，パフォーマンスが向上していく事例である。この事例は，前節の事例と同じ授業場面であるが，分析視点が異なるので，場面の括り方と下線部分が異なるため，再掲する。

【事　例】〈ごんぎつね〉の台本からパフォーマンスを皆でつくる
（Tは本庄教諭）

❶ 「三」の場面のナレーターと登場人物が「ステージ」に出て来て準備する
　朝の会が終わり，劇の練習の進行役のK男とM男が「ステージ」とみなしている教室の前半分の左端（図2－2の㋔）に座り，劇の練習が始まる。
　司会のK男とM男は台本の開始する箇所を確認し，K男が「まず，え～今日は『三』から始めます」と皆に向かって言う。すると，座っていた子どもの一人だけが「はい！」と元気よく答える❶。
　K男はTに不安げに「ここ？」と台本の始まる箇所を確認するが，Tは「どうぞ，自分の思うようにやって」と台本を見ずに言う❷。しかし，どこまでにすればいいのか決めかねているらしいK男はとまどって，台本を指差しながら，Tに「ここ？」と訊く❸。

図2－2　授業時の教室（ナレーターは㋐，司会は㋔にいる。㋑㋒㋓は図2－3参照）

TはK男に近づいて「ここから始めていい」と言う。K男が「〈15〉から,,,,,じゅ,,,,,,じゅう,,はち,,（まで？）と口ごもっている❹と，Tが助け舟を出し，K男と相談して「ここで切るのはよくないから,,,,〈23〉までいこう」と，台本の〈23〉を指差す。K男は頷いて，安心したように大きな声で「〈15〉から〈23〉の人は，こっち（指で前の空いているスペースを指す）出てきてください」と言う。
座っている子どもたちが「え？何番まで」「何番から？」「〈20〉まで？」と口々に言い❺，そのたびにK男が「〈15〉！」「〈23〉番」と答えながら，ナレーターの〈15〉番から〈23〉番までの子どもたちと，そこに登場するH男（ごん），R男（鰯売り），C子（おかみ）が，それぞれ「ステージ」（教室の前方）に出て㋐（図2-2）の位置にしゃがむ。担当の子どもたちが前に出て来ると，K男が「〈15〉，〈16〉,,,,」とそれぞれ担当者がいるかどうか確認している。Tが「また，場所も決めてあげてね。どこらへんで（演技を）してったらええか，いうことをね。おかみさんや，ごんや，魚屋（鰯売り）が，どこら辺で，どうおったらええか，いうのも考えてみてあげて欲しいね」と言う。K男とM男は，「あれ，S男（こっちに）来とるん（来ているはず）じゃないの？」と〈21〉番を読むS男がいないことに気づいて「〈21〉番S男さん」とS男を呼ぶ。開始の場所を理解しておらずピアニカをいじっていた（音楽担当）S男が，あわてて出て来る❻と，Tは「今，『三』からスタートするでってところが,（S男の）頭の中で『一』からって思い込んでたんやね」と言う。

❷　全体パフォーマンス（1回目）
　　─ほぼ全員がナレーターの位置㋐に立ったままナレーションと台詞を言う

　全員が揃うと，K男が「じゃあ，〈15〉番の人から，どうぞ」と言って，パフォーマンスが始まる。〈15〉から順番に読み進む。R男（鰯売り）とH男（ごん）もナレーターたち（図2-2㋐の位置にいる）と一緒に並んで立っている。「ステージ」に出るのではないかと思っているR男は，身体を前に乗り出すようにしてH男の方をちらちらと見ているが，H男はそれには全く気づいていない❼。「ごんは，その，威勢のいい声のする方へ走っていきました」と

いうナレーションに続いて，R男（鰯売り）がその場に立ったまま「おかみさん，ここに置いておくよ」（この台詞は台本にはない）と言い，C子（おかみ）が「いつもすまないねえ」と応じる。その後は，台本どおりに進み，〈20〉の「ごんは，そのすき間に，かごの中から，五，六ぴきの鰯を両手でつかみ出して，もと来た方へかけだしました」が読まれている間に，H男が「ステージ」の真ん中に出てきて，しゃがみ，鰯をつかみだすふりをして，H男―「よ〜し。いまのうちだ。兵十のうちに持っていこう」と語る。それに続いて〈21〉から〈23〉までが台本に沿って読まれる。こうして，H男が少しのパフォーマンスを行う以外は，ナレーターの位置で立ったままナレーションや台詞をいい，ほとんど読み合わせのようなかたちで〈23〉までの部分が終わる。

❸ 意見交換
— A男が登場人物の動きと位置関係について動きを混じえながら説明する（説明1回目）が，R男・H男は状況がよく飲み込めず，やる気も感じられない

<u>K男が「ここまでで，質問はありませんか？」と言う</u>と，客席に座っている子どもたちから「意見（もだよ）」という声が上がる❽ので，K男が「意見や質問はありませんか」と言い直す。すると数人の子どもたちが手を挙げて，K男が「Y子さん」と指名すると，<u>Y子が「もう少し大きな声で読んだ方がいいと思います」と意見を言う</u>❾。その間にTは，立っているナレーターたちを座らせる。続いて，K男が手を挙げていたA男を指名すると，<u>A男が「あの，H男さん,，R男さんもそうなんですけど,,,,，物置の方から，離れて,，」と言い</u>❿かけると，Tが，「うん，そこ，ちょっと確認してあげて」と割って入る。A男は続けて「離れているって書いてあるから，離れたり,,,,，R男さんは,,,,，あの，R男さんは，そこに出といて（「ステージ」の真ん中を指す），H男さんは，こうやって回りながら（胸の前で腕を回す），R男さんの近くへ行けば，この中に書いてあることに近くなると思います」と言う。

<u>Tが，小さな声でK男たちに，「やってもらっ（て),,,」と言う</u>と，それにかぶせるように<u>K男が「やってみてください」とA男に言う</u>⓫。Tが「A男さんな」とA男を指し，すぐにK男に「A男さんに出て来てもろうて」

と言うと，K男がそれを引き継いで「A男さん，実際にやってみてください」と言う❶。出てきたA男にTが「監督になってやってくれたらええわ」と言うと，A男は「ええっと,,」と言いながら「ステージ」に出てきて，「たとえば，ここにR男さんが（㋑（図2－3）の位置に両手で円を描くようにして籠があることを示す），,，えっとここに家があるとして（㋒で両手で囲うようにして「家」の位置を示す），R男さんがここに（鰯を）つかみだして持ってきて（㋑から鰯をつかみ出して㋒に持っていくふりをする），威勢のいい声をだして,,，ここで（㋒の位置に立つ），（おかみさんが）『鰯をおくれ』って言っているから（黒板の方に歩いて㋓に行き）H男さんは，ここからこうやって,こっそり，走って行って,,こうやって回りながら，走って行って（黒板から「ステージ」の前の中央に円を描くように走って中央に出てきてやってみせる）,,」。

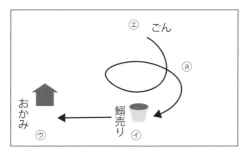

図2－3 「ステージ」上のごん，鰯売り，おかみの位置関係

A男が鰯売り（R男）の動きについて説明しているので，TはR男に「ステージ」に出るように身振りで合図をすると，R男は「え？」というような，とまどった表情を見せながら「ステージ」の方におもむろに出てきて，居心地悪そうに立っている❸。A男は続けて「R男さんは（R男の側に行ってR男を見て）その間に，家の中に持って入って（「ステージ」左端に行き，Tの方を見る），そんときに（「ステージ」中央に戻り），H男さんはここから（鰯を）つかみだして（少し前屈みになり鰯をつかみだすふりをする）,,」，（その間にC子も「ステージ」の方に出て来る）「そうしたら，台本に書いてあることが，できると思います」と「ステージ」の中央部で言い終わり，「ステージ」の横（ナレーターのいる所）に引っ込む。その間R男は何を思ったか，両手で物を「ステージ」の左端に押しやる素振りをして，今度は後ろに向かって何かを片手で上から投げる（ちょうど投手が投球するように）素振りをし

ている❶❹。

❹　全体パフォーマンス（2回目）
　　　―動きのイメージがよく把握できないR男とH男に，A男が具体的に動作を混えながら説明するが，R男は相変わらず動き方が分からず，他の子どもたちからも反応が少ない

　Tが「ほな，そしたら，そこ，やってもらってよ」と言いながら，少しぼけっとしているK男の背中をつつき，「ちょっと，あなた，しっかり。先生が今，あなたのかわりをやったの」と促す❶❺。K男は椅子にふんぞり返るようにすわったまま「実際にやってみてください」と言う❶❻。
（動き方の分からないR男にA男が動作を交えて2回目の説明をする）
　R男（鰯売り）とC子が「ステージ」上でどうしたらいいか分からずにもじもじしている❶❼のでA男が再び出て来る。A男が「えっと，まず，ここら辺に（籠を）置いておいて」と言いながら「ステージ」の中央に両手で何かを置くような形式的な動きをすると，R男もそのすぐ横に立つ。「で，ここに家があると考えて（先ほどと同じように，「ステージ」の左端に家の形を手で囲うように示す），，，」と言って（その間R男はそれをちらっと横目に見ながら，「ステージ」の中央で後ろを向いてピョンピョン飛び跳ねる❶❽）席に戻りかける。
　Tが「えっと，あのね，えーと，監督さん」とA男を呼び止め，「ここで（皆に）訊いてみたらええんよ。こういう感じでスタートするけど，いいですかねって」と言うと，A男がそのようにするが，観客席の子どもたちからは何の返事もなく❶❾，Tが「答えてあげて」と言って，ようやく「はい」という声が数人のみから聞こえる❷⓿。続けて，Tが「実際にやってみて」とR男に向かって言うと，それにかぶせるようにK男が「実際にやってみてください」と言う❷❶。
（A男の3回目の説明）
　R男は困ったように，「こっちに行く？」と家の方を指してTに訊くが❷❷，Tは「監督に訊いてよ」とA男に説明してもらうように言う。A男がすぐに出て来てR男（鰯売り）のすぐ横に立ち，「お客さんの方を向いて，鰯の安

売りだ〜い，と言って,,,」と言い，H男（ごん）のすぐ横に立って「で，H男さんは，ここから歩き出せばいいと思います」と２，３歩歩いてH男のパフォーマンスを説明し，自分の席の方に戻ろうとするが，R男に「それで，俺はどう動けばいい？」と呼び止め❷❸られてR男の側に行く。「ここに（籠を）置いて（籠を置くふりをする），（鰯を）つかみ出して持って行く（籠から鰯を出して家の中に運ぶふりをする）」とパフォーマンスをしながら説明し，観客席の方に戻る。Tが「４行目の話をしてるんですよ。ね，４行目。物置の側を離れて，と書いてあるところ」と補足する。

（R男が２回目のパフォーマンスを行う）

　R男は，まだしっくりしないという感じで，「俺（が言えばいいの）？」と自分を指差してA男に訊き❷❹，A男が頷くのを見て，その場（「ステージ」の中央より左寄り）に突っ立ったままで「鰯の安売りだ〜い。いきのいい鰯だ〜い」と大きな声で台詞を言う。こうして，R男たちによるパフォーマンス２回目が始まる。ナレーション〈18〉（ごんは，そのいせいのいい声のする方へ走っていきました）が読まれた後に，H男（ごん）が，黒板の方から，円を描くように走って「ステージ」の中央に出て来る。C子（おかみ）が「鰯をおくれ」と言うと，それまでH男（ごん）が走って出て来る様子をボーッと見ていたR男（鰯売り）は，自分の後ろから声がしたので慌てたように振り向き，その場で突っ立ったまま籠をポイッと左側に移す仕草をしながら，こう？　というふうにA男を見る❷❺。「おかみさん，ここにおいておくよ」と言いながら，鰯の入れ物を持ち上げて，その場に立ったままC子（おかみ）の側に置くふりをする。

5　**見ていたA男がR男たちのパフォーマンスを遮って意見を言い始め，意見交換が行われる**

（A男の４回目の説明）

　C子が「いつもすまない,,」と応じていると，そこで観客席にいたA男が立ち上がり「そうじゃなくて,,,」と，演技パフォーマンスに割って入り，「えっと，R男さんだったら，ここにいると考えたら，ここに（籠が）あって，ここに鰯があるということになって，で，ここから（鰯を）つかんで持って（しゃ

がんで籠の中から鰯をつかみ出すふりをして（籠の場所から４，５歩歩いて家の方に行く），こちらへんに持っていけば,,,,。家の中に入るのだから，もうちょっと，歩いた方が，いいと思います」と，R男の鰯の籠を置く道端と家との位置関係が近すぎてしまうことに注文をつける❷⁶。道端から家まではもう少し距離をとった方がよいと言っているらしい。

（A男の５回目の説明）

　そこにTが口をはさみ，「そこはちょっと意見を言ってあげて。どういうことを言ったらいいか」と言う。R男とH男，C子の３人はとまどいながら互いの顔を見合っている❷⁷。R男がとまどいながらC子とH男に「俺がこっちから来るから，そしたら，そっちに行って，そしたら俺がこっちに来る」と言っている❷⁸と，再びA男が「そうじゃなくって,,,」と割って入る。A男はR男に「さっき，R男さんが（鰯の籠を）ここに置いたから，自分が置く場所をちゃんと決めておいて，そこに（籠を）置いてから」と言いながら，A男が籠の形を手で囲うように示して，前屈みになって籠をその場所に置く仕草をする。R男は，身体を起こしたまま，A男の示した位置からモノをヒョイッと「ステージ」の左隅に投げるように軽やかに持っていく動作をして❷⁹A男の方へ戻る。A男は続けてR男に「その中から鰯を掴みだして，『ここに置くよ』って言って」と鰯を両手で掴みあげるふりをすると，R男（鰯売り）は左手でポイッと何か軽い物をヒョイと持ち上げる仕草をする❸⁰。A男が「で，それを持って」と言いながら「ステージ」左端（図２-２㋐）の方に移動すると，R男もそれについて行く。A男は「ま，観客の方を向いて，ここらへんで，（鰯を）置く（置くふりをする），,,」（R男はA男が置く動作を行った場所で数回下に何かを置く動作を繰り返す❸¹），そしてすぐに「ステージ」中央に戻り，「で，その間に，H男さんがセリフを言って（H男の横に行って駆けるふり），（鰯を）取ってから，セリフを言って，また抜けていったら，それで書いてあることと同じになると思います」（H男は，手を前に組んで，A男の仕草を見ている）と言う。H男とR男はふたりで何か話している。

　K男が「やっている人から，皆に何か質問したいことはありませんか」と言う。H男とR男は困ったように顔を見合わせて，その場に立っている。

どうも，A男の言っていることがいまひとつ理解できないらしい㉜。A男が，今度は台本を持ってふたりの側に行くと，ふたりも台本を持って来て，3人でひそひそと話し合っている。A男が「,,,ここで鰯をおくれって書いてあるから，歩いていて,,,,,歩いていて，それで鰯をおくれって言われたら，それで家の中に入っていったら,,,」とTの方を見ながら言う(<u>その間R男は，籠を持つふりをして黒板の方へと歩き，鰯を売り歩いてるふりをやってみている</u>㉝)。

6　A男によるモデルパフォーマンス
　　― A男が鰯売りになり，おかみとのやりとりのモデルパフォーマンスを演じてみせる

　<u>Tは頷きながら，A男に向かって「あのね，言いよることをして。やってみた方がいいと思う。言葉はもう，だいたいわかったから。じゃあ，その通り，やってみるよ，とやってみせた方がええんちゃうかな，監督さん」と言う</u>㉞。K男が「じゃあ，お願いします」と言うと，A男が台本を置いて「ステージ」に出て来る。R男（鰯売り）とH男（ごん）は黒板の前（「ステージ」の奥）で立って見ている。

（A男による鰯売りのモデルパフォーマンス― A男による6回目の説明）
　TがA男に「R男さんの立場でやってみますって，ね？」と言うと，A男は軽く頷き，息を大きく吸って，「ステージ」のやや後方から「鰯の安売りだ～い。活きのいい，鰯だ～い」と大きな声で，手でメガホンを作って「ステージ」の上を円を描くように歩き，中央に出て来ると，ナレーション⑱が入り，続けてC子（おかみ）が左端（家）から「鰯をおくれ」と言う。<u>A男は「ああ，はいはい」と言って，左端の方に移動し，「じゃ，ここに置いておくよ」と言って鰯を置くふりをする。C子（おかみ）は「いつもすまないねえ」と言うと，A男ははにかんだように頷く</u>㉟。<u>鰯売りとおかみの具体的なやりとりが初めて眼前で演じられたせいか，観ている子どもたちはじっと見入っている</u>㊱。「ステージ」の中央を振り向くと，H男（ごん）はまだボーッと突っ立っている。それを見てA男は，H男（ごん）の側に跳んで行き，H男の肩をつかんで位置を移動させながら「そのときに,,,こっちに走ってき

て」と言う。

　すると，Tが「そこ，ちょっと止めて欲しいんやね」と言うと，A男はH男の肩を上から軽く押してしゃがませながら自分もしゃがんで,「で，(鰯を)取って」と言いながら鰯をとるふりをして立ち上がり（H男も一緒に立ち上がるが手は再び前で組んでいる),「で走って行ったら(後ろ側にはねるようにして後ずさりしながら),できると思います」。その間，R男は「ステージ」の後ろの方で，両足を揃えてかかとで立ち両手をブラブラさせてみた㊲かと思うと，先ほどA男がやったのと同じように手でメガホンを作り，声を出さずに歩いてみたりしている㊳。

❼　鰯売りの格好について，子どもたちからいろいろな案が出される

　ボーッと見ているK男たち㊴を見て，Tは「これでいいかどうかを，訊いて」と言う㊵。K男はふんぞり返ったまま「これでやってもらっていいですか」と言う㊶と数人の子どもが「はい」と答える㊷。R男は，演技をしようと「ステージ」の真ん中に出てきて，席に戻っているA男に向かって,「こう(手でメガホンを作って)するん？」と訊く㊸。すると，席に座っている子どもたちやナレーターたちが口々に「大きな声でって書いてあるから,,」などといろいろな声が上がる㊹。ナレーター役の子どもたちは台本を見たりしながら，それについていろいろと意見を言い合ったり，籠を担ぐ身振りをしたりしている㊺。S男が籠を片方の肩にかける仕草をして，もう一方の手でメガホンを作って，横の子どもと「こうじゃない？」と言いながら，R男の方を見て「籠があるから，こうじゃない？」と言う㊻。そこに，B子が手を上げて指名され,「教科書には，肩にかけるんじゃなくて，後ろに台があって,それをこうやって(腰の位置に手をあてて)するように書いてあります」と言う㊼と，何人かの子どもがその場で座ったまま，こうやって引っ張るんやなどと言いながら同じ仕草をする㊽。R男も同様に，荷台つきの車の柄をお腹の前で持つようにしてその場を歩き回る㊾。

　そのとき，TがR男に,「それで向こうからやってきたら？」と言い，R男が「こっち？」と言って「ステージ」の右端に行くと，Tが「ちょっと先生，そこ入ってもいい？」と言い,「もっとね，G男さんの方から(部屋の後ろの隅，

図2-4㋕を指す）ズーッと出てきてくれへん？」と言う。R男がG男の座っている部屋の後ろの隅へ行くと，「なんでそう言うか，分かる？」と皆に訊く。「（台本の中の）どこの言葉をとらえて，もっと向こうから，って言ったか，分かる？」と再度訊くと，G男が手をあげて指名され，「どこかで，だから，遠いところなんだと思います」と言う。Tは頷いて，「ここ」「そこ」「あそこ」「どこ」という言葉について以前学習したことを述べ，それぞれどのように指差せるかを皆に実際にやら

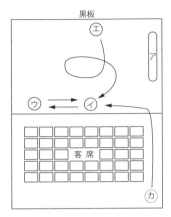

図2-4　R男（鰯売り）の動き（㋕→㋑）

せて，「どこ」という言葉は指差すことができず，見える所ではないことを確認する。

8　全体パフォーマンス（3回目）
　　　　―R男（鰯売り）の動きにメリハリが出てくる

　Tは，教室の後ろの隅（図2-4㋕）に居るR男に「はい。じゃ，そっから出て来て」と言うと，R男が出て行こうと身構える。H男（ごん）が「ステージ」に出てきたのを見て，R男（鰯売り）が「鰯の安売りだ～い。いきのいい鰯だ～い」と大きな声で言いながら「ステージ」の方にスタスタと歩いていき㊿，「ステージ」の中央に出てきたところで立ち止まる。その後にナレーション〈18〉（ごんは，威勢のいい声のする方へ走って行きました）が始まり，それに合わせてH男（ごん）が円を描くように走り出す。R男はその間，「ステージ」の中央でH男を見ながら手持ち無沙汰でまごまごしている。

　〈19〉のナレーション（鰯売りは，鰯の籠を積んだ車を道端に置いて，ぴかぴか光る鰯を両手でつかんで，弥助のうちの中へ持って入りました）が始まると，R男はそれに合わせて，道端に籠を置き，そこから鰯を両手でつかみあげて，C子（おかみ）の居る方（左端）に4，5歩歩いていき，「おかみ

さん，ここに置いておくよ」とC子（おかみ）の顔を見ながら言い（先ほどより，車を置く位置と家の距離がながくなり，動作がゆっくり，はっきりしている），C子（おかみ）も「いつもすまないねえ」と少し抑揚をつけて言う(51)。R男が「ステージ」の中央に戻ると，その間ずっと「ステージ」の中央右よりのところで，手を腹の下で組んで突っ立ったままでいるH男とはち合わせてしまう。ナレーション〈20〉（「ごんはそのすき間に,,,,」）が始まると，R男はあわてて家の方に戻り，首だけ後ろに向けてH男の方を見る。それまでずっとぼーっと突っ立っていたH男は，ナレーションに合わせておもむろにしゃがんで籠から鰯をつかみだすふりをして，ゆっくりと立ち上がり，自分の台詞を言い，後ろに走って引っ込む。首をひねってH男の様子をずっと見ていたR男は，H男が黒板の方に走っていくのを見ると，再び「ステージ」の中央に出て来るが，手持ち無沙汰でまごまごしながらキョロキョロとあたりを見回す。ナレーターが〈23〉のナレーションを読み終えると，C子とR男は，ナレーターたちのいる「ステージ」の右端へ引っ込む。

9　意見交換
―司会が自発的に役割をはたすようになり，観客からの意見が活発に出される

すると，すでに数名の子どもたちが手を挙げている(52)。K男（司会）が今度はTに促される前に自ら「えっと，ここまでで，質問や意見はありませんか」と言い，M男がH男を指名すると，H男は，ナレーション〈22〉に兵十が出て来るので，兵十が「ステージ」に登場した方がよいという意味のことを言い，そうした方がよいかどうかをK男が皆に尋ねると多くの子どもたちから「はい」という同意の声があがる。K男が手を挙げていたF男を指名する(53)と，「R男さんが，そこから（部屋の後ろ隅を指す）出てきたときに，ちょっと速かったので，もうちょっとゆっくりやった方がいいと思います」と，F男が言う(54)。

Tが「『やってみます』ってやってみて」と言い(55)，K男が「R男さん，やってくれますか」と言う(56)と，R男が照れながら立ち上がり，教室の後ろの隅に行く。C子は自分で判断して「ステージ」の左端に移動する(57)。Tが「はい。

言っていいですか？」とK男たちに自分が発言する許可を求め、「F男さんが言っていることを理解してやってね。今後ろに何が積んである？」と皆に尋ねると、ほぼクラス全員が一斉に「鰯」と答える。それに続いて、口々に「重いから、ゆっくりやったらええんちゃう？」「しかも○×△,,」「重たいからゆっくりや」等の声があがる❺❽。

　それを聞いていたTは「ああ、すごいすごい。すごいことを言っているんやで。あなたたちはすごいことを言っているんだけど、それを、動作でやってみると、どういうふうになるかということを、示してあげてほしいんやね」と言っている間、席に座っている何人かが、車の柄を前に持って膝を曲げて少し腰を落とし重そうに歩くそぶりをする❺❾。R男も同様の身振りを試みている。それを見てTが「ちょっとG男さんやっているから、G男さん。後ろに重いもの積んだときのを（やってみて），,,」と言う。

　K子が挙手し、「えっとR男さんがやっているとき（歩いて出て来るとき）に、R男さんはずっと前を向いてやっているので、ゆっくりあちらこちら見て、やったらいいと思います」と、言う❻⓪。TはK子の意見を受けてR男を見ながら「難しいね」と微笑みながらR男の気持ちを代弁するように言って「みんな、応援したって」と言う。

❿　全体パフォーマンス
　　──R男が納得いくまで演技をやり直し、他の子どもたちも一緒に演技を考え、よりそれらしくなってくると同時に、司会も積極的に発言する

　K男が「R男さんやってみてください」と促して❻❶、R男は鰯売りの登場場面をやってみる。1，2歩歩み出すが、歩くこととキョロキョロと周りを見回す仕草とがうまく噛み合ない様子で、すぐに立ち止まり❻❷、どうすればいいの？と助けを求めるようにA男を見る。A男は座ったまま「鰯の安売りだ〜い、って言って、いろんな場所を見て」と言って首を右左に振り、あちこちを見る動作をする。R男はその場でA男の言うように首を左右に振る❻❸。「前見ながら」「キョロキョロしながらや」「ゆっくりやれば,,,」などと、数名の子どもたちが口々に言い、その場でやってみている子どももいる❻❹。R

男は，教室の後ろの隅から首を左右に振りつつ２，３歩前進する動作を２回やってみる❺。Ａ男が手をあげ「ちょっと止まって鰯の安売りだ〜い，と言ってみたり，また違う方にいって，鰯の安売りだ〜いと言ってみたりすればうまくいくと思います」と言う❻。Ｋ男に促されたＲ男は，今度は自信を持って，ゆっくり歩いて「鰯の安売りだ〜い」と言い，数歩ゆっくり歩いてキョロキョロとあたりを見回し，またゆっくり歩いて「いきのいい，鰯だ〜い」と大きな声で言う❼。

「ステージ」まであと数歩となったところで，ナレーション〈18〉が入り，Ｈ男（ごん）がそれに合わせて円を描くように出て来ると，ちょうどゆっくり歩いて「ステージ」の中央に出てきたＲ男の近くに来る。Ｃ子（おかみ）が「鰯をおくれ」と言い，Ｒ男はナレーターの方を見ながら，ナレーション〈19〉（鰯売りは，鰯の籠を積んだ車を道端に置いて，ピカピカ光る鰯を両手でつかんで，弥助のうちの中へ持って入りました）に合わせて籠を置き，そこから鰯を取り出して家の中に持って入り，「おかみさんここに置いておくよ」と，これまでよりも抑揚のついた大きな声で言いながら鰯を置き，「いつもすまないねえ」（これまでよりもさらに抑揚が大きくなり，感情がこもっている）というおかみ（Ｃ子）とのやりとりのパフォーマンスをする❽。その間にＨ男は籠の位置に進む（鰯を盗むため）。ナレーションの抑揚がついてきて，ナレーションとＲ男，Ｃ子，Ｈ男の呼吸が合って，スムーズに進んでいく。

11 意見交換
― Ｒ男が観客と同様の視点で意見を言う

ナレーション〈23〉が終わると，Ｔが「ちょっと先生，言っていい？」とＫ男に発言の許可を求め❾て直前の演技に対する意見を言おうとするが，Ｋ男が自分が意見があるという仕草をする❼⓪ので，Ｔは「あ，はい，どうぞ」とＫ男に発言権を譲る。Ｋ男は，ナレーション〈22〉のところに兵十が出て来るので，兵十役のＵ男に準備をしてくれるように言う❼①（先ほど，Ｈ男が指摘し，クラスの皆が賛成したこと）と，Ｔは一瞬驚くが，Ｋ男がその件を説明し，「Ｕ男さん，出て来てくれるん？」と嬉しそうに言って了解する。

そこに，Ｍ男が「Ｒ男さん，遠くから鰯売りがきているので，最初，小さ

い声でやったらいいのではないかと思います」と発言する❼❷と，Ｔは嬉しそうに面白そうに「ほう，，，ほう，，，なるほど」と感心したように言う。Ｒ男がその場に座ったまま「鰯の安売りだ～い」と言ってみている。

　そこに，Ａ男が挙手して指名され，「ステージ」に出てきて，「たとえば，あの，ここ（家の中）に（鰯を）置いたあとに（籠を置くふりをしながら），Ｈ男さんが（鰯を）取っている間，Ｒ男さんは，ただ立っているだけだったので，『いつも』なんだから（いつも鰯を売りにきているのだから），さっきも言ったんですけど，そうやってなかったので，ここで（家の中に立って）なんか話しているように見せるようにすれば，その間の時間も，なんか，ごんが（物を下から取り上げるようにして）（鰯をつかみ出すことが）ばれてない，という風になると思います」と言って，再び先ほどと同様に，ごんが籠から鰯をつかみ出す時の，ごんと鰯売りとおかみの状況についての改良するべき点を説明する。ＴがＡ男の意見を説明し，例を挙げ（「いや，今日の鰯はいい鰯だねえ」など），皆に考えておくように言う。

　そこにＢ子とＲ男が挙手をして指名され，R男が「えっと，鰯の安売りだい，っていうところを，えっと，２回繰り返したら，だめなんですか？」と言う❼❸。誰も何も言わないのでＴが皆に向かって「『駄目なんですか』って（皆に訊いていますよ）」と答えることを促す❼❹と，「いいと思います」「いいです」「何回もやったらいいと思う」と口々に答えが返ってくる❼❺。Ｒ男が「あっち（自分が登場する方向を指す）だけ言いよったら，急におらへんようになる，，，」と，発言の理由を説明する。教室の後ろの隅からゆっくり歩いて出て来ると，「ステージ」に出て来る前に台詞（「鰯の安売りだ～い。いきのいい鰯だ～い」）を言い終わってしまって，鰯売りの声が聞こえなくなり，不自然だというのである❼❻。

　Ｂ子がまだ手を上げているのでＫ男が指名すると，「えっと，Ｃ子さん（おかみ）と，Ｒ男さん（鰯売り）の会話なんだけど，安売りなので，お金なども話に出したらいいと思います」と言う❼❼。続いてＭ男に指名されたＤ男が「Ｒ男さんが，鰯を持っているときに，Ｈ男さんが，籠のところにいるので，もうちょっと遅く行ったらいいと思います」と言う❼❽。

　そこでチャイムが鳴り，１限が終了する。

この事例では，子どもたちと教師との間で「情動の場」が形成され，そのことによって演じる子どもたちとそれを観ている子どもたち（ナレーターや席に座って観ている子どもたち）が活動に意欲的になり，演技パフォーマンスが役柄や状況に合ったものになっていっている。始めの頃は，鰯売り役のＲ男やごん役のＨ男は，居心地悪くもじもじしたり（下線⑬⑰），役柄の動きとは無関係な動きをしたりして（下線⑭⑱）劇への意欲があまり見られず，演技も手足をただ言われた通りに動かしているだけで（下線⑬㉕㉙）登場人物の役柄とはほど遠く，登場人物同士の動きや間合いが噛み合わない（下線⑦）。登場人物役以外の子どもたちも，劇の練習にあまり意欲的ではない。司会のＫ男とＭ男は，最初はどこから始めるかが分からず（下線③），司会が発言すべきところで発言しなかったりして，教師から促されることが少なくないし（下線⑮⑯㊴㊵），発言も自信がなくまごついたり（下線④），あまり意欲的でないまま発言したりしている。子どもたちも司会の問いかけに応じず（下線⑲）に教師から促されることがある（下線⑳）。しかし，Ａ男がパフォーマンスをモデルとして実際に示しながら登場人物の動き方を説明し（場面6），Ｒ男やＨ男，Ｃ子がそれに従ってパフォーマンスを繰り返すうちに，次第にＲ男，Ｈ男，Ｃ子のパフォーマンスが良くなり，観客も積極的に発言するようになる。まず，Ｒ男が自発的にパフォーマンスを練習する姿が見られるようになり（下線㊳㊸），３回目のパフォーマンス（場面8）では堂々とした演技を行うようになり（下線㊿），相手役のＣ子の台詞の言い方も抑揚がついてくる（下線(51)）。それと同時に，観客の子どもたちの意見が活発に出されるようになり，その内容もより具体的な状況やふるまいに言及するものになっていき（下線㊹～㊽），司会役のＫ男やＭ男も積極的に劇練習の進行を指示するようになり（下線(61)），子どもたちの発言内容が登場人物の内面に踏み込んだものとなり（下線(58)），司会も演技や物語の状況についての意見を言うようになる（下線(71)(72)）。Ｒ男は，自分の演技に納得が行くまでやり直すなど意欲的に取り組むようになり（下線(62)(65)(67)），それを観ている子どもたちも一緒にパフォーマンスを構想する姿が見られる（下線(66)(77)(78)）。そして，Ｒ男（鰯売り役）も，自身の演技について

の改良点を発言する（下線❼❻）。

　このように，最初のうちは演技を行うことや，意見を言うことにあまり意欲的ではなかった子どもたちが，次第に意欲的になり，演技パフォーマンスが向上し，観ている子どもたちの発言も活発になり，かつその内容が具体的になるのはなぜか。

　結論から述べれば，演じている子どもたちとそれを観ている子どもたちや教師（観客）の間で，三極からなる「情動の場」が次第に形成されてくることによってである。それについて，以下，事例の分析に基づいて述べたい。

7　事例の分析 ── 事例の子どもたちの劇練習において演技や意欲が高まるのはなぜか

　事例の過程は，「情動の場」という視点から見るなら，次の２種類の「舞台」によって２種類の「情動の場」があることが分かる。

　第一は，教室の前半分を「舞台（「ステージ」）」に見立てて，登場人物役の子どもたちが「役者」と「相手役」として役割演技を行い，それを観ている子どもたちが「観客」となるような三極構造である。この三者は，増山の言うように，固定的ではなく，「演じる者＝演じられる者」であり「観る者＝観られる者」であるがゆえに，登場人物役の子どもは「役者」として演じる者であり，それゆえその演技を「相手役」や「観客」から観られる者であるが，同時にそれは「相手役」の演技や「観客」のふるまいを観る者（演じられる者）でもある。演技の場における「情動の場」は，「役者」とその「相手役」及び「観客」の身体的なノリの共有（身体的同調）によって成立するとすれば，事例の〈ごんぎつね〉の演技の場における「情動の場」は，登場人物役の子どもたち（「役者」と「相手役」）とそれを観ている「観客」の子どもたちとの間でノリが共有されることによって成立すると言えるだろう。このような「舞台」及びノリの共有による「情動の場」は，事例においては，〈ごんぎつね〉の劇を演じる場面で顕著となる。ここではそのような場面を「劇活動の場面」と呼び，そこ

における「情動の場」を「劇活動の情動の場」と呼ぶことにしたい。

　第二は，学級活動としての授業という「舞台」における教師と子どもという役割演技であり，事例の授業場面では，子どもの役割はさらに，司会役とその他のメンバー（演技者，発言者，聴衆）に分かれる。ここにおいて司会は，教師の役割を分有[29]しており（教師の発言を代弁している：下線❸❻），劇の練習の進行を司る。劇の練習は，物語のある場面の演技とそれについての意見交換（ディスカッション）との二つの場面からなる。場面❷で〈ごんぎつね〉のパフォーマンスが行われて以降，意見交換とパフォーマンス場面は交互に展開している（下図：「P」は〈ごんぎつね〉の劇を演じているパフォーマンス場面，「D」は意見交換場面を指す）。

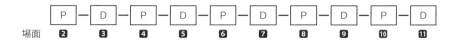

　司会の役割は劇の開始と終了を指示し，終了と同時に観客になっていた子どもたちに発言を求めることである。他のメンバーは，司会に対して応答し，演技の開始の指示があれば登場人物役の子どもは演技を開始し，発言を求められれば観客だった子どもたちは発言者として，また，その発言を聞く者は聴衆としての役割演技を行う。このように司会とその他のメンバーは応答的なノリを共有することになり，ここにおいて学級における授業という「舞台」における「情動の場」が成立する。ここにおける三極は，司会とそれに応じる発言者が「役者」とその「相手役」であるとすれば，その発言を聞く聴衆となる子どもたちは「観客」と喩えられるが，それらは固定的ではなく，司会，発言者，聴衆がそれぞれ「役者」であると同時に「相手役」にもなり，また「観客」ともなるので，それらの役割演技も先の場合と同様に「観る⇄観られる」「演じる⇄演じられる」という未分化な構造を持つ。このような授業という「舞台」における三極構造は，事例の過程では主に意見交換の場（上図の「D」）で顕著となる。このような「情動の場」を「学級活動の情動の場」と呼ぶことにしたい。

　ここで注目しておきたいのは，劇の練習は授業という「舞台」において展開

されているので，演劇の「舞台」と授業という「舞台」は入れ子構造になっていることである。それゆえ，授業における子どもたちは皆，本来，発言者や聴衆であり，それらの役割を持ちながら，演技（パフォーマンス）の場面になると登場人物役や観客となる，というように，二重の役割を担うことになるのである。それゆえ，劇の練習場面においては，発言者でありながら登場人物を演じたり，観客でありながら発言者となる，というように二重の役割が同時に表れることも少なくないだろう。このような入れ子構造は，「情動の場」についても同様である。「演劇における情動の場」は「学級活動の情動の場」の中にあり，入れ子構造になって形成されることになる。それゆえ，「学級活動の情動の場」が活性化し深められれば，「劇活動の情動の場」も活性化するし，その逆に「劇活動の情動の場」が活性化すれば，「学級活動の情動の場」も形成され易くなるだろう。事例の場合，場面❶〜❹までは，劇活動の場と意見交換の場の区別が比較的明確であり，それゆえ劇の「舞台」が主になる場面と学級の「舞台」が主になる場面の区別も比較的明確だが，聴衆のＡ男が「ステージ」上で動き方の説明を行い，モデル演技を行うあたりから（場面❺〜❻），両者の区別が不明瞭になり，入れ子構造の二重性を露にしていくのである。

　事例の過程を以上のような「情動の場」の形成という視点から見ると，その過程は，おおよそ次の３つの段階に分けられる。

　　第Ⅰ段階：「情動の場」が形成されていない
　　　　　　　－演技に意欲的ではない（場面❶〜❹）
　　第Ⅱ段階：「劇活動の情動の場」が形成される
　　　　　　　－子どもたちが演技に意欲的に取り組み始める（場面❺〜❻）
　　第Ⅲ段階：学級メンバー全員によって「学級活動の情動の場」も形成される
　　　　　　　－授業における役割演技が活性化する（場面❼〜⓫）

　場面❶〜❹では，司会役やそれに応じる子どもたち（登場人物役やナレーター役，あるいは演技について発言する役）が，その役割を十全に遂行していると

は言い難く，子どもたちの間の応答的なノリも共有されていない。それゆえ，学級という「舞台」においても演劇の「舞台」においても「情動の場」は形成されているとは言い難く（第Ⅰ段階），授業の発言者としての役割演技を除いては，それぞれの役割のノリは生成されていないので，あまり意欲的な行動のようには見受けられない。しかし，A男が鰯売り役のモデルを示して登場人物同士（鰯売りとその相手役のおかみ）の間でノリが共有され，そのノリに演技を観ていた子どもたちがノリ，〈ごんぎつね〉の「劇活動の情動の場」が形成される（第Ⅱ段階：場面❺〜❻）と，それによって登場人物役の子どもたちは演技に意欲的になり，パフォーマンスが向上し始める。そして，演劇の観客のノリの活性化によって「劇活動の情動の場」が活性化するのだが，「劇活動の情動の場」と「学級活動の情動の場」の入れ子構造のゆえに，それは同時に授業舞台における発言者のノリの活性化でもあり，それによって「学級活動の情動の場」の形成が促され，最終的には学級のメンバー全員によって「情動の場」が成立する（第Ⅲ段階）。「情動の場」はノリの共有を深め，それによって子どもたちはそれぞれの役割すなわち，登場人物，司会，観客，発言者としての各役割を演ずる自己の能動感を獲得させ，子どもたちが自分の表現の「主宰者」として意欲的にふるまうようになるのである。

● 第Ⅰ段階：学級という「舞台」においても演劇の「舞台」においても「情動の場」が形成されていない ── 演技に意欲的ではない（場面❶〜❹）

　場面❶〜❹における劇の練習の進行は，司会，登場人物，観客等の役割に適した動きができておらず，司会と他の子どもたちの間でも登場人物同士の間でもノリが共有されていない。

　1回目の演技パフォーマンス開始前（場面❶）では，司会役は開始場面の指示をなかなか出せず（どこからやるかを決められない：下線❷❸），ようやく指示を出してもそれはナレーター役や登場人物を演じる子どもたちにはよく伝わっていないため，演じる子どもたちはまごついてしまい（下線❺❻），司会と他の子どもたちの間では応答的なノリが共有されていない。また，ようやく

始まったパフォーマンスにおいても，登場人物同士のノリも共有されていない（下線❼）。その後に，A男が鰯売りやごんの動き方を実際に動く位置を示しながら説明しているにもかかわらず，鰯売り役のR男は自分のこととは思っていない様子で，意欲的ではなく（え？というように教師を見る：下線⓭），A男に動き方を説明されも理解できず（下線㉓㉔），そのパフォーマンスは全く様式化されておらず（物語とは無関係な動きをする：下線⓮），登場人物のノリを生成していない。その後の司会のパフォーマンスも，その前の演技に対して応答しておらず（ぼけっとしていて教師に促される：下線⓯），司会の役割にも意欲が感じられず（ふんぞりかえっている：下線⓰），司会という役割のノリを生成していない。それに続いて行われるパフォーマンスにおいても，登場人物役の子どもたちは，どのように動けばよいのか分からず登場人物役のノリを生み出すことができない（もじもじしている：下線⓱）。発言者の役割は一部の子どもたちによって演じられ，そのノリが生成されているが，司会との応答的なノリとはなっていない。というのは，司会がいつものノリとは異なることに違和感を唱え，いつものノリを共同に再生するよう要求しているからである（下線❽）。また，発言者と聴衆のノリも応答的に共有されていない。A男などは発言者のノリを展開していると言えるが，聴衆はそのノリを必ずしも共有しているとは言えない（下線⓳）からである。R男のパフォーマンスは外形的には言葉の意味を身体的に表したものだが，およそ役柄の行動ではなく，やはり登場人物のノリにノッていない（籠をポイッとおく：下線㉕）。

　このように司会も登場人物もそのノリを生成できず，司会と他の子どもたちの間でも，登場人物同士の間でもノリが共有されず，観ている子どもたち（司会や観客）のノリもそのノリに応答していない。つまり，司会，登場人物，観客の三者による応答的なノリは生成されず，それゆえ三極的な構造からなる「情動の場」は形成されていない。それゆえにこそ，それぞれの役割のパフォーマンスは様式性を欠き，役柄を表すものとはならず，役柄の能動感も獲得されないので意欲が感じられないのである。

● 第Ⅱ段階：「劇活動の情動の場」が形成される ── 子どもたちが演技に意欲的に取り組み始める（場面❺～❻）

　場面❺～❻では，「劇活動の情動の場」が形成されることによって，それまで役柄のノリを生成するには至っていなかった鰯売り役のR男に変化が見られる。

　R男たちのパフォーマンス（2回目）が始まるが，観客であったA男がそこに割って入り，発言者のノリを展開し始める（ごんや鰯売りの演技について意見を言う：下線㉖）。A男のこのノリは，発言者のノリであると同時に，登場人物役のノリを潜在的に共有してそれを言語化するものであり，その意味では観客としてのノリでもある。つまり，演劇の「舞台」と授業という「舞台」の入れ子構造が露わになるのである。教師の指示によって（下線㉞），A男がそのノリ（発言者＝観客）を身体的に具現化して展開する（鰯売り役を演じてみせる）と，鰯売り（A男）とおかみ（C子）との間で登場人物同士の応答的なノリが生成される（下線㉟）。このノリは，即座に観客の子どもたちに共有され（じっと見入っている：下線㊱），登場人物と観ている子どもたちの間でノリが共有されることになる。ここにおいて〈ごんぎつね〉の演劇の「舞台」上での「役者」同士と「観客」を三極とする「情動の場」が形成されたと言えるだろう。こうして，この場面における「劇活動の情動の場」は，A男の「観客＝発言者」のノリが「役者」のノリへと転換し，そこでノリが共有されることによって成立する。

　この「劇活動の情動の場」の形成は，そこにいるメンバーのパフォーマンスに作用する。まず注目すべきなのは，R男のふるまいである。前段階では，役柄とは無関係な動きをして，ノリを生成するには至っていなかったR男が，役柄のノリを断片的にせよ自発的に生成し始めるからである。物語とは無関係な動きをすること（下線㊲）は前段階と同じなのだが，そのような動きの中に混じって，役柄のパフォーマンスに近いふりを自発的に行う姿も見られ，前段階に比べると演じることに対する意欲が多少出て来たように思われる（下線㊳）。

　このようにR男が登場人物のノリを断片的にせよ生成し始めるのは，その直

前に「ステージ」上の登場人物（鰯売りとおかみ）と観客の子どもたちとの間にノリが共有され，「情動の場」が形成されたことと関係がある。R男はそのノリ（気分）にノルことによって，役柄の構えが形成され，能動感を感受しているのだと解釈できる。

ただし，ここにおけるノリは，前節で指摘したように，手でメガホンを作る，籠を右から左に移動する動きをするといった外形的形象の次元に留まっており，登場人物の心情や物語の具体的な状況を理解してそれらしい動きをするという「らしさ」の次元には至っていない[30]。

● **第Ⅲ段階：学級メンバー全員によって「学級活動の情動の場」も形成される ── 授業における役割演技が活性化する（場面❼〜⓫）**

「劇活動の情動の場」が作用するのはR男だけではない。次の場面❼を見ると，他の子どもたちにも作用していることが分かる。この場面で，観ている子どもたちがそれまでとは異なり，登場人物（鰯売り）の身体の動きを具現化することを交えながら活発に意見を述べるようになる（下線㊹㊺㊻㊼㊽）のは，「情動の場」によって観客が登場人物役のノリにノッているからである。このようなふるまいは，一般の演劇における観客のふるまいとは異なる。それは，事例のこの場面ではR男が発言者であることを露呈しながら登場人物役を演じようとしていることを契機として，劇活動と意見交換の場が融合しているからである。つまり，意見交換の場の中で演劇が行われるという入れ子構造になった「舞台」の二重性によって，子どもたちの役割の二重性（発言者であると同時に観客や登場人物役である）が露呈するがゆえである。言い換えれば，「劇活動の情動の場」が成立することによって，観客のノリが活性化するのだが，劇活動の「舞台」と学級という「舞台」が入れ子構造になっているがゆえに，観客のノリが活性化することは，同時に発言者としてのノリを活性化することになり，こうして「学級活動の情動の場」が形成され始めるということである。

これ以降，劇の練習は〈ごんぎつね〉の演技が行われる場面は，常に「舞台」の二重性を露呈しながら進行していく。つまり，観客は発言者であり，「ステー

ジ」上の登場人物の身構えを共有しながら，演技についての意見を言うのである。その過程において「情動の場」のノリの共有が深められていき，それゆえ，子どもたちの役割演技は登場人物のそれも，発言者としてのそれも，これまでよりも様式性が高められていく。登場人物の心情や行為の意味が熱気を帯び，様式性が高められ（場面❽：R男は，堂々と鰯売りの演技を行う：下線(50)，R男とC子のやりとりが様式性を帯びてくる：下線(51)），観客の子どもたちの発言も活気を帯びる（下線㊹〜㊽）。

このような過程の中で最も注目すべきなのは，場面❾である。「情動の場」のノリの共有が深められた結果，ついに学級のメンバー全員によって「学級活動の情動の場」が成立するからである。それまで司会役のK男とM男は司会としての役割のノリを生成していなかったが，この場面では他のメンバーのノリに応答して自ら司会のノリを生成し始め（下線(53)），それによって劇の練習を司る司会と他のメンバーとの間の応答的なノリが共有される。この「情動の場」によって，司会は司会らしいふるまいを行うようになると同時に，発言者も積極的に発言する。さらに，この場面で注目すべきなのは，子どもたちの関心のありようである。子どもたちの意識が向けられているのは，単に手を口に持って行くとか腰を曲げるというような，登場人物の身体各部の外形的な動きではなく，登場人物の内面を表す言葉（「重たいからゆっくりや」：下線(58)）が見られており，重そうに歩く素振りを観ている子どもたちの何人かその場でやってみている（下線(59)）。これは，「情動の場」のノリの共有が深められた結果，登場人物や物語の情景の「らしさ」のノリ（前節参照）へと，一段深められたことを示しているだろう。

こうして，学級全体が「学級活動の情動の場」を形成することによって，それぞれの役割演技はより一層様式性を高めていき（場面❿），演じることに対して意欲的に取り組む姿が見られるようになる（R男は納得するまで何度も繰り返す：下線(62)(65)）。そして，場面⓫の意見交換の場面では，それぞれの役割を超えた行動が見られる。例えば，K男とM男が教師の発言を遮って司会ではなく発言者となって意見を言い始める（下線(71)(72)）。これは，ノリの共有が深まっ

た結果，司会役のM男やK男も学級という「舞台」のノリにノッてきて，役割が相互に浸透するためである。また，「ステージ」上では鰯売りの役を演じるR男が観ている観客の視点から意見を発言している（鰯売りのかけ声を2回言わないとおかしい：下線❼❻）のも同様である。市川の言うように，同調が深まったとき，「私は他者の場を単に理解するだけでなく，ほとんどその場を生きる」[31]のであり，R男は「ステージ」上で演じる役者でありながらも，観客の視点を持ち得たことの表れである。

8　一斉活動において子どもたちが意欲的に演技に取り組むことは，いかにすれば可能か

　以上のように，「情動の場」が形成され，ノリの共有度が深まれば深まるほど，それが子どもたち個々のパフォーマンスに拘束的に作用し，子どもたちが担う役割演技が様式化され，より役柄らしいものなっていく。そして，そのことには同時に，子どもたちはその役割を演じる自己の能動感を獲得する。それが，「本来の自己」がその役割を演じているかのうように転倒的に意識され，そこにおいて子どもたちは自らのパフォーマンスの「主宰者」としてふるまうようになる。そのことによって，子どもたちは意欲的に発言や演技を行い，発言内容や演技の質を高めていく姿となるのである。
　しかしながら，ここでさらに問うべきなのは，どのような学級であっても，事例のように授業の中で即座に「情動の場」が形成されるわけでは決してないことである。まず，「情動の場」は身体的なノリの共有によって成立するが，事例の場面のように，子どもたちが鰯売り役のR男の身構えを共有し，その身振りを互いに行うなど，即座に相互にノリを共有するようなことが，どのクラスでも見られるわけではない。また，分析で示したように，事例の場面では，「劇活動の情動の場」が成立し（第Ⅱ段階），そこにおける，観客でありかつ発言者でもある子どもたちによるノリの産出（鰯売りやごんのパフォーマンスについて身振りをしながら発言）が「学級活動の情動の場」の形成を促す（第Ⅲ段

階)のだが,「観客＝発言者」である子どもたちが,どのようなクラスでも事例のように積極的にノリを産出するかと言えばそうではない。子どもたちが自分の演じない役割の演技を構想してモデルを示したり,その場面の状況について積極的に発言することは,どのようなクラスでも生起するわけではない。むしろ,自分の役以外は関心が持てずに他人事として見ていたり,自分の出番でない場面では私語が多くなることの方が多い。

そうだとすれば,事例のクラス(本庄学級)は,なぜ,子どもたち相互のノリが共有され,「観客＝発言者」のノリが活性化しているのだろうか。

それは,本庄学級の日常的な授業や学級生活が,子どもたちが積極的に発言者としてのノリを産出し,子どもたち相互でノリを共有するような構造を持っているからである。それは,別稿で指摘したように[32],また小川が前述しているように,本庄学級の日常の学級生活と授業には,発言の儀式性が導入されていることである。本庄クラスでは,質問の仕方とそれに対する応答が子どもたち相互で行われるように,発言や質問の仕方にある種の定型的な応答パターンがあるのである。一斉授業では一般に,子どもの発言は,教師がその機会と発言者,内容を管理する。つまり,発言はいつでも認められているわけではなく,教師が問いを発し,指名したときに限られ,発言内容は教師の基準によって評価される。つまり,子どもの発言は教師によって集権的に管理されるのである。しかし,本庄学級ではこのような集権性を子どもが分有し,発言の機会や発言者,内容の管理を子どもたちが行うようになっている。それは,発言する際の定型的なパターンを用いることによって可能となっている。例えば,授業中に教師が皆に話をしており,子どもたちに問いを発する場面ではないときでも,ある子どもが意見や質問が有る場合には挙手をして「質問してもいいですか」「意見があります」「それは私が意見を言います」などの言葉を発すると,教師が「どうぞ」と発言を許可したり,そうでないときは子どもたちが「はい」と唱和して許可するようになっている。また,小川が指摘しているように,発言者を子ども同士で指名しあうことも多い。自分が発言した後,挙手している子どもを指名し,指名された子どもが答えるのである。そして,発言内容につい

ては,教師がその評価を下すのではなく,子どもたちが下すことが多い。例えば,教科書の問題の答えをある子どもが発言すると,その他の子どもが「いいです」と唱和するのである。この唱和がないときは本庄教諭が「○○さんが,〜〜と答えているけど,それでいいの？いいなら,いいと言ってあげて」と唱和を促す。また,授業の一部や朝の会や帰りの会では,活動を教師が主導するのではなく,日直や教科の係などの子どもが教壇に立って主導する。その場合,係の発する言葉はパターン化されて学級に蓄積しており,毎日係が代わっても同じ場面で同じ言葉が発せられる。例えば朝の会の場合は,日直の「これから朝の会を始めます。挨拶をします。起立して下さい」という言葉で開始し,続いて「係から何かありますか」という問いがあり,係が挙手を行って指名されれば発言し,それが終わると「本庄先生のお話です」と言って本庄教諭が登場するのである。この流れは毎日繰り返され,朝の会や帰りの会はパターン化されている。このように,子どもたち同士による応答やふるまいがパターン化されていることによって,子どもたちが発言に関する管理権を一部担うようになっているのであり,授業の進行の一部や学級活動を教師の介入によらずに,子どもたちで進めて行くようになっている。

　このようなパターン化された応答的なふるまいが子ども同士の間で日常的に行われていることは,子ども同士のノリの同型的,あるいは応答的な共有を日常的に喚起することになる。つまり,本庄クラスの子どもたちは日常的にノリを共有することによって関係性を築いており,そのことが事例において「情動の場」を形成することを容易にしていると言えるだろう。

　さらに言えば,このようなパターン化された応答的なふるまい,すなわち儀礼的なふるまいは,本庄学級における望ましい生徒としての役割演技を明確にするものでもある。つまり,応答的な発言のパターンというのは,言い換えれば,本庄学級における生徒としての「台詞」であり,この「台詞」によって発言することは,本庄学級という「舞台」において生徒としての役割を演じることなのである。そこで生徒同士のノリが日常的に共有されるということは,本庄学級という「舞台」においては日常的に「役者」同士（生徒同士,あるいは生徒

と教師)がノリを共有し,その「情動の場」を形成しているということである。〈ごんぎつね〉の劇を演じる「舞台」は,学級という「舞台」と入れ子になっているのであり,それゆえ,「学級活動の情動の場」が日常的に形成されていれば,「劇活動の情動の場」の形成も容易になるはずである。事例の授業場面における「情動の場」の成立過程は,分析に示したように「劇活動の情動の場」の成立が授業の「舞台」における「情動の場」に先んじているが,「劇活動の情動の場」の成立は,授業の「舞台」における「情動の場」のノリを土台としている。A男が演じることによって「情動の場」が成立するのだが,A男が演じるようになるのは,A男の積極的な発言者としてのノリの生成があるからであり,そのような発言者としてのノリの生成を活発に子どもたちが行う(A男以外の子どもたちも練習の始めから発言している:下線❽❾❿)のは,日常の授業において発言者としての役割を活発に演じているからに他ならない。つまり,「劇活動の情動の場」の成立は,学級という「舞台」における「情動の場」の日常的な形成を土台としているのであり,学級という「舞台」の「情動の場」が形成されていることが,「劇活動の情動の場」の形成を促進するのであり,そこで演じる子どもたちの演技や意欲の向上を可能にするのである。　(岩田遵子)

9　「情動の場」の形成と子どもの主体性

　本庄実践の特色は学級活動において教師の集権性を子どもに分有させ,教師と子どもの相互コミュニケーションを豊かにし,それを授業実践へと発展させることで,「教授―学習」の一方向性をできるだけ相互的に変換し,子どもの学習への主体性を確立しようとする試みであったと総括することができる。そして,この実践は,学級活動の発言を定型化することによって学級活動に儀式性を導入し,学級集団としての「情動の場」を形成し,さらに授業の場において,子どもの表現性が発揮される音楽(分担奏)(第3章第2節参照)や劇活動へと発展させ,より高度な「情動の場」を形成しようとする試みである。こうした試みによって学級全員が「学力テスト」での「学力差」を超えて,子ど

も一人ひとりの表現性が生かされる「情動の場」の形成によって子ども一人ひとりの学習の主体性が発揮されたと言える。
　今後の課題としては，こうした実践の意義を本庄教諭の個性的力量とすることを超えて，一般化する必要があると考えられる。そのためには，子どもの学力形成における「表現活動」の意義を学級活動と授業活動の連続性において考えるために，本庄教諭以外の実践者の事例を通して考えることと，本庄実践において教材研究（例えば〈ごんぎつね〉の脚本の解釈の相違）が教師と子どもとのコミュニケーションにどう反映するかを追求することである。（小川博久）

【注】
① 小川博久『遊び保育論』萌文書林　2010　28 頁
② 小川博久・岩田遵子『子どもの「居場所」を求めて』ななみ書房　2009　262 頁〜302 頁
③ 増山眞緒子「第二部共同性の発生論的機序」『共同主観性の現象学』廣松渉・増山眞緒子　世界書院　1986　159 頁〜289 頁
④ 小川博久・岩田遵子　前掲書　272 頁
⑤ 同上書　297 頁
⑥ 山崎正和『演技する精神』中央公論社　1986　34 頁〜35 頁
⑦ 増山眞緒子　前掲書　161 頁〜289 頁
⑧ 同上書　237 頁
⑨ 同上書　239 頁
⑩ 小川博久・岩田遵子　前掲書　297 頁
⑪ 増山眞緒子　前掲書　278 頁
⑫ 同上書　238 頁〜239 頁
⑬ A. ゴッフマン著，広瀬英彦／安江孝司訳『儀礼としての相互行為－対面行動の社会学』法政大学出版会　1986　42 頁
⑭ 同上書　38 頁
⑮ 小川博久・岩田遵子 前掲書　57 頁
⑯ 同上書　271 頁
⑰ 同上書　299 頁
⑱ 同上書　294 頁〜298 頁
⑲ A. ゴッフマン　前掲書　50 頁
⑳ 同上書　68 頁
㉑ 増山眞緒子　前掲書　232 頁
㉒ 同上書　232 頁
㉓ 同上書　232 頁〜233 頁
㉔ 小川博久・岩田遵子　前掲書　240 頁
㉕ 増山眞緒子　前掲書　238 頁
㉖ 増山眞緒子　前掲書　232 頁〜233 頁
㉗ 同上書　234 頁
㉘ 同上書　236 頁
㉙ 小川博久・岩田遵子　前掲書　274 頁〜298 頁
㉛ 市川浩『精神としての身体』勁草書房　1975　87 頁
㉜ 小川博久・岩田遵子　前掲書　261 頁〜302 頁

第4節　パフォーマンスと意味生成の関連性
―古典朗読劇のリハーサルを通して―

1　個性による知性の発揮と集団的学びの結合

　われわれはこれまで、本庄冨美子教諭が担任するクラスの劇活動において、子どもたちが意欲的に演技に取り組み、役になりきること、また、それによって物語の意味理解が深められていることは、クラスの子どもたちの「ノリ」の共有によって可能となっていることを論じてきた。すなわちクラスの劇活動において子どもたちが意欲的に劇の練習に取り組み、その役らしい演技パフォーマンスを行うのは、この活動において、役を演じる子どもたちとその観客の教師や子どもたちとの間で「観る⇄観られる」関係が成立し、その三者（役者とその相手役、観客）の間でノリが共有されることによって「情動の場」（増山）が形成されているからであること、また、このようにノリが共有され、役になりきり、よりその役らしく演じることが、物語理解という観点から言えば、身体的な「型」（尼ヶ崎）を共有させ、それによって子どもたちが物語の情景や登場人物の心情を実感的に理解することになっていることを、本庄クラスの〈ごんぎつね〉の劇活動における演技パフォーマンスと発言の分析によって示したのである。

　本節では、子どもたちのノリが共有されることによって、子どもたちが物語理解を深めると同時に、子どもたちが自身の行為や演じる作品を反省的に捉える視点を獲得する可能性を持つことを論じたい。

　一般に、演技などの身体的パフォーマンス能力や感性は、知的能力とは別物と考えられることが多かった。それだけでなく、身体的パフォーマンスが向上しても、知的探求の深まりには繋がらないとみなされることが多かった。それに対して、本節で述べるのは、ノリの共有が深められることが、知的探求の深

まりに繋がる可能性を持つということである。岩田は別稿[1]において、幼児たちがノリの共有を深めることによって、そこから自分たちの生成するノリのありようを対象化するような視点を生み出す可能性があることを幼児の遊び事例を通して示した。その考察をもとに考えるなら、子どもたち同士の間でノリが共有されて演技パフォーマンスが向上することは、第2節で論じたように身体的な「型」の作動によって物語の理解をより実感的なものへと深めるだけでなく、それと同時に理解する当事者のパフォーマンスのありようを解釈する視点を生み出す可能性を胚胎していることになる。つまり、演技パフォーマンスの向上は、知的探求に繋がる可能性があるということである。本節では、このことを事例を通して論じたい。

　取り上げる事例は、本庄教諭の担任する6年生のクラスで、3学期に「古典に親しむ」という一連の授業の中での朗読劇を、子どもたちが主体的に行う場面である。この活動において、子どもたちは4つの古典物語をそれぞれのグループに分かれて理解を進め、最終的には朗読劇として発表するのだが、そこにおいて、子どもたちが自分たちで物語の登場人物あるいは作者の心情を実感的に理解していくと同時に、その理解の行為を反省的に捉える視点を持ちつつある姿が見られた。それは、これまで本庄教諭が授業において、子どもたちのノリの共有によって言葉の身体的な「型」を喚起するような授業運営を行って来たことの集大成であると解釈できる。論じる手順は、まず、物語を理解することはその物語の登場人物や話主に同化することであることを論じ（[2]）、続いて事例とその事例において子どもたちが古文を実感的に理解していること、また、そのような実感的に理解する行為を反省的に捉える視点を示し（[3]）、このような実感的理解と反省的な視点がノリの共有によって可能となっていることを論じたい（[4]）。最後に小川が本庄教諭の教育実践におけるパフォーマンスの意味について総括する（[5]）。以下、この手順で論じる。

2　物語理解とは何か

　尼ヶ崎彬は，文学作品を理解するとは，作者の描く登場人物の心情を「不安」とか「淋しい」というような「適当な言葉で整理することではなく」，その登場人物に「なる」ことによってその視点に立ち，それによって「その心情を実感することである」（傍点引用者），と言っている[2]。また，宮崎清孝も同様に，物語の意味理解とは，物語の登場人物や，登場人物としては出てこない話主に「なる」ことである，と主張する。物語の読み手は，登場人物や話主に同化することによってその心情を共有したり，その視点に立つことによって，そこから情景を把握していくのである[3]。

　登場人物や話主に同化すること，すなわち登場人物や話主に「なる」ことを可能にするのは，身体の働きによってである。例えば，市川浩は，物語の意味理解は，読み手が登場人物や話主に同型的に同調することによってそれらに同一化したり，登場人物の相手役に応答的に同調することによって，登場人物や話主の語りに感応的に同調することなのだと論じている[4]。尼ヶ崎も，登場人物の視点に立つことは，「頭でわかるのではなく，身体でわかる」ことだと言って，身体的な方略の有効性をあげ，例として身体的な「型」をなぞること（例，歌舞伎など）等をあげている[5]。ここに言われる「身体的な『型』」とは，単に身体の動きのパターンのことではない。その動きのパターンはその動きのパターンの起こる状況や内面的な心情や身体感覚と未分化であるので，それらを含めた全体のことである。すなわち，身体的な「型」とは，身体を取り巻く状況全体とそこに置かれた身体という関係のことであり，言葉の意味の理解とは，このような身体的な「型」を喚起することである。例えば，「椅子」という言葉の意味が分かるということは，単に椅子の視覚的形象が思い浮かぶということではなく，身体的な「型」すなわち腰掛けるという身体の動きのパターンとそれと未分化な身体的感覚（脱力感など）や心情（居心地のよさ安堵感など）を喚起することである[6]。従って，物語の登場人物や話主の心情や情景を理解

することとは，登場人物や話主の語る言葉を読む時に身体的な「型」を喚起させることだと言えるだろう。

このような身体的な「型」の喚起は，私たちの日常生活における言語使用において常に起こりうるとは限らない。というのは，言葉の定義は，身体的な「型」を捨象して抽象したものであり，それによって言葉を身体的「型」を伴わないままに操作することが可能となるからである（演繹的推論はその例である）。例えば，物の名前はそれをどのように用いるかを全く知らなくても覚えることができるのであり，身体的な「型」を伴わずに言語ラベルと物を結びつけることも可能なのである（このような場合の言葉の意味を，尼ヶ崎は「制度的意味」と呼んでいる）[7]。知らない言葉の意味を辞書を引きながら把握して文章を読む際に，文章理解は身体的な「型」を喚起せずに「制度的意味」の把握に留まりやすいということである。それゆえ，学校における国語の授業においては，教材の文章の理解が「制度的意味」の把握に留まる危険性は非常に高い。

以上のことは，古典文学の場合も同様と考える。すなわち，古典文学の物語や随筆を理解することは，その登場人物や話主と同一化することによって，その視点に立ち，その心情や情景を実感的に理解することであり，それは「頭でわかる」ことではなく，「身体でわかる」ことであると考える。しかし，古文を理解する場合，知らない古語を辞書で調べてその意味を把握することは避けられず，そうだとすれば，古典文学を教材とする授業においては，子どもたちがその「制度的意味」の把握に留まる危険性も，現代文を教材とする場合以上に高いと言わざるをえない。

しかし，古典文学を教材としながら，子どもたちの物語理解が「制度的意味」の把握に留まらず，身体的な「型」を喚起させ，登場人物や話主と同一化し，その視点に立つことによって古典文学を実感的に理解していると思われる実践がある。本庄冨美子教諭の実践である。しかも，その授業実践においては，子どもたちが自分たちの生活や行為を反省的に捉える視点を生み出しつつあるのである。次にその事例を示したい。

3 子どもたちが古典教材を「身体でわかる」ようになっていると思われる事例

　次に示す事例は，本庄教諭が担当する6年生クラスの3学期の国語の授業場面である。この授業は，「古典の楽しさを味わおう」という単元で古典文学を教材とし，「日本の言の葉」と題して全10回の授業として展開され，そのねらいは，「古典の文章を音読し言葉のひびきやリズムを味わうことができる。文章の大体の内容がわかり，それぞれの時代の人々のものの見方や感じ方が現代にもつながっていることに気づくことができる」ことであり，古文の言葉の響きを感じたり，今と昔の日常生活の違いや共通点を考えることから始まり（第1回と第2回），4つの古典文学（〈竹取物語〉，〈枕草子〉，〈平家物語〉，狂言〈附子〉）のどれかひとつを選んで4つのグループに分かれ，物語について調べたり，様々な現代語訳を参照したり，言葉の意味を辞書で調べ，自分たちで朗読の台本を作り（第3回〜第9回），朗読劇として（他のクラスの子どもたちの前で）発表する[8]（第10回），というものである。物語（古文）のどの部分をどのように発表するか，古文の朗読をどのように始めるか（物語の紹介等の仕方），現代語訳はどのような訳文を用いるか等は，すべて子どもたちに任せられている。特に現代語訳については，数冊の訳を参照し，一文一文についてどの訳文が良いかを選択し，また，辞書を引きながら部分的に自分たちの言葉で修正しながら現代語訳を作成している。また発表に際して，本庄教諭は子どもたちに「どうしたら（朗読が，聞いている）人の心に響くのか」というテーマを課しており，子どもたちは物語について調べたことをもとに，どのようなパフォーマンスを行うのがよいか，ということや，「人の心に響く」ためにはどうするか，ということを考え，グループで話し合いつつ台本を作成している。

　事例として取り上げるのは，全10回のうちの第7回目の授業場面である。この授業は，「4つの教材の台本のつなぎを考える（朗読パフォーマンスを披露する際に，物語と物語をどのように繋いだらよいかを考える）」というテー

マで行われ，4つのグループが初めてクラスの皆の前で朗読パフォーマンスを披露する場面で，クラス全員での通し練習の1回目である。ちなみにこの後，週末を挟む4日後にグループごとの活動の時間が設けられ（1時間），その翌日（つまり事例から週末を挟んだ5日後）に第8回目の授業が行われた。第8回目はクラス全員による通し練習の2回目であり，「朗読に音楽を入れる」というテーマで行われている。

　第7回目の授業場面全てを取り上げるのは紙幅の都合もあり困難なので，クラスの朗読劇全体の開始の言葉（以下「開始の言葉」）と〈枕草子〉の朗読を中心に取り上げることにしたい。このふたつの場面は，子どもたちが登場人物や話主と同一化し，その心情や情景を実感的に理解し，すなわち「身体でわかる」と同時に，自分たちの見方や考え方等を反省的に捉える視点を持ちつつあることが顕著に見られると思われるからである。

【事　例】　古典朗読劇の全体練習1回目の概要

[場面A]　授業開始
　子どもたちは前日に本庄教諭から，4つのパフォーマンスを皆の前で発表しあうこと，その際に，それぞれどのように次のパフォーマンスに繋いでいくとよいか，という観点から，それぞれの発表の始め方と終わり方を考えてくるとよい，という助言を受けており[9]，女子グループ（〈竹取物語〉，〈枕草子〉）は，すでに話し合っていた。本庄教諭は授業の初めにそのことに触れながら，「この時間にぱっとできるかどうかは分かりません。想像しながらしていることだからね」と言って，「で，今からずーっとこう，流してみたいと思うんです。で，その前に，私たちは，こんな風につなげてみたいと思う，というような考えだけ，ちょっと言うといてくれるかな。私たちは，こことここのつなぎをこのように考えましたっていうふうに」と，つなぎの部分の案についてどのように各グループが進めているかを尋ねる。M子が考えている文章を読むのかどうかを尋ねると，本庄教諭はどうしたらよいかを皆に訊き「読んでみる？」と言う。皆が少しざわつき，朗読全体の開始の言

葉を言うY子と〈竹取物語〉の最後の言葉を言うM子が挙手をすると，本庄教諭は「どっちからでもええ。『私の考えたことは，，，』って」と言うと，Y子が，自分が初めの言葉を言った後に次に朗読される物語名を言うので，どのグループもそのようにしてはどうか，という意見を述べ，〈竹取物語〉の最後の朗読を行うM子が「次の物語にいくとき時代が進んでいるので，その時代の名前を出して，誰が書いたどんな話かと言うのを少しだけ入れて，次のところを語ってもらうように紹介しています」と，〈竹取物語〉の朗読の最後の言葉がどのようになっているかを説明する。そのとき，チャイムが鳴り，チャイムが鳴った後再開し，本庄教諭は教室の後ろの椅子に座り，自分たちで始めるように言う。

[場面❷] 朗読劇の「開始の言葉」
　Y子が前に出て，「日本の言の葉（第❶文）。今も昔も，この世に生まれた時が違っても，人は日常生活を同じように繰り返し，泣いたり，笑ったりしながら生きていたと思われます（第❷文）。今日は，千年の昔に，タイムスリップして頂きましょう（第❸文）」と台本を読み始める。座っている子どもたちは，しーんと静かに聞いている。「昔の言葉は，リズムや，，，言葉の響きに，味わいや，美しさがあります（第❹文）。その言葉を味わうことで，昔の人の，，，モノの見方や，感じ方に触れてみたいと思います（第❺文）。また，忙しさのため，，，に，忘れそうになる自然の変化や，ありふれた日常の出来事に，目を向ける，，，と，，そこにこそ，幸せが隠れているのでは，ないでしょうか（第❻文）。季節の変化は，私たちの心を和ませたり，悩ませたり，いろいろな，な（間があく），，，，，黙って演じています（第❼文）。今，大変寒いのですが，，，，この，寒さが，春を待ちわびる心へと，連なるように，日々学校で繰り返される日常のありふれた毎日に，そっと心を留め，大切にしたいと，，，う，，，いう，思いを，こめて，語ったり，演じたり，したいと，思います（第❽文）。どうぞお聞きください」と，やや途切れ途切れに台本を読み終わり，席の方に戻りながら，最初の発表を行う〈竹取物語〉のグループの子どもたちの方に合図を送るように目線を送る。
　〈竹取物語〉のグループのA子たち10人は，ちょっと顔を見合わせてい

たが，すぐに一緒に席を立ち，準備を始める。
　本庄教諭は，子どもたちの様子を黙って見ていたが，「Y子さんは，この文章を書くのに，4回（と言ってY子に訊く）？（Y子が4，5回と答える）4回，書き直したんだって。いらん言葉を省きながら言ったんね？,,,ちょっとね。つながらん所もあったけど，その頑張りだけを伝えておきたいと思って（と笑いながら）。（口調を変えて）はい。準備OK?（と〈竹取物語〉の子どもたちに訊く）」

[場面❸]　〈竹取物語〉の朗読
　〈竹取物語〉担当のA子たち10人が黒板を背にして横一列に並ぶと，それまで少しざわついていた子どもたちが静かになる。A子が〈竹取物語〉の朗読の導入部分の台本を読み始める。「これより語りますのは，千年以上前のお話でございます。誰が作ったかも分からないお話,,,,」この間，他のメンバーは，観客（座って聞いている子どもたち）の方を向いている子どももいるが，顔を下に向けて台本を見ている子どももいる。「このお話は，美しくも不思議な姫君の物語でございます。京の都は，華やかな所でございます」。こうして，A子が〈竹取物語〉の紹介を台本を見ながら行い，続いてH男たちが台本を見ながら古文を2〜3文ずつ読み始める（全員台本を読む）。H男「今は昔,竹取の翁といふ者ありけり。野山にまじりて竹を取りつつ,,,」。数文ずつ順番に読んでいき，「世界の男，あてなるもいやしきも，いかでこのかぐや姫を，得てしがな，見てしがなと，音に聞き，めでて惑ふ」のところまで読むと，それに続いてB子が「これは昔の言い方の語りです。では，今の言い方で，もう一度語りましょう」と言って，読んだ原文に対応する現代語訳を台本を見ながら読み始める。この間座っている子どもたちは，朗読について何か感想めいたことをささやくこともあるが，全体的にとても静かに聞いている。H子「今となっては，昔のことです。竹取のおじいさんがいました,,,,」。最後の文の現代語訳（「こうしてやってきた男は，これまた誰も彼もが，かぐや姫の美しさに震えるほど感動しました」）に続けて，M子が台本を見ながら「この後，かぐや姫は月へ帰って行ったのです。もう少し時代が進み，平安時代となりました。その時代に清少納言が，〈枕草子〉と

いう物語を作りました。次は,〈枕草子〉を語ってもらいましょう」と言って,〈竹取物語〉の朗読を終わり,子どもたちは席に戻る。

[場面**D**] 〈枕草子〉の朗読

　〈枕草子〉を担当するグループの子どもたちが,前に出て行くと,本庄教諭が「ちょっと先生言っていい？」と言って,全員が立ったまま読むのではなく,朗読をする人だけが立ち,後のメンバーは座っているように言う。

　Ｉ子が「私,清少納言と申します」と,自分たちで考えた〈枕草子〉の紹介文を台本を見ながら少し気取った感じで読み始めると,座っている子どもたちはそれまで喋っていたが,すぐに静かになる。「もちろん,これは本名ではありません。言わば,ペンネームです。私の家は由緒正しく,高貴な家である清原家です❼。なにしろ私の父は,和歌の名人として名高い,あの清原の元輔です。そしてお務めしている御所で頂いているお役目は『少納言』,それに清原家の娘で『少納言』だから,『清少納言』というわけです。言葉の響きが,よろしい❶でしょう（やや自慢げな口調で）。私がお務めしているのは,御門のお住まいである御所です。この美しき京の都の中心にあって,最も美しく尊き所です❼。私がお仕えしているご主人は,中宮の定子様,中宮となれば,なにしろ御門の妻ですから,このお国で最も尊き女性です。私はその定子様に大変お気に入って頂いて❶,いつもお側でお話をさせて頂いております。定子様は私との語らいを何よりも楽しみにして下さっています。いつのことでしたか,御所で高い位についていらっしゃる殿方が,定子様にすばらしい紙を献上なさったのです。紙はなかなかの貴重品です。そこで私は,『定子様,それには枕詞を書き並べてみてはいかがでしょう？素敵なこ,,,素敵な言葉が並んで,きっとその紙も引き立ちますわ』と申し上げると,『それでは,御前の好きなようにお使い』と言って下さったのです❺。こうして,私は,定子様から頂いた紙に,私の様々な考えや思い出等を,思いつくまま,書き留めていくことにしたわけです。私ならではの,他の方ではちょっと思いつかないような発見,私が出会った様々なユニークな体験,そのようなものを記録致しました（鼻高々といった雰囲気で）。では,〈枕草子〉をお楽しみ下さい」

I子の紹介文に続けて、子どもたちが一人ひとり立って〈枕草子〉の朗読を始める。
　K子（台本を持たずに立ち上がる）「春は、あけぼの、やうやう白くなりゆく山ぎは、少し明りて紫だちたる雲の細くたなびきたる」と語ると、続けて、U子がその現代語訳を、台本を見ながら「春は、明け方がよいのです。だんだん、白くなっていく山の近くに接している空が、少し明るくなって、紫がかった雲が細くくすんでいます。その景色がとてもよいのです」と読む（この現代語訳は、〈竹取物語〉と同様に、グループの子どもたちが、皆でいくつかの現代語訳を比較したり、辞書で調べたりしながら作り上げたものである）。こうして、古文と現代語訳の朗読が、台本を見ながら交互に続く❻。
　その後、187段後半（「晦、十月の頃、空うち曇りて、風のいと騒がしく吹きて、黄なる葉どもの、ほろほろとこぼれ落つる、いとあはれなり。」）と232段（「振るものは、雪、あられ、みぞれは　にくけれど、白き雪も混じりてふる、をかし」）を読み、朗読を終わる。
　それに続いて、R子が皆で考えた〈枕草子〉についての説明を書いた台本を読む。「私たちは、今、季節の移ろいを中心に語りました（第❶文）。作者が自らの体験や、興味深く思った出来事、世の中に対する自分の考え等を自分の気持ちを中心に、自由につづっています（第❷文）。それは、生きてるって，，生きるって素晴らしいという気持ちがつらぬかれています（第❸文）。そのことを一言で示すキーワードは『をかし』です（第❹文）。『をかし』とは、ワクワクしたり、スカッと爽快になったり、え？と愉快な驚きを感じたり、すっと思わず笑顔になったりする心地よい感動を示す言葉です（第❺文）。また感動を示すキーワードに『あはれ』があります（第❻文）。『あはれ』とは、じ〜んと涙ぐむような、しみじみした感動を示す言葉です（第❼文）。皆さんもこれを機会に、さらに読んでみると面白いのではないでしょうか（第❽文）。次は〈平家物語〉です」と言って終わり、子どもたちは席に着く。

　この後、〈平家物語〉を担当するM男たちが前に出てきて群読のパフォーマンスを行い、それが終わると狂言を担当するB男たちが前に出て狂言〈附子〉の朗読を行う。

[場面E] 皆で感想を出し合う

　4つのグループの朗読が終わると，本庄教諭は，「良かったと思うところを言ってごらん」と言って，話し合う時間を与え（1分弱），子どもたちは近くの子と口々に話し合う。U子やS子たちが「なんかこう，お腹のとこにず〜んときて凄い感動や」「すごく面白かった」等と言い合っている。本庄教諭が「それじゃ，どう？」と訊くと，10人くらいの子が挙手する。まず指名されたM子が「みんな，声が大きかったと思います。（普段の）発表のときと全然違ったと思います。F子さん」といつものように，自分の発言が終わると挙手をしている他の子どもの名前を言う[10]。F子は「はい。みんな，気持ちを込めて，言っていたと思います。C子さん」，「はい。みんなで聞いていて，先生の前に書いてある目当ての，『どうしたら，人の心に響くのか』という目当てを考えると，みんなの，目当て,,えっとえっと,,やっていたのは響きましたが，もう少し人の心に響きには，その言葉に，ひとつひとつの言葉に気持ちをこめてやったらいいと思うので，もう少し練習したいな，と思いました。O子さん」，「はい。私は，短い時間であそこまで完成させてできたのは，すごかったので，C子さんと同じように，もっと練習したら，もっと練習したら，もっとさっきのよりすごいのかできるんじゃないかと思いました。Y男さん」，「はい。僕は，えっとみんな大きい声を出してそろっていたのが，よかったと思いました。K男さん」，「はい。えーっと，E男さんは，練習のときは，あんまり，よくできないような感じだったんですが，本番になると，結構よくできていたし，あの説明も，あんな短時間で，あんなにすごいできてたんで，すごいと思いました。A男さん」，「はい。えっと，〈竹取物語〉も，〈枕草子〉も，〈平家物語〉も狂言も，えっとそこまで練習していないのに,とてもうまくできていて,感動しました。E男さん」，「はい。えっと，みんな，全然，時間がなくて，2日でここまで，短時間でやるってすごいな，と思いました。それと，んと，それで，こういうふうにして，先生[11]が見てくれている中で堂々とやれたことはすごいと思いました。見にきて下さった先生方ありがとうございます」と言ってお辞儀をすると，参観していた他クラスの教師から拍手が起こり，クラスの子どもたちも皆で拍手する。
　発言が一通り終わると，本庄教諭が自分も皆と同じ感想を持っていること，

次回，もっと「心に響く」朗読をするための方法を述べた発言があったことを指摘して授業を終わる。

4　子どもたちが古典教材を「身体でわか」り，反省的な視点を持っていることが表れているのはどこか

　以上の事例における場面❸（「開始の言葉」）と場面❹（〈枕草子〉の朗読）は，子どもたちが教材を「身体でわか」り，そのことによって，作者の心情等を実感的に理解してパフォーマンスを行っており，また，自分たちの生活や行為を反省的に捉える視点を持ちつつあること表れている。そのことを具体的に述べよう。なお，論じる都合上，場面❹について先に述べ，その後に場面❸について述べることにする。

1　場面❹（〈枕草子〉の導入・朗読・解説）において子どもたちが教材を「身体でわか」っていると思われる言動

　場面❹でまず注目すべきなのは，第一に〈枕草子〉の朗読パフォーマンスには，作者（清少納言）に「なる」行為が見られると同時に，パフォーマンスについての反省的な思考が見られることである。それは，Ⅰ子の読む朗読への導入の言葉と〈枕草子〉の朗読（全体練習の２回目では暗誦）の両方に見られる。そのことを説明しよう。
　Ⅰ子の語る朗読への導入の文章に述べられているのは，子どもたちがいろいろな本で調べた清少納言よりも後の時代の解説書に書かれた内容を取捨選択したものと，その内容をもとに子どもたちが構想した，決して控え目ではない，家柄や自分の才能を自慢する清少納言像（家柄は由緒正しい：下線㋐，名前の言葉の響きがよい：下線㋑，務めている所の自慢：下線㋒，高貴な人に気に入られていることの自慢：下線㋓）である。この表現は，いろいろな解説書の内

容を単に並べているだけではなく，その内容を，出自，身分，職業，執筆に至る経緯（下線❺）の順に整理しており，また，調べた内容をもとに清少納言像を構想し，その像が語る文章としてふさわしい言葉遣い――例えばその身分にふさわしい言葉遣いや，構想された性格（才能を鼻にかける）にふさわしい言葉（「言葉の響きがよろしいでしょう」，「私ならではの」等）――と，身分と性格にふさわしい語り口（「, , と申します」「よろしいでしょう」「お気に入って頂いて」「, , ますわ」等）を生み出して，清少納言の自己紹介を構成しているのである。Ｉ子がやや気取った自慢げな口調や鼻高々な口調で朗読する（点線）のは，それゆえである。Ｉ子は，「現代の清少納言」を演じているのである。

　ここにおいて，Ｉ子は清少納言に「なって」いる。しかし，それだけでなく，その演技パフォーマンスは，清少納言についての解釈によって作られた像をもとに構成されているものである。その意味でＩ子の朗読パフォーマンスは，パフォーマンスに対する反省的な視点を内在し，それによって構成されたものだと言えるだろう。

　このことは，その後の朗読も同様である。事例の授業の５日後（実質的には３日後）に行われた全体練習の２回目では，子どもたちのパフォーマンスは１回目よりも著しく向上していた。上述の事例（１回目）では多くの子どもたちが台本を見ながら朗読している（下線❻）が，２回目はほぼ全員が〈枕草子〉の原文と現代語訳を暗誦し，その語り口調も抑揚がよりつけられ，感じをよりよく表すようなパフォーマンスをしている子どもが見られた。書かれた台本の字を目で追いながら読むのではなく，暗誦し，さらに，その口調により抑揚がつけられ，情感が込められるのは，子どもたちが枕草子の文章を身体化していることの表れである。つまり，子どもたちは〈枕草子〉の文章を，他者の言葉として語るのではなく，自分の言葉として語ろうとしているのであり，言い換えれば，子どもたちは清少納言に「なって」いるのである。また，そのパフォーマンスが２回目の方が向上しており，それが子どもたちがグループ内で話し合い，工夫し，それに基づいて練習したことの成果だとすれば，子どもたちがパフォーマンスに対する反省的な視点を持っていたことになる。

第二に注目すべきは，朗読の後にR子が読む「解説」の文章である。8つの文章からなる「解説」には，子どもたちが〈枕草子〉を読み解く過程で，清少納言に「なって」理解していることが表れている。その表れとして，まず注目すべきなのは，人称である。第❶文は，「わたしたちが」語ったものとして一人称で位置づけているが，それに続く第❷文は「作者が」綴ったものとして三人称で位置づけていることである。つまり，文章を語る者（主語）は，第❶文では「わたしたち」であり，第2文では清少納言なのである。このことは，子どもたちが〈枕草子〉を読み解く際，あるいは朗読する際に，話主である作者と一体化してきたことの表れと解釈できる。先述したように，子どもたちが朗読した現代語訳は，子どもたちが辞書を引きながら，出版されている解説書や数冊の現代語訳を参照しながら，一文一文について検討し，その文について最も適切と思われる現代語訳を選択して作り上げたものである。「春はあけぼの」という文章を書いたのは清少納言だが，その意味を解釈し，現代の清少納言ならどう語るかを，いろいろな訳者の視点を参照しながら考え，全体の語調等について一貫性を持たせるように構成したのは子どもたちであり，言い換えれば，子どもたちは「現代の清少納言」に「なって」文章を考えたのである。

　R子が清少納言に「なって」理解していることを最も端的に示しているのは，「をかし」と「あはれ」という言葉の意味を現代の言葉で説明する第❺文と第❼文である。このふたつの文は，「をかし」と「あはれ」という古語を，子どもたちが「身体でわか」ろうとしていることが表れている。ともすれば，現代の子どもたちにとっては，言わば外国語に近い古語の意味を辞書を引いて理解することは，「制度的意味」（尼ヶ崎）の把握に終始する危険性が非常に高い。言葉はその言葉を持つ文化の中で使用し，それによってコミュニケーションが成立するという経験によって初めて当事者的に理解することが，すなわち「身体でわかる」ことが可能である。それゆえ，そのような機会が稀少である外国語の場合は，「身体でわかる」ことは，その言語を持つ文化圏に行かない場合は困難であることが多い。小学生にとっては，古語もそのような「外国語」に近いものであるがゆえに，古語の意味を説明する際には，辞書に書かれた言葉

を羅列してしまい，当事者的に意味を理解することは困難な場合が多い。

しかし，事例の子どもたちの言葉の理解は，決してそうではない。「をかし」と「あはれ」というふたつの古語の意味を現代の言葉に置き換えて説明する際に，単に辞書的な言葉の羅列に終始せず，オノマトペ（「ワクワク」，「スカッ」，「スッ」，「じーん」）が用いられているのである。喜多荘太郎によれば，オノマトペは「さまざまな情報を命題化せずに」「無主体的な観点から」，現象を『生のままで』とらえ」た言葉であり，「状態または出来事を抽象化せずに，原体験そのものを生き生きと表している」のだという[12]。この論は，先述した言葉の意味理解という視点からは極めて興味深い。なぜなら，オノマトペが，情報を命題化せず，無主体的な観点から現象を「生のままでとらえ」た言葉であるということは，オノマトペは，心情と結びついた身体感覚をそのまま言語化した言葉だということであり，その状況をとらえる主体が主体として状況から完全には分節化されていないことを，つまり極めて当事者的に理解していることを意味しているからである。

オノマトペは，「身体を取り巻く状況全体とそこに置かれた身体という関係」をそのまま言語化した言葉だと言えるだろう。つまり，オノマトペは直截に身体的な「型」を喚起するのである。それゆえ，ある言葉の意味を理解する場合にオノマトペが介されることは，そこにそのオノマトペの身体的な「型」が喚起される可能性が高いということであるし，また，ある言葉の意味を説明する際にオノマトペを用いるとすれば，それは説明する者がその言葉を身体的な「型」によって理解していることの表れである。

そうだとすれば，子どもたちは，「をかし」と「あはれ」というふたつの古語を，単に「制度的意味」で把握しているのではなく（つまり「頭でわかる」のではなく），実感的に「身体でわかって」いるのだと言えるだろう。この意味で，子どもたちは清少納言と同一化して，その心情を当事者的に理解しているのである。「をかし」と「あはれ」が季節の変化に対して用いられていることを清少納言の視点に立って読み解いていった結果，第❸文で語られるように，そこには「生きるって素晴らしいという気持ちが貫かれている」という感想を，

子どもたちが持ったのだということだと思われる。

　このようにR子の「解説」には，普通なら「制度的意味」を把握することに留まり当事者的な実感的理解には至ることの難しい古文の読解において，子どもたちが〈枕草子〉の古文を「身体でわか」り，作者に「なる」ことによって実感的に理解してきたことが表れている。

　R子たちは，清少納言の文章を読み解くうちに，清少納言に「なって」読んできたばかりではない。自分の書く文章に対する反省的視点も持っている。そもそも「解説する」ということは，その対象を分析的に考察し，それを反省的に文として構成することによって可能となる。それゆえ，〈枕草子〉の文章に表れている作者の心情とそれを表すキーワードを抜き出すことは，R子が〈枕草子〉を分析的に読み，それを反省的に考察して文章を構成することによってこそ可能となることである。

2　場面❸（「開始の言葉」）において子どもたちが教材を「身体でわか」っていると思われる言動

　子どもたちが作者に「なる」ことを通して古典教材を理解していること，さらに自分たちの行為に対する反省的視点を持っていることは，場面❸の「全体の開始の言葉」を語るY子の場合も同様である。〈枕草子〉のメンバーのひとりであるY子の言葉は，〈枕草子〉の古文を実感的に理解し，R子の「解説」と同様に清少納言の視点を共有している。しかし，それだけでなく，その視点から現代の自分たちの生活を捉え直して，それを批評する視点も持っている。そのことを具体的に説明しよう。

　Y子の語る第❶文～第❽文の8つの文のうち，第❷文，第❹文，第❺文，第❻文，第❼文，第❽文は，今と昔の共通点と相違点について語っている文である。第❷文は，生活の中で喜怒哀楽を感じそれを表現することが今も昔も同じであるという共通点を，また第❹文は，昔の言葉と今の言葉のシニフィアンの違い（昔の言葉はリズムや言葉の響きに美しさがある）を，第❺文は，言葉

の違いが価値観や文化の違いと関係していることを述べている。Y子が，昔の言葉を味わうことが昔の人の見方や感じ方に触れることになる，と捉えているのは，昔と今の言葉の違いと物の見方や感じ方が違うことを前提としているのであり，それと同時にこの文は，言葉の違いは事象の切り取り方の違いであり，昔の言葉を味わうことによって昔の人の「切り取り方」に近づいてみたいという，言い換えれば，昔の言葉を当事者的に理解したいという希望を述べているのである。

特に注目すべきなのは，第❻文，第❼文，第❽文である。この３つの文は，清少納言と一体化した視点から今の生活を捉え直すことによって，昔と今の違いに気づき，今の自分たちの見方や感じ方を批評している文であり[13]，自分たちの見方を反省的に捉える視点を持っているからである。

まず，第❻文の後半部分（「そこ（自然の変化や日常の出来事）にこそ幸せが隠れている」）は，場面❹のR子による「解説」の第❸文（「それ（作者の文章）には，「生きるって素晴らしい」という気持ちが貫かれています」）と通底しており，この文はY子が清少納言の「気持ち」に共感していることが表れている。しかし，第❻文全体からは，普段の自分たちの生活のままでは容易に「共感」はできない，とY子が考えていることが分かる。というのは，前半部分（「忙しさのために，忘れそうになる自然の変化や，ありふれた日常の出来事に，目を向けると」）で，現代の日常生活において自然の変化や日常の出来事には，「忙しさのために」，あるいはそれが「ありふれ」ているためにあまり注意が払われていないこと，そして，「そこにこそ幸せが隠れている」と気づくことができるのは，それらに「目を向ける」ことによってこそであることが述べられているからである。

つまり第❻文は，清少納言のように，日常生活に幸せを見出すことができるような「見方」や「感じ方」をするには，今の自分たちの「物の見方」（目の向け方）を変えることによってこそ可能となるのだ，と言っているのである。ここには，清少納言の視点に共感すると同時に，それを現代の自分たちの見方や感じ方と比較し，両者の違いを捉えて，現代の自分たちの見方や感じ方を反

省的に捉える視点がある。その視点を実行に移し，自身の「見方」や「感じ方」を清少納言のような「見方」や「感じ方」に自覚的に変えようとすることを述べているのが，第❼文（「季節の変化は，私たちの心を和ませたり，悩ませたり，いろいろ黙って演じています」）と第❽文（「今，大変寒いのですが，この寒さが，春を待ちわびる心へと，連なるように，日々学校で繰り返される日常のありふれた毎日に，そっと心を留め，大切にしたいという，思いを，こめて，語ったり，演じたり，したいと思います」）である。

　第❼文は，清少納言の視点をY子が共有することによって自分のそれまでの「見方」を変え，季節の変化を新たな「見方」から捉えたことを述べている。「黙って演じている」という言い方は，季節の変化を受け止める側がそれに注意を払わなければ気づかないことを表しており，自分たちの「見方」の重要性を述べているのである。そして第❽文は，その新たな「見方」で今の時季を捉えたいという意志の表明である。

　以上のように，Y子の「開始の言葉」には，清少納言の古文を実感的に理解し，その視点と一体化しながらも，それに留まらず，さらにそこから昔と今の物の見方や感じ方を比較し，現代の自分たちの見方や感じ方を反省的に捉える視点が含まれている。

5　本庄クラスの子どもたちが古典教材を「身体でわか」り，反省的視点を持ちうるのはなぜか

　事例の子どもたちが，一般には当事者的で実感的な理解に到達するのは困難な教材である古典教材を，実感的に「身体でわか」り，作者の視点を共有し，さらに自身の見方や感じ方を反省的に捉える視点を持つまでに至ることができるのはなぜか。

　それは，本庄教諭のそれまでの授業実践によるものである。ここで，その実践の特色としてあげたいのは，第一に，本庄教諭の授業が，言葉の意味を「身体でわかる」ことを目指していること，第二に，そのような授業実践が，ノリ

の共有によって進められていることである。具体的に説明しよう。

　一般に、国語の授業において、見慣れない言葉が出てきたときに辞書を引いて調べて意味を把握することはよく行われるが、その場合、辞書による言葉の定義を説明するだけでは、「制度的意味」の把握に留まる危険性が高い。それに対して、本庄教諭の授業においては、辞書に書かれた言葉の定義「制度的意味」を、誰かが読むだけで終わるのではなく、身体で実感的にわかるような活動を行うことが多い。

　例えば、「何処かに」という言葉が出てくると、「『何処か』ってどういう所？」と本庄教諭が子どもたちに尋ね、子どもたちは辞書を引く。そして「はっきりと指示できないところ」という辞書に書いてある言葉の定義「制度的意味」を誰かが読むと、さらに「それはどういうこと？」と本庄教諭が尋ね、指示できる場所の言い方を尋ねて、「ここ」「そこ」「あそこ」という言葉が子どもたちから出てくると同時に、それらをどのように指示するかを実際にやってみるように言うのである（第２節・第３節の事例を参照）。つまり、本庄教諭は子どもたちに身体的な「型」を顕在化させるのである。

　この過程において、誰かが自分の席でその身振りをやってみたり、指名された子どもが身振りを皆の前でやってみせたりするのだが、その発言を聞いている子どもたちも発言している子どもの身振りを見ながら同じような身振りをやってみたり、つぶやいたりしており、「ここ」「そこ」「あそこ」と順番に考える過程で、場所を指示する身振りを行う子どもたちは次第に多くなり、室内は活気を帯びてくる。理科のある授業では「空気」という言葉について類似のことが行われ、また別の授業では「伊達」という言葉について行われる、といった具合に、１，２学期の間は、国語以外の教科においても、意味のよくわからない言葉に出会ったときには同様の活動が行われる。

　本庄クラスにおいて３学期に行われる劇活動は、このような授業の延長線上にある。演技とは、登場人物に「なる」こと（情景描写であれば話主に「なる」こと）であり、それはその言葉の身体的な「型」を顕在化させることに他ならない。それゆえ、ある物語の演技パフォーマンスを行うことは、物語を「身体

でわかる」ことなのである。

　例えば,〈ごんぎつね〉の劇練習の授業では,ごんが山で拾った栗を「抱える」場面があり,そこでは本庄教諭が「抱える」とはどういう風にすることかを皆に尋ね,ひとりの子ども（ごん役ではない子ども）が実際に「抱える」動作を披露すると,見ている他の子どもたちもその場で「こうじゃない？」「手がこうだよね」などと口々に言いながら銘々がその身振りをその場でやってみている場面があった（このように自分の担当する役でない登場人物の身振りも皆で考えていく場面は,他の場面でも随所に見られた）。本庄教諭の働きかけによって「抱える」という言葉の身体的な「型」が喚起され,それが共有されることによって,子どもたちがこの言葉の意味を実感的に「身体でわかる」ようになっていくのである。そうだとすれば,事例の子どもたちの場合も同様である。

　事例の子どもたちも2学期までの授業や学級活動において,辞書を引いたり,その言葉の身体的な「型」を顕在化させ,それを共有することによって言葉の意味を「身体でわかる」活動を積み重ねてきている。それと同様のことが,事例の古典教材の学習場面でも,子どもたちによって主体的に行われているのだと考えられる。そうすることによって,ともすれば「制度的意味」の把握に留まりがちな古語の意味を,事例の子どもたちは「身体でわか」り,話主（作者）の心情や情景理解が当事者的なものとなり,作者に「なって」〈枕草子〉を理解しているのだと考えられる。

　ここで注目すべきことは,本庄クラスの場合,言葉の意味を「身体でわかる」実践が,教師の「その言葉に伴う身振りをせよ」という言語的指示に子ども一人ひとりが従うという一斉活動によって展開されているのではないことである。例えば,〈ごんぎつね〉の劇の練習場面では,ごんを演じる子どももそうでない子どもも,ほぼクラスの全ての子どもたちがごんの行う動作（「抱える」）を考えることに意欲的で,その身振りをやってみているというような場面がよく見られるが,それはノリの共有によって可能となっていると思われる。このことは,上述の「何処」「ここ」「そこ」「あそこ」という言葉の意味理解の過程も同様であり,指名された子どもが身振りを行うだけでなく,他の子どもた

ちも身振りを行い，それが次第に活気を帯びてくるのは，ノリが共有され，それが次第にノッてくるからである。このように，本庄クラスにおいては，誰かが身振りを行うと，そのノリに他の子どもたちがノル，というノリの共有を通して，ある子どもの身体に喚起される「型」を他の子どもたちも共有し，言葉（例「抱える」）の意味を「身体でわかる」ようになっていくのである。つまり，言葉の意味を「身体でわかる」のは，ノリの共有という集団的な過程なのである（本章第2節参照）。

　そうだとすれば，事例の子どもたちの古文の理解もノリの共有の集積を土台としていると考えるべきである。つまり，事例の子どもたちも，2学期までの本庄教諭の授業で，ノリの共有によって言葉の意味理解を深めてきているのである。子どもたちが，古典教材の朗読劇の授業においてもノリの共有を深めていることは，全体練習の1回目から僅かな時間でパフォーマンスが著しく向上をしていることにも表れているだろう（このことは，場面Eで子どもたちの感想にも表れている。場面E二重下線部分）。子どもたちは，この活動に「ノッている」のである。このようにノリの共有が深められることは，その集団構成員の知的能力や感性の向上という点から言えば，次のふたつの点で極めて重要である。

　そのひとつは，ノリの共有が深められることは，そこから超越する視点を産出する可能性があるということである。大澤真幸は，超越する視点は，集団の構成員のノリの共有が深められることによって集団の内部から生み出される可能性があるという興味深い論を展開しており[14]，私は別稿においてその論を敷衍しながら，幼稚園におけるリレーごっこの遊びでノリの共有が深められる過程でノリ生成メンバーの視点が最初のうちは行為に密着していたものが，ある時点でそれを超越し，行為を俯瞰する視点へと変化することを，事例の分析を通して論じた[15]。

　この論をもとに考えるなら，事例のI子のパフォーマンスやR子の「解説」，Y子の「開始の言葉」に自身のパフォーマンスや見方や感じ方に対する反省的な視点が含まれているのは，子どもたちがこれまでの授業の過程でノリの共有

を深めていることによって,そこから超越した視点を生みだしつつあることの表れである可能性があると考えられる。ノリの共有は,単に言葉の意味を「身体でわかる」ことによって作者や登場人物に「なる」ことを可能にするだけでなく,それが十分に深められ集積されることによって,その表現や自身の思考等を対自的に対象化し,それを反省的に捉える視点を持つことをも可能にするということである。このことは極めて重要である。演技パフォーマンスの向上とそれを反省的に捉えて知的に探究することが連続しているということだからである(一般には,パフォーマンスが良くなることと,それを知的に考察することは別の能力と考えられる傾向にある)。

　重要な点のふたつ目は,ノリの共有によって子ども同士の関係が形成されることは,その集団全体の知的能力や感性の向上に繋がる可能性を持つということである。事例の子どもたちのうち,Ｉ子,Ｙ子,Ｒ子は,上述したように,そのパフォーマンスの内容(台本の文章)から反省的視点を持っていることは明らかとなるが,他の子どもたち(例えばＵ子やＳ子たち)も反省的視点を持っているかと言えば,それは事例からはわからない。むしろ,クラスの,あるいはグループの全メンバーが反省的視点を持ち,知的探究を深めているとは考えられない方が普通だろう。

　しかし,このことは,Ｉ子たち３人のみが突出して能力が高く,他の子どもは能力的に劣ったままであるということを決して意味しない。他者との間にノリが共有され,それが深められることは,市川浩が指摘するように,他者の行動を単に理解するだけでなく,「ほとんどその場を私自身の場として生きる」のであり,両者の間に「相互浸透」あるいは「相互融合」をあらわし[16],それゆえ,他者への共感性が深められることになるからである。このことは,その他者との能力差がある場合には次のような現象として表れるだろう。他者が自分より劣る場合は,他者に対して共感しながら援助行動を起こすことになる(この例については別稿[17]参照)。

　実際本庄クラスにおいては,指名されて発言できない子どもに対する援助行動(「こうしたら,分かるやろ?」等と言って指名された子どもの思考を促す

ような言葉をかけたり，発言する内容のヒントを示したりする）が見られることが多い。このような場合とは逆に，他者が自分より優れている場合には，その他者の表現がモデルとなり，それに対する憧れと共感の気持ちを喚起し，モデルへの同一化を望むようになる。

たとえば本庄クラスの場合，劇活動で誰かひとり，あるいは数名の子どもが良い演技をすると「先生，今の，凄くかっこよかったわ。もう一度やって」と観客の子どもたちから嬉しそうな声があがるといったことが多くある。ノリの共有によって関係が深められているがゆえに，見ている子どもたちは演じる子どものパフォーマンスを「私自身の場として生きる」のであり，そうであるがゆえに，クラスの仲間が良い演技をすることが，見ている子どもたちにとっても自分のこととして嬉しいのである。

事例の皆が感想を述べ合う場面 E で，それぞれの発表が大きな声で，練習量の少ない割には上手だったという感想が９人もの子どもたちから次々に出されるのも，同様に考えられる。この発言が単に教師による「良かったと思う所を言ってごらん」という要求に対する表面的なものではないことは，この発言の前に子どもたちが近くの子どもたちと口々に語り合っている内容（「なんかこう，お腹のとこにず～んときて凄い感動や」「すごく面白かった」「みんな凄いわあ」等。場面 E の下線部分参照）から明らかである。それゆえ，Ｕ子やＳ子たちが，たとえ自身のみでは反省的視点による考察力を持ち得なかったとしても，同じグループメンバーであるＩ子やＲ子，Ｙ子たちとの間にノリの共有による関係性が築かれていたとすれば，Ｓ子たちはＩ子たちのパフォーマンスを「自身の場として生きる」のであり，それゆえ，Ｉ子たちの文章に共感し，それと一体化するような感覚を持っているはずである。このことは，Ｓ子たちの知的な能力の向上へとつながるだろう。このように考えるなら，仮にＳ子たちが自分ひとりの能力のみによっては知的探究を深めることが容易ではないとしても，Ｉ子やＲ子たちとノリの共有を土台として学習を進めることによって，Ｓ子たちの知的な探究力は向上していく可能性が高いと考えられる。

（岩田遵子）

6 主体的学習におけるパフォーマンスと意味生成の関連性

　本庄実践の特色を言うならば，パフォーマンスを重視する教育実践ということになろう。教師は教室の中で自分の学級の子どもたちに対してどう振る舞うべきかに自覚的であると同時に，子どもたちに対しても同じパフォーマンスを要求する。それは倫理的規範にのっとったパフォーマンスである。たとえばその中には，人は皆，人として尊重されなければならないとか障碍があろうとなかろうと，子ども一人ひとりが本庄学級の中でひとりの独自の存在としてクラスの一員であることを認められるべきである。こうした本庄教諭の教育理念が学級経営の規範的パフォーマンスとして表現される。この表現がポジティブに表現されるときは，子どもがクラスメートの苦境を助けたり，他者のために役立ったりした時であり，このことを本庄教諭は心情を込め，最大限の比喩を用いて評価する。たとえば「あなたの心は，天井を突き抜けるくらい素晴らしい」。また逆に子どもが他児の能力を低く見て，そのゆえにその児童と関わることを拒否したりしたとき,「あんたの根性はばば色（うんち色）やね」というように。かくて本庄学級では，相互扶助（ケア）することが人として望ましい生き方なのだという信念が，クラス全員の規範的パフォーマンスとして定着する。

　本庄教諭は障碍児に対する上述のような対応を自ら実践すると共に，学級経営の役割（朝の当番活動）をクラスの子どもたちにも進んで分有させる。教師の共感に満ちた評価を浴びた子どもたちは教師のパフォーマンスをモデルとして行動することが，教師だけではなくクラスメートからも共感されることであり，自らの達成感にも通ずることを知るようになり，本庄教諭の学級の一人ひとりがお互いに良き関係を形成するようになる。この関係性を形成する要因は，毎日繰り返す学級活動においてふたり一組で行う当番の役割に対して，クラス全員がこれに応答して反応するという定型的パフォーマンスであり，子ども同士が自分の意見を挙手をして述べようとする時に，相手の名前を指名するといったパターン化されたコミュニケーションが岩田の言うノリを相互に高め

合うことになると考えられる。

　さらに，体育の時間では，子どもたちのグループ活動や，クラス全員による集団活動がしばしば取り上げられる。ひとつはボール回しの活動である。クラス全員が校庭に集結し，縦一列に並び，一人ひとりが股を広げて股の間にできたトンネル状の空間にボールを通して，先頭から最後尾までボールを通すと，最後尾の子どもはそのボールを持って先頭まで走り，そこから繰り返し股の間のトンネルにボールを投げいれる。また時には頭の上に手を拡げてボールを後ろに渡す，これを先頭から末尾まで続ける。普通，この種の活動は運動会などでふたつのチームに分かれてどちらかより速いかを競うという形をとる。しかしこのクラスは違う。クラス全員が一組でやる。参加者一人ひとりがボールの行方に関心をもち，末尾でボールを受け取ると全力で走り何回も何回も繰り返し行う。しかも繰り返しを重ねるたびに全員の掛け声が高まるまで続けられる。ボールは時々股の間からすり抜けることも起きる。そんな時，当事者の子どもは全力でボールを追い，ボール回しの活動をまた始める。これは相手と競うために出来るだけ速く回そうとしているのではないことは確かである。競う相手があってやっているのではないからである。彼らの集団活動の盛り上がりは，ボール回しの循環のリズムを維持し，その繰り返しのノリを楽しんでいるとしか思えないのである（第2章第1節参照）。とすれば，これは祭りのお神輿にも通底する動きではないであろうか。

　また，別の日の体育の時間では体育館で集団の縄跳び活動を観察した。ここでは，縄を回すリズムに合わせて列に並んだ約20人弱の子どもたちが順番に回る縄の中に跳び込んでいく。そこには心地よいリズムが刻まれる。しかし，このクラスには軽度の「自閉傾向」の児童がおり，運動面でも活動のレベルで遅れが見られることは否めなかった。子どもたちはこの縄跳び活動の中にこの児童を加えていた。この児童以外の子どもの場合は，縄跳びのリズムはほとんど乱れることなくスムーズに動きは進行していた。しかし，その児童の番になると，失敗するケースが多い。ところが子どもたちは，その子がうまく跳べるように，縄を回す子も周囲の子どもも気遣いその子が跳べた時には，全員が拍

手をして喜ぶのである。こうして当初は，おずおずとした態度で縄跳びに参加していた姿が，やがて皆と一諸に行動する姿へと変わっていったのである（第1章第2節参照）。

　しかし，こうした学級活動における子どもの変容はパフォーマンスの変容として理解できるとしても，教科の学習とは区別して考えるべきだというのが教育学や教授学の常識ではなかったであろうか。そもそも近代学校の教師が子どもの学習を導く方法論として発展してきた教授学は，ドイツにおいて，教授と訓育の二本の柱の結びつきによって人間形成を考えてきた。しかし現在，学力形成に対する父母や社会の要請は強く，教育内容の種類も量も増加し，その学習活動を秩序正しく遂行するための補完的役割に生徒指導が位置付けられてしまっているのではないか。教育方法学会の研究発表の件数を見ても教科指導に関する発表が多い。基礎教科と言われる国語，算数，理科，社会といった教科は命題を学ぶことが中心であり，パフォーマンスを身につけることとは直接繋がらない，という考え方が一般的な通念であると思われる。

　しかし，本庄教諭の実践はこうした通念を乗り越えるものであると主張したい。その具体的な内容は，上述の学級活動のパフォーマンスの相互関係の形成を通じて，定型的なコミュニケーションの能力を獲得し，その上に劇作りというクラス全員参加のパフォーマンスを通して，子どもたちが教科の学習の面でも，一定の能力を習得して行くことが出来ることが証明されたと言えよう。

　このパフォーマンスを通して，子どもたちのパフォーマンスのレベルが実質3日間（土日を含んで5日間）という極めて短い期間であるにもかかわらず，向上したのである。これはクラスの学級活動をクラス全員がそれぞれ分担して共有することで，定型的コミュニケーションのパフォーマンス力を身につけたことと，その上に国語の教科内容に当たる日本の古典文学を，朗読劇というパフォーマンスに発展させたことによって可能となったのだと考えられる。

　しかもこの行為は子どもたち各グループの共同作業であり，クラス全員の活動として展開される。上述のように，このパフォーマンスは各グループが，クラス全員の前で演ずるという形をとる。各グループのパフォーマンスがクラス

メートたちに「観られる」という構造では，相互に「観る⇄観られる」関係の形成がなされ，パフォーマンス終了後，鑑賞した側からの感想やアドバイスがなされる。この体験は，パフォーマンスの過程では岩田が言うようにノリを共有し，パフォーマンス後の話し合いでは自分のパフォーマンスを振り返り，省察する鏡像効果を発揮するのではないだろうか。かくて朗読劇のパフォーマンスは子どもたち全員に具体のレベルにおいて情緒的共感を伴なった作品理解を共有出来たと考えることができる。

　さらに，述べるべきもうひとつの点としては，岩田が分析しているように，〈枕草子〉や狂言〈附子〉などのパフォーマンスの仕方や演出の構成に窺われる子どもたちの古典文学作品や，その文章表現に対する解釈の確かさである。教師が教授したのではなく，子どもたち自身がグループの話し合いの中で選び出したとしても，参考資料などの紹介など教師の援助があったことは確かなことである。とはいえ，グループ内での話し合いの過程についてのデータを持たないので，優れた作品解釈がグループ内のどのような話し合いから選び出されてきたかは不明である。もしかしたら適切な解釈を提起したのは，クラスでも学力の高い特定の子どもかもしれない。本庄教諭も「子どもの学力レベルの差を急激に無くすことは簡単に出来ることではない」と言っている。しかし，仮に岩田が指摘したような，優れた解釈がひとりの子どもの提案だったとしても，グループ内でその解釈が皆に共通なものとして，評価され，承認されていくということは，グループ内のメンバーの理解力のレベルが高いことを意味している。このことから，本庄クラスの朗読劇のパフォーマンスは当初日常の学級活動を中心とするものであったが，そこから朗読劇のパフォーマンスに発展することで，抽象度の高い古典文学作品や，その文章の理解にまで達することが可能であることを示唆している。つまり，「狂言とは，，，」とか，「いとをかし」の意味とは，といった解説を子ども自身が自分たちで考え，自分たちでそれを語ることは，文学作品や，その文章の意味について一般化したレベルで事柄を捉えようとしているわけであり，この視点は事柄を俯瞰する視点でもある。このような見方を子どもがパフォーマンスを発展させて獲得したことは，パフォーマ

ンスの学習についてこれまで言われてきた教授学上の常識を乗り越えるものであると言える。たとえば，総合的学習において，「学び方学習」を続けることが，必ずしも「本来の学習」を保障しない，と言われてきた[18]。しかし，本庄実践はこの限界を乗り越え，教育内容を理解するという課題をクリアする可能性を示唆している。

　この実践が教えるものは，ひとつにわれわれ教育研究の立ち位置は実践主体の論理を追うべきだということである。教授学の課題もそこにある。二つに，教授と訓育という教授学上の区別は当然視すべきではないということである。教科学習と学級活動は学問的カテゴリーでは教授と訓育として明確に区別され論じられてきた[19]。前者は教材を媒介にしての人間形成であるのに対して，後者は直接的な人間形成作用を意味するとされてきた。そして，その関係を問う議論もあり，それをわれわれの研究課題に言い換えれば，教科内容の意味理解（認識活動）とパフォーマンスの関係性である。そして近年，両者の重要度は前者に置かれてきた。その結果，両者の関係を論ずる議論も減少してきたと言える。それは，人間形成という語が教育学の分野であまり使われなくなったことと無関係ではない[20]。学的妥当性を問うという点からすれば，人間形成という用語は決して安易に使える用語ではないからである。

　しかし，そのことによって，教科指導の短期的成績のみが子どもの発達を問う指標になってしまっている現状はないだろうか。このことは，学校教育において，不登校現象や，いじめを解決不可能な現実としてしまう思考を生むのではないだろうか。

　人間形成という用語が仮に実証性が乏しい概念であったとしても，学校教育がともすれば狭い学力観にとらわれ，子どもの人格を無視した状況に堕ち入りかねない所となっている時には，教育本来の役割を覚醒させる働きを持っている。もちろん，学校のいじめがあり，不登校児がいささかも減少しないという事態の根本的要因は，競争社会そのものの構造にあるという言説を否定できないとしても，だから何をしても無駄だということにはならない。本庄実践の意義は，学級活動において自主的で自治的パフォーマンスを展開する子どもたち

が，学力差を超えて人は優しくし合うもの，助け合うものであるという倫理的規範を本庄教諭のパフォーマンスをモデルとして獲得することを通して，学級共同体を形成し，そこから学級全体でドラマ表現を完成させ，そうしたプロセスを通して意味生成のレベルをも向上させたことである。しかも，このレベルアップは，特定の児童に限ったことではなく，クラス全員が共通に到達したと思われるのである。

この一連の研究が，一教師の事例についてのエスノグラフィー分析であることを考えれば，ここから授業についての一般性を導くことは危険であろう。しかし，授業観や教育実践観について新たな仮説を創成することは可能であろう。それは，学習における表現活動の重要性ということである。一般的に，表現するということは難しいと考えられている。その理由として，優れた芸術家の表現を想定するからである。ここでわれわれが考える表現は，全ての幼児が行うごっこ遊びを例としている。子どもは，幼児期，大人たちの日常生活の様々な諸側面に囲まれ，その中で生かされている。そして大人たちの生き様の影響下にある。子どもたちは自分の志向性によって大人たちの行為群を模倣し，自分たちの遊びの世界として展開する。これが，ごっこ遊びである。ままごと遊びをする幼児は，おかあさん役になったりペット役になったりする時，その役を演ずることが表現である。確かに，この演じ方は無自覚的な部分と，見られているという自覚があるゆえに，表現性が高い部分とをふくんでいる。それゆえ，このごっこ遊びを小川は「『表出－表現』系」[21]と呼んでいる。『遊びの現象学』の著者の西村はごっこ遊びの特色として表現の典型性をあげている。幼児期の子どもの典型的な表現であるということは，誰もが類似した表現が出来るし，またするということである。それは，ごっこの中では子どもの間で同調性が高く，また，同調性を呼ぶということから生まれるといえる。

本庄学級が子どもたちによって自主的に学級経営を展開する時，定型的パフォーマンスによって行われることを指摘したが，これは，子どもたちが儀式的表現手段を手に入れて表現し表現される関係を応答的に楽しんでいることを意味している。ここで獲得された同調や応答によって生み出されたノリは，縄

跳びやボール回しなどの集団的な運動の繰り返しによって増幅され，クラス集団のノリへと発展する。こうしたクラス集団のエートスは，子どもたち全体の「表出－表現」系の発動をスムーズにしているといえる。

　一般に，表現行為は個人の能力に依存すると考えられてきた。芸術家と言われる人たちを考えれば，その通りかもしれない。しかし，こうした表現観が教育活動に表現活動を積極的に位置付けることを困難にしてきた。なぜなら，こうした表現観の場合，結果の良し悪しは直ちに個人の能力に還元され，もし，否定的評価の場合を考えれば，表現への意欲を削がれることも少なくないのである。

　しかし，本庄学級のように，学級活動において，定型的パフォーマンスを自主的に行うことで，子ども一人ひとりが，与えられた役割を自分の言葉と身体行為として，表出することに習熟することで，適時に自己表出することが出来るようになる。何故なら，定型的パフォーマンスの場合，例えば，「質問していいですか」「はい，いいですよ」のように，やりとりが応答的であり，自分の表現がフィードバックされるからである。このような相互関係的パフォーマンスによるノリの高まりによって表現への意欲を育てることが出来るのである。こうした学級や集団による相互的パフォーマンスの創生は表現を中心とした学びを豊かにし，クラス集団を学びの共同体へと発展させる可能性を持っている。

　そして最後に，岩田が事例を分析して明らかにしたように，パフォーマンスによる学びは，子どもたちが古典の朗読というパフォーマンスを通して深い教材解釈をも獲得していることが証明された。総合的な学習の時間が重視されていた時代に，子どもたちの自主的学習は，学び方を学ぶというスローガンを掲げていたが，その学びはものごとを認識する（knowing that）ことには繋がらないという批判が総合的な学習の時間に対する常識的見解であった。しかし，本実践例はこの常識的見解を明らかに覆した。もちろん，岩田の分析からも明らかなように，優れた解釈を展開したのは，朗読グループ全員の話し合いや討議の結果というよりも，特定の児童のすぐれたアイデアがパフォーマンスや解

釈があったからだ，と言えるかもしれない。なぜなら学力面での相違を短期的に均質化することはできないからである。ただ，仮に，そうだったとしても，特定の子の優れた解釈を認識し，その解釈に共感し，その解釈にふさわしい朗読劇を集団のパフォーマンスとして展開したのは，集団のメンバーの一人ひとりであり，その一人ひとりが共通の理解力とノリを共有していたと言えるのである。

(小川博久)

【注】
①岩田遵子「『内的秩序』感覚が形成され，『ルール』の芽生えが見られる保育実践例―M幼稚園のリレー遊びの実践から」小川博久・岩田遵子『子どもの「居場所」を求めて―子ども集団の連帯性と規範形成』ななみ書房　2009　162頁〜178頁
②尼ヶ崎彬「なぞりとなぞらえ」山田奨治編『模倣と創造のダイナミズム』勉誠出版　2004　49頁〜69頁
③宮崎清孝・上野直樹『視点』東京大学出版会　1985　139頁〜156頁
④市川浩『精神としての身体』勁草書房　1975　191頁〜192頁
⑤尼ヶ崎彬　前掲書
⑥尼ヶ崎彬『ことばと身体』勁草書房　2004　147頁〜180頁
⑦同上書
⑧本庄教諭のクラスは，毎年，3学期に演劇的な授業を取り入れ，それを他のクラスの子どもたちの前で発表する（他のクラスが聞きにくる）。
⑨この助言は，「やってきなさい」というような指示命令ではなく，考えておくとよいかもしれない，という程度のものだったということが授業の最後の場面の本庄教諭の言葉から分かる。
⑩前節で述べたように，本庄クラスは，発言の管理権を子どもに委ねる方略をとっている。小川博久・岩田遵子　前掲書　262頁〜302頁
⑪この時間は，筆者ら（小川と岩田）の他に，荒川小学校の教諭2名が参観していた。
⑫喜多荘太郎『ジェスチャー―考えるからだ』金子書房　2002　72頁〜74頁
⑬自然や季節の変化やありふれた日常の出来事が主なテーマとなっているのは，4つの教材の中で〈枕草子〉のみである。
⑭大澤真幸『身体の比較社会学Ⅰ』大修館書店　1990,『身体の比較社会学Ⅱ』1992
⑮小川博久・岩田遵子　前掲書　162頁〜178頁
⑯市川浩『精神としての身体』勁草書房　1975　83頁〜92頁
⑰小川博久・岩田遵子　前掲書　96頁〜97頁
⑱小川博久「総合的学習成立条件としての集団の意義―幼児期の遊びにおける集団形成過程の視点から」『聖徳大学人文学部研究紀要』16号　2005　41頁〜42頁
⑲牛田伸一「『教育的教授』論における学校批判と学校構想に関する研究―「教授学的学校論研究」の「序説」に代えて」協同出版　2010　37頁
⑳小川博久「教育の本義はどうすればとりもどせるか―「人間形成」の目的は今生きているか」『福島県私立幼稚園振興会研究紀要』第19号　23頁〜38頁
㉑小川博久「〈表出―表現〉系の活動を保障する教師の役割は何か」浜野政雄監修，東京芸術大学音楽教育研究室創立30周年記念論文集編集委員会編『音楽教育の研究―理論と実践の統一をめざして』音楽の友社　1999　34頁〜41頁

本節は「主体的学習におけるパフォーマンスと意味生成の関連性―小学校国語科における朗読の実践を中心として」（『東京都市大学共通教育部紀要』第7号　91頁〜110頁）を加筆修正したものである。

第3章
子どもが主導する授業

第1節　学級活動の役割分有に始まる学習主体性の確立
——4年生理科〈水のゆくえ〉が教えてくれるもの——

　本庄教諭の実践では，子ども主導によって授業が展開される。こうした実践を見ると，特に新人教師などはすぐ憧れ，子どもにフリーハンドの自由を与えてしまいがちである。なぜなら子どもたちが積極的に学習に参加する態度を教師は望むからである。そこで教師は子どもにフリーハンドの自由を与えてしまった結果，教室の秩序が崩壊し収拾がつかなくなってしまう例も少なくない。言い換えれば，こうした授業は誰がやってもすぐ可能になるというものではない。本庄実践は，どうすれば子ども主導の授業が可能になるのか，そのためには何をなすべきかを示している。その点については，すでに私と岩田の前著『子どもの「居場所」を求めて』で事例を挙げ述べているので，まずその内容を要約し，さらに新たな事例をとりあげることにしたい。

　前著『子どもの「居場所」を求めて』に掲載された事例は，次の㋐から㋕のように展開する[1]。

- ㋐「教室の状況を子どもたちと整える」では，本庄教諭の教室での振る舞い（パフォーマンス）をモデルにして理科の授業に入れるような行動を子どもたちが取れるように気づかせて行く（例，黒板消しで黒板を拭く）。
- ㋑「本授業のテーマを子どもたちに思い起こさせる」では，今日の単元のテーマを子どもたちに想起させようとする。「水はどこへ行くのか」を子どもに言わせようとする。
- ㋒「テーマ内容を具体的に現前するうちにいろいろな発言が出てくる」
- ㋓「子どもが自発的に行った行為と発言から活発な質疑応答が始まる」では，気体と液体をめぐる辞書の語義をめぐって，子どもたちが挙手し，互いに指名しあって子どもから子どもへと応答が繰り返される。

㋺「Tがテーマに戻す」では,教師が「いい勉強しているね,だけど観客席」と言って質疑応答を聞いてるだけの子どもに呼びかける。すると,M男やS男は「面白い」と言う。そこで教師はテーマに話を戻し,水は液体であるが,それは太陽にあたるとどこへ行くのかを問う。様々な答えを板書する。

㋣「グループごとに実験方法を考える活動に入る」では,実験の課題,予想,材料などを板書する。

　岩田はこの授業展開を分析するに当たって,次の三つの段階に分ける。それは,第一段階「環境構成による学習への構え構成の準備」,第二段階「『集団的自由発話』のノリが活性化する」,第三段階「集権性を教師と子どもが分有する『管理型発話』が生成する」である[2]。

　第一段階では,前の授業から理科の授業へと,心も身体の構えも「切り替えましょう」と本庄教諭が発言しているように,関係的存在である身体のリズムすなわちノリを教師と子どもたちが共同で想起するのである。第二段階では,授業における発言の機会,権利,内容を管理する「教師による管理型発話」を子どもが分有することによって,子どもの「集団的自由発話」になって行くのである。ここにはこうした子どもの発話を肯定的に受け止めるTの存在が大きい。また,子ども同士の発言が復唱されたり,同調されたりすることも,「集団的自由発話」のノリを高めるだけでなく,第三段階の集権性を教師と子どもが分有する「管理型発話」が発生することになる。そこを事例から引用するとこうなる。

> 　B男は立ち上がって「液体が,その表面で気体になること」と辞書を声を出して読む。B男は「気体」の意味も辞書で引いており,「で,気体が,空気のように,決まった形や大きさがないものと書いてありました。」と発言を続ける。Tが「分かった人?」と訊くと,Y男が手を挙げる。「分からん人?」と訊くと,ほとんどの子どもたちが手を挙げる。「なら,分

かるように説明して」と言い，挙手したY男を指名する。Y男が「まず，蒸発を説明する前に，気体について説明します」と発言を始め，気体について説明した後，水蒸気が集まると雲になる」と言って発言を終える。

　Y男の発言が終わると，Tはしばらく黙っていたが，「質問していいからね。手をあげて」と言うと，C男がすぐ手を挙げる。(中略)Y男がC男を指名する。C男「んと，外だったら蒸発しても雲になるんだけど」と言い，風呂だったら上（天井）に水滴が付き，雲にならない，という反論を述べる。すると，Y男が「はい」と挙手をする。C男がY男を指名する。Y男が立ち上がり，「湯気は気体じゃなく，液体なので，水滴になったんだと思います。」と答えて座る。するとC男が「はい，Y男さんに質問」と言いながら挙手し，N男も挙手をする。Y男がN男を指名すると，「言おうと思ったけどC男さんに譲ります」と言って座ったので，C男が「はい」と言って立ち上がり，「湯気は，気体の気なのに，なぜ液体なんですか」と質問する。Yが「はい」と挙手すると，C男が「Y男さん」と指名し，Y男が「それに答えます。湯気というものは，なぜ，気が書いてあるかというと，水蒸気が冷やされてたら湯気に変わるので，気がついていると思います」と発言する。すると，今度は，B男が「ちょっと質問」と挙手をする。Y男がB男を指名すると，「俺もY男さんに質問するんだけれど，湯気は蒸気と書いてあるのに，何で液体なんですか」とB男が質問する。それを聞いて，C男が「そうだ，そうだー」というように拳を数回振り上げる。Y男はちょっと驚いたように，「えっ湯気？」と聞き返し，B男が再び「何で液体なんですか」と繰り返して聞くと，Y男はあわてて教科書の頁をめくる。

　この事例で起こっていることは，次のように分析できる。「集団的自由発話」を子ども同士が共有しながら，教科に関わるキーワードである「気体」の意味を辞書で調べたB男に代わってY男が他児の質問に答える形で話し合いが展開され，教師は子どもたちの質問を奨励し評価することで，「集団的自由発話」

と「管理型発話」の相互媒介を支援しているのである[3]。そしてそれが子どもたち自身で遂行できるようになるのである。この授業のプロセスの分析を通して明らかにされた子ども主導の授業のあり方は，次の音楽の授業－分担奏－の事例や理科の関節の授業の事例にも適用されるものと考えられる。

(小川博久)

【注】
①小川博久・岩田遵子『子どもの「居場所」を求めて』ななみ書房　2009　274頁
②同上書　282頁～298頁
③同上書　293頁～298頁

第2節　役割の分有を介して表現の総合性を獲得する喜び
──学級全員による分担奏を通して──

1　学校の日常生活のノリを土台として分担奏へ

　音楽に対して興味や関心を持ち，音楽を学ぶ意欲を高めることは音楽学習の土台となるものであり，学習指導要領においても指導目標に掲げられている。けれども，集団で行われる授業において，学級の子どもたち全員が教師の提示する学習内容に興味・関心を持ち，意欲を持って学習に臨むようにすることは，容易なことではない。子どもたち一人ひとりがそれぞれ異なる学習の背景を持つ現代社会においては，個々の子どもの興味や関心のありようは，そのままでは異なっているからである。この問題に対して，これまで主に言われてきたのは，子どもたちが興味や関心，意欲を持って取り組めるような学習内容の提示，授業展開の工夫をすること，個の違いに応じた対応を行うこと，である。

　しかし，このような工夫や対策は限界を抱えている。教師が多くの子どもの興味を引くように題材や授業展開を工夫しても，それだけで学級全員の子どもたちが興味・関心を持つことができるわけではないし，個別対応には限界があるからである。

　山崎正和によれば，私たちの行動の動機は意志によるものではなく，主体の外側にあって主体を包みつつ，主体の内側にもあるような「気分」によるものである[1]。山崎の言う「気分」とは，大澤真幸によれば複数の身体間で生じる同調の物象化であり[2]，筆者の言葉で言えば「ノリ」である。そうだとすれば，子ども一人ひとりの興味や関心，意欲を高めるためには，授業を共に受ける学級集団のノリの視点からの支援が必要になるのである。つまり，興味・関心・意欲が高まるような授業が展開されるためには，教材の提示の仕方や活動内容の工夫のみではなく，学級集団形成の問題と切り離すことはできないのであり，

ノリの共有度の高い集団を形成する必要がある，ということである。

しかしながら，学校教育において教師－子ども間あるいは子ども相互間のノリの共有を高めることは容易ではない。なぜなら，別稿[3]で述べたように近代学校教育制度は，教師と子ども，子ども同士のノリの共有を，制度的には排除しているからである。

そのような近代学校教育制度の内にありながら，学級という学習集団がノリの共有によって結びつき，それによって子どもたちの興味・関心・意欲が共有されている授業実践がある。本節では，その実践を紹介し，子どもたち皆が興味・関心・意欲を持って取り組む授業展開は，学級集団のノリの共有度が高いことによって可能となることを示したい。

2 社会的に構成される興味・関心・意欲

1 社会的に構成される動機

現在の学校教育においては，子ども一人ひとりは違う存在であり，それゆえ集団活動は，個々の異なる関心や興味には応じきれないので，個別指導を取り入れるなどの指導方法の工夫が必要だと考えられている。この考え方の前提には，子どもはそれぞれ私的な欲望や意志をもった個別に完結した主体的存在であり，集団とは，そのような自己完結的個人の集合体であるという見方がある。

しかし，前述のように，興味や関心，動機を持つことは，自己完結的な個人の内的な意志によって可能となるのではなく，その人が属する集団のありようと不分離である。成員同士の関係がノリを共有すること（身体的同調）によって築かれ，間主観的な次元が活性化されているような集団であれば，ある成員の心情は，その成員個人に帰属するものに留まらず，個人を超えて集団が共有する心情となるだろう。ブッシュマンの社会では，気分は個人に帰属するものではなく，生活を共にする集団が共有しているものであるのは，彼等の日常の労働作業において同調行動が頻繁に見られることと関係している[4]。私たちの

日常生活において，親しい者の喜びや悲しみが自分の喜びや悲しみのように感じられるのは，親しい者同士の関係がノリの共有によって築かれているからである。逆から言えば，ノリを共有することが少ない者同士の間では，喜びや悲しみを自分のものとして共感することも少ないのである。

　同様に，人間関係がノリの共有によって築かれることによってノリの共有度が高い学級は，題材や活動に対する興味や関心を共有しやすいだろうし，教師と子どもの関係がノリの共有によって築かれていれば，教師が面白そうに提示する題材に，子どもたちも興味を持つだろう。

2　ノリと音楽

　ここで注目すべきことは，人間のあらゆるふるまいに含まれているノリ（山崎の言う「リズム」）[5]が最も明確になるのは，演劇や歌，踊りだということである。坂部恵の示した人のふるまいや音声表現の，〈はなし〉（日常の話し言葉）―〈かたり〉（物語などの語りや演劇のセリフなど）―〈うた〉（歌や詩），〈ふるまい〉（日常の行為）―〈ふり〉（演技などのふり）―〈まい〉（踊り），という連続性[6]は，左から右に行くに従ってノリが明確になる（リズムの顕在化の程度が高くなる）と言ってよい。ノリが明確であるということは，ノリが共有されやすい（ノリ易い）ことでもあるので，ノリの共有が最も顕在的かつ洗練された形で表れるのは，演劇や合唱，合奏，踊りだと言うことができる（なお，ノリの共有のされ方には,他者の動きを同型的になぞるような「同型的な共有」と相手に相補的に応答するような「相補的（応答的あるいは役割的）な共有」がある[7]。誰かが歌う歌の同じ旋律・歌詞を一緒に歌い唱和することやシュプレヒコールはノリが同型的に共有される例であり，これに対して，異なる旋律やリズムを演奏してハーモニーを生み出す合唱や合奏,相手役とのセリフや〈ふり〉のやりとりをする演劇は，ノリを相補的（役割的）あるいは応答的に共有するものである）。演劇や合唱，合奏，踊りなどは，日常会話に比べてリズミカルでありノリが明確であるがゆえに，ノリの共有を喚起しやすいのである。

　このことと上記❶を合わせて考えるなら，唱和や踊りの出現する頻度の高い

集団や社会は，成員同士が心情を共有しやすいということが言えるだろう。実際，ノリの共有度が高いことによって気分が個人のものではなく集団のものとなっているブッシュマン社会においては，唱和や踊りが頻繁に生起する。数人でおしゃべりをしているときに誰かが歌いだすとそれがすぐに唱和され，合唱になったり，しゃべりながら歩いているときに動きがリズミカルになって次第に踊りのようになると，すぐに他の者も踊り出し，踊りの輪ができたりするという[8]。

　このように，身体的なノリの共有という観点から言えば，心情が共有されやすいことと唱和や踊りなどのアンサンブルが生起しやすいことは連続しており，唱和や合奏，踊りによってノリの共有が深められれば，そこにおける人間関係の共感性が深められるということでもある。そうだとすれば，合唱や合奏を行う音楽の授業は，その学級の人間関係が反映されるものとなるはずである。つまり，学級の人間関係がノリの共有によって築かれていれば，子どもたちは合唱や合奏を自発的に好んで行い，歌や楽器演奏において互いのノリが合い，息の合った演奏が展開されるだろう。その一方，学級のノリの共有度が低ければ，子どもたちは互いの音やリズムにノリ合うことが容易ではなく，息の合った合唱や合奏も必ずしも容易ではない可能性が高い。

3　近代学校教育制度とノリ

　ここで問題となるのは，M. フーコーが「一望監視型装置」と呼んだ近代社会システムの一環である近代学校教育制度は，身体的なノリの共有を制度的には剥奪したシステム[9]だということである。そうだとすれば，その制度内における集団がノリの共有度の高い集団となることは，そのままでは困難だと言わざるを得ない。このことは次のふたつのことを帰結するだろう。ひとつは，教師を含めた学級集団がノリを共有することによって，興味や関心，高い意欲を共有することは容易ではない（先述），ということである。ふたつ目は，授業において行われる斉唱や合唱，合奏が，身体的なノリの共有によって行われることは必ずしも保障されてはいない，ということである。合唱や合奏のような，

本来は市川が指摘したようにノリの共有によって結びついて行われるはずのものも，ノリの共有そのものが制度的には剥奪されているシステム内においては，成員のそれぞれが指揮者や教師の合図や指示に個別に従うことの集合態となる危険性は低くはないからである。

しかしながら，ここに，近代学校教育制度の内にありながら，教師と子ども，子ども同士のノリの共有を復権させ，教師を含めた学級集団がノリの共有度の高い集団となり，それによって子どもたちが興味や関心，高い意欲を共有して合奏を展開していると思われる授業実践例がある。次に，その実践例を紹介しよう。

3　子どもたちの関心・意欲が共有されている授業実践例

1　事　例

次に示す実践例は，姫路市立荒川小学校4年生の音楽の授業（〈茶色の小瓶〉の合奏の5時限目）であり，授業者は担任の本庄冨美子教諭である。事例は，この学級の音楽の授業が初めて音楽室で行われ[10]，そこにある多くの楽器に子どもたちがほぼ初めて触れて[11]，同曲の合奏を行った授業の前半の場面である。

【事　例】〈茶色の小瓶〉の合奏を初めて音楽室にある楽器で行う
（Tは本庄教諭）

A　導　入

1月下旬のある日の音楽の授業時。音楽室の後方には太鼓が6台，左側には木琴が6台，左前方にグランドピアノ，右前方にはオルガンやエレクトーンなどのキーボード類，その横にはタンバリンが6，7個箱に入って置かれており，子どもたちは教室の真ん中の空間の床に並んで腰を下ろしている。Tが音楽室にあるそれぞれの楽器に触ったことがあるかどうかを尋ねると，学級の約3分の2の子どもたちが木琴や太鼓，キーボードに触ったことが無い方に挙手をしている❶。Tが，その日の授業ではこれらの楽器を使えるこ

とを説明し，それぞれ担当する楽器の位置に着くように指示する❷と，太鼓，木琴，キーボードを担当する子どもたち（各パート６〜８人ずつ）が，それぞれの楽器の位置へ移動し，タンバリン担当の子どもたちはタンバリンを持って集まり，リコーダー担当の子どもたちはリコーダーをケースから出して集まる。

B 各パートに分かれて自由練習が始まる

　子どもたちは，それぞれの担当楽器の位置につくと，銘々に音を出し始め，自分の担当するパートの練習を始める。Tは木琴パートの所に行き，一人ひとりの側で個人的に指導したり，模範演奏をしてみせたりしている。その一方で，リコーダー担当の８人が音楽室の真ん中で円座になり腰を下ろして銘々に吹いていると，いつの間にか音が合うようになり，８人が同じ旋律を吹くようになる（リコーダーは主旋律を担当している）❸。タンバリンを担当する６人の子どもたちも輪になって音を出すうちに，パート内でリズムが合い始めている❹。そのうちに，リコーダー（パート全員の音が合っている）の旋律にキーボードのパートの旋律が合い始め，続いて，タンバリンのリズムが合い始める❺。しばらくすると，太鼓の叩くリズムも合うようになり，木琴パートがきざむ和音のリズムも合い始めて，いつの間にか学級全員による合奏となる❻（ふざけるなどして楽器を演奏しない逸脱者はいない）❼。曲が終わると，リコーダー担当のK男が太鼓担当のM男を呼び，「一緒に合わせてやろう」と言うと，M男も「おう」と合意して❽，３回繰り返すことを決める。K男が「いっせーのーせ」と言う❾と，リコーダーと太鼓が合わせて演奏を始める❿。その演奏の開始時には他のパートの子どもたちは銘々に音を出して練習していたが，リコーダーと太鼓の演奏が始まるとまもなくキーボードがそれに合い始め，すぐに木琴やタンバリンも合い始めて，再び全員での合奏になり，〈茶色の小瓶〉の旋律が３回繰り返される⓫。

　その合奏が終わると，各パートごとに銘々に音を出し始める。K男が立ち上がり，太鼓の方に向かって数歩近づくとM男もK男の方に近づいてきてふたりで「もう一度，やろう」と合意し，再び３回演奏することになる。さきほどと同様にK男が「いっせーのーせ」と言う⓬と，リコーダーと太鼓が一

緒に演奏を始め，その後すぐに他のパートの音がリコーダーと太鼓の合奏に合い始め，再び学級全体での合奏となる❸。この間，Tは木琴パートのC子たちの側に行って，木琴パートを歌いながら，そのリズムに合わせて（バチと同じ動きで）手を動かしたり，自分でバチを持ち一緒に演奏したりしている❹。

C 一斉活動１：リコーダーとキーボードの演奏を皆で聴く

曲が３回繰り返されて合奏が一段落したところで，Tが「はい，ちょっと座って。その場でええから」と言う❺と，子どもたちはTの方を向いてその場に腰を下ろす。Tは，皆の演奏が良かったことを述べ❻て，初めて触れる楽器もあるために練習が必要かもしれないので，各パートごとに皆の前で演奏し，練習が必要がどうかを検討することを提案する。主旋律担当のリコーダーと他の１パートの組み合わせで，順番に全パートが演奏してみることになる。

Tがキーボードから演奏することを提案し，「K男さん，やれる？いつものように。今のように」とTが言う❼と，それに頷いたK男が「キーボードいきます」と言う❽。すると，キーボート担当のM子たち（キーボードの方を向いたまま＝K男には背を向けたまま）が「はい」と唱和し，リコーダーの子どもたちは先ほどのように円座になって互いの顔が見えるように座り直し❾，K男が「いっせーのーせ」と言う❿と，それに合わせてリコーダーとキーボードが演奏を始める⓫。演奏中，タンバリン担当の子どもたちが，タンバリンは持たずに，タンバリンパートのリズムを身体で取りながら，音が鳴らないように空打ち（あるいは小さな音での手拍子）している。太鼓担当のH男たち（座っている）も，床を小さく叩いてリズムにのっている。木琴担当のC子たちもバチを反対に持ち，床を木琴に見立てるようにして演奏に合わせてバチを動かしている⓬。このようにしてリコーダーとキーボード以外の子どもたち全員がその演奏に合わせて身体でリズムをとるなどしながら聞いている（逸脱者はいない）⓭。

リコーダーとキーボードの演奏が終わるやいなや，Tが言いたい気持ちを抑えられないというような調子で「ちょっと感動したこと言うで！感動した，

先生！」と言い，今度は静かな声で「あのね，そこのタンバリンの人ね，なるだけ迷惑をかけないよう気をつけて，音があまり出ないように気をつけて演奏してましたね,,,」と言う㉔と，Tが言い終わらないうちにS男が「木琴も（同じようにやっていた）！」，S男が「（バチの）反対側で」と言う。Tは頷きながら「木琴も，反対側（バチを反対に持って）で音が出ないようにして，『この音かな？』って，してましたね。それは，素晴らしい。感動です」と言う㉕。

D　一斉活動2：木琴，太鼓，タンバリンの演奏を皆で聴く

　Tは口調を変えて「はい。では次」ときっぱりした調子で言う㉖と，身体の向きを少し変えて，木琴担当の子どもたちに向かって柔らかい声で（皆に聞こえているが，トーンを落として明らかに全員に言うのとは異なる調子で）「不確かなとこ確かめようか。それでそれによって，練習を増やしてあげないといけないかもしれない」と言う㉗。K男が「じゃあ，木琴いきます」と言う㉘と木琴担当のC子たちが「はい」と唱和しながら立ち上がり，準備をする㉙。K男の「準備はいいですか」という問い㉚に，C子たちが「はい」と唱和する㉛と，Tが皆に向かって「聞いてね。聞いてあげてね」と言いながら木琴の側に行き，木琴担当の子どもたちの手許をじっと見ている。「いっせーのーせ」というK男の声㉜に合わせてリコーダーと木琴が演奏を始め㉝，タンバリンの6人は，先ほどと同じように，音が出ないように，空打ちをするようにリズムを取り，太鼓の数人も，手でリズムをとっている㉞（お喋りをしたり，ふざけたりするなどの逸脱者はいない）㉟。

　演奏が終わると，Tが木琴の子どもたちに向かって微笑みながら柔らかい声で「あのー，言う？自分らで,,,どうですか?,,,,練習，練習がいるかどうか」と言うと，H男やC子が「（練習が）いる」と照れたように応える。「シャープがあるんやね。今初めてシャープを弾くからごっつう大変⑫なんやね。ちょっと難しいね㊱。そんとき（黒鍵を叩くとき）になったら,,,,」とTが木琴担当の子どもたちに言い終わらないうちに，K男が「先生！先生！」とTを呼ぶ。K男が「タンバリンとなあ，太鼓がなあ，かぶるから一緒にやるのが,,,,」と言う㊲のを，にっこり微笑みながら頷いていたTが引

き取り，柔らかい声でゆっくりと「一緒にやった方がしよい（し易い）ね。それじゃ，タンバリンさんと，,,」と言いかける㊳。すると今度は，それをＫ男が引き取り<u>「タンバリンさんと太鼓さん，立って下さい」と言う㊴</u>。<u>タンバリンと太鼓担当の子どもたちがそれぞれ立ち上がり，準備をする㊵</u>。Ｔは太鼓の方に向かって「軽く叩いてね，太鼓」と柔らかい調子で言い，太鼓のＢ男たちが頷く。<u>「準備はいいですか」とＫ男が訊く㊶</u>と，<u>太鼓とタンバリン担当の子どもたちが「はい」と唱和する㊷</u>。<u>Ｋ男の「いっせーのせ」という声㊸に合わせてリコーダーとタンバリン，太鼓が演奏を始める㊹</u>。腰を下ろしている木琴担当の子どもたちは，キーボードが演奏したときと同じように木琴パートのリズムに合わせてバチを動かしている<u>（これまでと同様に，逸脱者はいない㊺）</u>。

演奏が終わると，Ｔが「太鼓さん，どうですか？」と太鼓担当の子どもたちに向かって言う。太鼓担当のＢ男やＭ男，Ｄ男たちが「できる」「できる」と満足げに言う。

🇪 再び自由練習が始まり，その後奏法等によって音が異なることに気づかせる一斉活動となる⑬

Ｔは「じゃ，ちょっと，木琴さんが時間がいるので，少し，木琴さんが完成するまで練習していて下さい」と言い，主旋律を弾くリコーダーがいつものように木琴のパート練習につき合うことになり，Ｔは木琴のパート練習につき合う。各パートがそれぞれ練習を始めると，太鼓とリコーダーが🇧の場面と同様に合わせ始め，再び学級全員の合奏になる。その演奏が一段落すると，Ｔがいろいろなバチで楽器を奏して聴かせたり，楽器の叩き方を変えてみせて，奏法やバチによって音が異なることを皆に気づかせる一斉活動に入った。

Ｔのコメント⑭

<u>「こういう風（学級全員での合奏になり，それが繰り返されたこと，また，Ｋ男がリーダーとなって全体をリードしたこと）になるとは，私も予想していませんでした㊻</u>。木琴が初めてなので，木琴パートは練習をさせてあげな

いといけない，と思ったので，やはりパートごとに分かれて座らせたのです。木琴は，いつもの木琴とは違うから，とまどいも大きくて，すぐには（演奏が）できないだろうと思っていました。だから，学級全員での合奏になるとは予想していなかった㊼。

　事例で注目すべきなのは，子どもたちの授業に対する意欲が非常に高く，合奏への興味や関心が学級全員に共有されていることである。それは，子どもたちの次のような姿から窺える。
　第一に，自由練習場面❸において，各自が勝手に練習するのではなく，パート内で音が合ったり（下線❸❹），パート内だけでなく学級全員の音やリズムが合い全員の合奏になったり（下線❺❻），自発的に他のパートとも合わせ（リコーダーと太鼓：下線❽❾❿），それがいつのまにか学級全員の合奏になり，それを繰り返していることである（下線⓫）。注目すべきことに，教師が出した指示は，担当する楽器のある場所の位置につくように，ということでしかなく，それ以上の指示は出していない（下線❷）。しかも，全員が自分の担当する楽器を持つことができたのは事例の授業時が初めてであり，初めて担当する楽器に触る子どもも少なからずいる（下線❶）。このような場合，しばらくの間はその楽器への興味が強く，他者と合わせることよりも，自身で楽器を様々に鳴らしたり，自分のパートの練習をすることに没頭したとしても不思議ではない。本庄教諭も，学級の皆での合奏は，木琴の練習が必要なことから予想していない（下線㊻㊼）。にもかかわらず，子どもたちは，担当する楽器の所に位置して間もなく，教師の指示を介入せずに，全く自発的に互いに音を合わせ始め，木琴を含めた学級の全員での合奏になり，それを繰り返しているのである。
　第二に，一斉活動場面（❸，❹）を主導するのが，教師ではなく，子どもだということである。次に演奏するパートを決め，演奏開始の合図をしているのはＫ男であり（下線⓲⓴㉘㉚㉜㊲㊴㊶㊸），他の子どもたちはＫ男の指示や合

図に従って演奏している（下線⑲㉑㉙㉛㉝㊵㊷㊹）。この場面では，K男が教師役を務めているかのようであり，本庄教諭は，K男の補佐役に廻っている。このように学習活動が子ども主導で進められるということは，子どもたちの学習に対する意欲が非常に高いと解釈できる。

　第三に，以上の活動に，学級全員が参加し，活動から外れる子がいないことである（下線⑦㉟㊺）。これは，合奏に対する関心が学級全員に共有されていると解釈できる。

　このように子どもたちの意欲が高い授業はいかにして可能となるのか。言い換えれば，子どもたちの関心が共有され，意欲が高いことの表れと見られる上記のような姿，すなわち，自由練習場面に自発的に学級全員での合奏を始め，それを繰り返したり，子どもが一斉活動を主導したり，それらの活動から外れる子がいない，というような姿は，どのようにして生み出されるのだろうか。

　結論から言えば，事例の授業においては，子どもたちがノリを共有しているからである。事例の学習活動は，子ども同士および教師と子どもがノリを共同に生成し，そのノリにノリながら新たにノリを生み出す，という形で展開しているのである。そのことを，次に示そう。

２　分析──事例の授業では，どのようにノリが共有されているか

　場面B，C，D（以後「前半部」と称する）は，子ども主導で進められており，K男と子どもたちの応答的なやりとりと，それに続く学級の子どもたちの合奏が繰り返されることによって展開され，本庄教諭は，その進行を補佐的に支えている。その様子は，あたかもK男をバンドリーダーとするバンド（学級全員）が，リーダーの音頭によってバンド全体で合わせたり，パートごとの演奏をバンドメンバー同士で聴き合ったりして練習しているかのようである。バンド全体のアンサンブルというのは，ノリを役割的に共有する（前述）ものであり，バンドリーダーはバンド演奏のノリの共同生成の一員でありつつ，音頭を取って演奏をリードする際にはノリを先導し，バンド全体とはノリを応答的に共有すると言えるだろう。「前半部」の進行は，K男（バンドリーダー。以

下「リーダー」と略する）と学級の子どもたち（バンド全体）による応答的なノリによって進められているのである。

いま仮に，合奏する行為を■，誰かの発話を聞いている行為を□，「いっせーのーせ」という音頭取り（K男が行う。下線❾⓬⓴㉜㊸）を■，次に演奏するパートを支持する言葉（「キーボードいきます」など：下線⓳㉘㊴）や準備を確認する問い（「準備はいいですか」：下線㉚㊶）を■，それに対する学級の応答（「はい」下線㉙㉛㊷）を▨，本庄教諭が，学級の皆が一緒に演奏することや演奏を聴いている子どもたちが演奏に身体的に同調することを肯定する発話（下線⓰㉔㉕）を▦，教師が木琴パートの子どもたちの身になってその心情を代弁する発話を☰として，「前半部」全体を図示すると，図3－1のようになる。

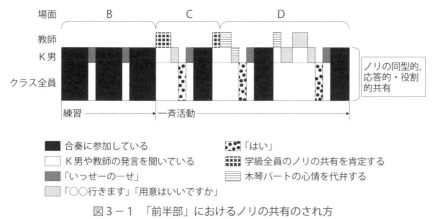

図3－1 「前半部」におけるノリの共有のされ方

これらのうち，K男を含めた学級全員の合奏は，役割的なノリの共有によって展開されるものであり，K男（リーダー）と学級の子どもたち（バンドメンバー。以下「メンバー」）のやりとりも，全て応答的・役割的なノリの共有によって進行している。すなわち，音頭（「いっせーのーせ」）と合奏も，演奏パートの指示や準備確認の問いとそれに対する子どもたちの返答も，ノリの応答的な共有によって展開している。それゆえ，図3－1から明らかとなるのは，「前半部」はK男（リーダー）と学級の子どもたち（メンバー）がノリを応答的に

共有したり，学級全員（バンド全体）が同型的，役割的にノリを共有したりしながら，活動が展開している，ということである。このようなノリの進行する「前半部」に対して，教師は，最初，ノリの内部にいてその生成を支え，一旦，ノリから相対的に外在し，その後，リーダーを補佐するかたちで，ノリの生成に関与するようになっている。このことを以下，詳述する。

場面❸：バンド全体がノリを共有し，本庄教諭が内側から支える

　メンバーが，自分の担当する楽器を手にすると各々が音を出し始めるのだが，いつの間にかバンド全体の合奏になり（下線❸〜❼），メンバー全員がノリを（役割的に）共有し，それがしばらくの間続く。このことは，きわめて興味深い。というのは，ここに見られる現象は，一人ひとりが練習することが，そのまま他者と音やリズムが合ったり合わせたりすることになっている，ということだからである。個人の練習と皆で合わせることとが連続しているのである。

　全員によるノリの共有（■）がしばらく続いた後，リーダー（K男）がメンバーのひとり（M男）と打ち合わせ（下線❽），太鼓とリコーダーに向かって「いっせーのーせ」と音頭を取る（下線❾）と，太鼓とリコーダーはそれに応答的にノッて演奏を始め（下線❿），間もなく全員がノッて，合奏のノリを共同に生成するようになる（下線⓫）。曲が3回繰り返されて合奏が終了すると，再度，リーダーが音頭を取る（下線⓬）。すると，今度は全員が音頭にノッて，共同にノリを生み出す（下線⓭）。

　このように，バンド全体がリーダーの音頭でノリを共同に生成している間，本庄教諭は，木琴パートに入り，各メンバーの横に立って木琴パートのノリを支えたり，ノリを共有したりしている（木琴パートを歌ったり，自らバチを持ってモデル演奏をしたりしている：下線⓮）。

場面❹：リーダーとメンバーが応答的なノリを展開し，本庄教諭はそれを見守る

　二度目の音頭にノッて始まったノリの共同生成が終わると，本庄教諭が，子どもたちにその場に座るように指示し，皆が共同にノリを生成していたことを

肯定的に評価し（下線⓰），次の活動 ── パートごとにノリが（主旋律を担当するリコーダーと共に）上手く生成できているか，チェックしてみること ── を提案し，それまでと同じようにリーダーが音頭を取ってノリを生成するように指示する（下線⓱）。こうして一斉活動が始まる。

　ここで注目すべきことは，一斉活動に入っても，リーダーとバンド全体の応答的なノリという自由練習場面とほぼ同様のノリが維持され，そのノリによって活動が展開されていることである。そのことを説明しよう。

　本庄教諭の発言（下線⓱）を受けて，リーダーがメンバーと行うやりとりは，それまでと同様に，応答的なノリを共同に生成することによって展開する。すなわち，リーダー（K男）が，次に演奏するパートを指示し，準備について確認すると，そのノリに応答的にノルかたちで，キーボード担当のメンバーが応える（「キーボードいきます」－「はい（唱和）」：下線⓲⓳）。この返事が個々ばらばらに発せられるのではなく唱和されているのは，メンバー同士がノリを（同型的に）共有しているからである。つまり，メンバーは相互にノリを共有しつつ，リーダーのノリに応答的にノッているのである。

　このようにリーダーを含めたバンドのメンバー全員がノリを共有しているのは，第一に，このやりとりの直前の自由練習場面でノリを共有しているからであり，その状態が維持されていることの表れである。しかし，それだけではなく，特筆すべき第二の理由がある。それは，リーダーとメンバー間で交わされる，「指示（あるいは問い）[15]－答え」の発話パターンは，この学級の日常の授業において定型化された台詞のようになっており，それゆえ，そのノリはこの学級においては日常的に再生される集合的記憶となっていることである[16]。それゆえ，事例の子どもたちにとって，このノリは「いつものノリ」の再現であり，学級集団内ですでに確立されている応答的なノリが，バンドリーダーとバンドメンバーのノリという様相で表れているにすぎない。つまり，自由練習場面で確立し維持されている応答的なノリに，「いつものノリ」が「合流」して，この場面のリーダーとメンバーのノリの応答が展開されているのである。

　リーダーとメンバーのやりとりに続くリーダーの音頭とメンバーの合奏も，

応答的なノリによって展開している。演奏を指示されたパート（リコーダーとキーボード）が，音頭（下線⓴）に応答的にノルことによって，合奏のノリを生み出す（下線㉑）のである。特に注目すべきことは，その間，それ以外のパートもノリを共有している（聴いている子どもたちも音を出さないように「演奏」している：下線㉒㉓）ことである。つまり，互いの演奏を聴き合う活動としての一斉活動も，その直前の自由練習場面と同様に，バンド全体がノリを共有しているのである。リコーダーとキーボードのみがノリを生成しているように見えるのは，水面上に現れた一つの可聴的な現象面にすぎない。それゆえ，この場面における音頭と演奏を指示されたパートによる演奏の応答的なノリは，リーダーとふたつのパートのみの応答性なのではなく，リーダーとバンド全体の応答性である。さらに注目すべきことに，本庄教諭は，このようなリーダーとバンド全体の応答的なノリによる活動の展開を見守り，ノリの生成自体にはほとんど介入していない。むしろ，その展開を肯定的に評価してさえいる。このことは，事例の一斉活動が，一般の「教授―学習活動」における一斉活動とは本質的に異なることを示している。というのは，一般には，一斉活動場面は，教師の子ども一人ひとりに対する主導性が最も強く発揮される場面であるのに対して，事例の場合は，活動を主導するのが教師ではなく，主導しているのは子どもたちのノリとなっているからである。

　このように見てくると，「前半部」における一斉活動場面は，自由練習場面とは質的な差異がほとんど無いことが分かる。このことは極めて興味深い。一般には，自由な活動場面は子どもたち一人ひとりがそれぞれの欲求に基づいて活動できるのに対して，一斉活動場面は一人ひとりの欲求が抑圧されてしまうのであり，両者は質的に対極にあるものと捉えられているからである。しかし，事例の場合，一斉活動と自由練習とは，便宜的で表面的で区別にすぎないのである。

場面Ⅾ：リーダーとメンバーによるノリの応答的共有に本庄教諭も関与する
　リコーダーとキーボードの演奏の後，リコーダーと木琴，リコーダーと太鼓，

タンバリンの演奏を互いに聴き合う場面が展開されるが，その活動も，リコーダーとキーボードの演奏の際（場面Ⅹ）と同様に，基本的にはリーダーとバンド全体の応答的なノリによって進められている（図3－1）。ただし，図3－1を見ると分かるように，このようなノリの生成に，本庄教諭がリーダーやメンバーとノリを共有しながら，関与している。

　本庄教諭のノリへの関与のありようは，主にふたつのパターンがある。ひとつは，本庄教諭がメンバーの仲間となるもので，メンバーと相談したり，メンバーの心情を代弁したりするものである。このようなメンバーの仲間としての本庄教諭は，メンバーとノリを共有している。いまひとつは，本庄教諭がリーダーの役割を部分的に担うもので，本庄教諭とK男（リーダー）が「ひとつの声で語る」（菅原和孝）[17]様相を呈しながら発話を交替している。このようなリーダーとしての本庄教諭は，K男とノリを共有している。

　キーボードの演奏の後，次の演奏パートを指示しようとした本庄教諭（下線㉖）が，一旦それを中断し，木琴担当のメンバーに次に演奏してみることを提案するときの本庄教諭の身構え（声のトーンや雰囲気：下線㉗）は，木琴の仲間としてのものであり，本庄教諭はメンバーの身構えを共有している（ある種のノリの共有と言うことができる）と言える。さらに付け加えるなら，不確かなところを確かめるという提案を仲間として行うことが可能なのは，練習時に木琴の指導をしているときから木琴担当のメンバーのノリを身体的に感受していた（潜在的なノリの共有だと言える）からだと考えられる。

　この本庄教諭の発話に続くリーダーの発話は，注目すべきである。というのは，リーダーと本庄教諭が「ひとつの声で語る」様相への方向性を持っているからである。リーダーは，本庄教諭が一旦中断した演奏パートの指示の発言を引き取り，本庄教諭に代わって，次に演奏する楽器を指示かつ言明する（「じゃ，木琴いきます」：下線㉘）。このように相手の発話を引き取り，相手の言うことを先取りして相手になり代わる，「ひとつの声で語る」ような発話は，相手の身構えを引き受けることであり，菅原によれば，コミュニケーションダンスのように相手と身体的に同調すること（ノリを共有すること）である[18]。つまり，

リーダーは，本庄教諭の身構えを引き受け，本庄教諭のノリにノッているのである。そして同時に，この指示的言明は，先のキーボードの場合と全く同様に，バンド全体の応答的なノリ（「指示（問い）— 答え」）を喚起している（下線㉙㉚㉛）。

リーダーによって喚起された「指示（問い）— 答え」のノリによって，再びリーダーとメンバーとの応答的なノリによって活動が展開し，そのノリが一段落したとき（木琴とリコーダーの演奏が終わる），本庄教諭は再び，木琴のメンバーの心情を共有している（黒鍵付きの木琴は初めてなので難しい：下線㊱）と思われる発話をしている。これが可能なのは，その発話の前に子どもたちが木琴を演奏しているときから，教師が木琴の子どもたちのノリ（バチをスムーズに動かせないなど）を身体的に感受しているからだと考えられる。

その後にリーダーと本庄教諭の間で交わされる発話は，ふたりが「ひとつの声で語る」様相を呈するものである。リーダーが次に演奏するパートを本庄教諭に提案する（タンバリンと太鼓は一緒に演奏した方がよい：下線㊲）と，本庄教諭はリーダーのノリにノリ，K男の発話の末尾部分を復唱しながら引き取り，リーダーのノリを自分で生成しようとする（「それじゃ，タンバリンさんと，，，，」と指示を出そうとする：下線㊳）。すると，今度は，K男がそのノリにノリ，自分でノリを生成する（本庄教諭の話そうとする言葉を引き取って，本庄教諭の発話の末尾を復唱しつつ，本庄教諭の言おうとすることを先取りして指示を出している：「タンバリンさんと太鼓さん立って下さい」：下線㊴）。

このK男の発話によって，再びリーダーとメンバーの応答的なノリ（「指示（確認）－返答」）が喚起され（下線㊵㊶㊷），リーダーの音頭（下線㊸）によってバンド全体による合奏のノリの共同生成が展開する（下線㊹）。

4 子どもたちの興味・関心・意欲の高い授業はいかにして可能となるか

　以上の分析をもとに考えるなら，事例において，子どもたち全員に関心が共有され，意欲の高さの表れとみなされる姿，すなわち，自由練習場面に自発的に全員での合奏を始め，それを繰り返したり，子どもが一斉活動を主導したり，逸脱者がいない，というような姿が可能となっているのは，本庄学級が，あたかもノリの共有度の高いバンドのような学級集団となっているからだと考える。

　分析に示したように，自由練習場面において，木琴や太鼓，キーボードに触れることがほぼ初めてである（下線❶）にもかかわらず，子どもたちが楽器に対する関心や興味を個別に示すのではなく，学級全体で合わせる活動が練習開始後間もなく出現するのは，一人ひとりの関心や興味，あるいは表現行為が，学級の成員と音やリズムが合うことと連続していることを示している。言い換えれば個人の関心や表現は，学級のノリの共有から離れてあるのではなく，共有されるノリの中にあるのである。

　また，一斉活動と自由練習活動との質的な差異が見られないのは，教師の発言をＫ男が引き取り，Ｋ男の発言を教師が引き取る，というように教師と子どもの発言が「ひとつの声」として発せられることによって，子どもの自主的な活動が成立しているからである。このような姿は，教師と子どもとの関係がノリの共有によって築かれており，両者のノリの共有度が高いことを示すものである。また，一斉活動を子どもが主導することが可能なのは，教師の介入を必要とせずに，Ｋ男と他の子どもたちによって「指示（問い）― 答え」のノリが応答的に共同生成されてゆくからである。このようなノリは，この学級の他の授業で日常的に見られている「いつものノリ」の再現なのであり，言い換えれば，本庄学級は子どもたちが日常的にノリの共有を顕在化させる台詞的な決まり文句をふるまいのルールとして持つことによって，ノリの共有を高めている学級だと言うことができる。

そして，合奏活動に対する興味や関心が学級のほぼ全員に共有され，活動からの逸脱者がいないのは，ノリが学級の子どもたち全員に共有されているからである。

5 おわりに

本節では，集団で行われる一斉授業において，子どもたち皆が興味や関心を持ち，意欲を持って活動に取り組むための授業を展開するには，集団がノリの共有度の高い集団となっていることが必要であることを，本庄教諭の授業実践例をもとに示した。

しかし，先述のように，近代学校における学習集団は，制度的にはノリの共有を剥奪されている。そうだとすれば，近代学校教育制度の内部にありながら，本庄学級のような「ノリの共有度の高い学級はいかにして形成しうるのか」，が問われなければならない。本庄学級も，年度当初の新しい学級編成になったときからノリの共有度が高いわけではない。本庄教諭の近代学校教育制度というシステムを超える試みへのたゆまぬ努力によって，日常の言葉と歌や踊りがノリの共有によって支えられているようなブッシュマン社会に通底するような学級文化の形成が可能となっているのである。本節に示した，教師の子どもたちによって生成されるノリへの関与のありようや日常の授業における台詞的決まり文句等は，その一端と考えられるが，学級文化の形成はそれだけに集約されるべき問題ではなく，「教授－学習活動」と学級活動の連続性の視点から捉えられるべき問題である。

（岩田遵子）

【注】

① 山崎正和『演技する精神』中央公論社　1988　92頁〜150頁
② 大澤真幸『身体の比較社会学Ⅰ』勁草書房　1990　3頁〜90頁
③ 岩田遵子『現代社会における「子ども文化」成立の可能性』風間書房　2007
④ 今村薫「同調行動の諸相―ブッシュマンの日常生活から―」菅原和孝・野村雅一編『叢書身体と文化2　コミュニケーションとしての身体』大修館書店　1996　71頁〜91頁

⑤山崎の言う「リズム」は筆者の言う「ノリ」とほぼ同義と考えてよいと思われる。
⑥坂部恵『かたり』弘文堂　1990　40頁〜51頁
⑦市川浩は，同調には，他者の動きを同型的になぞるような同型的同調と，対話や合奏のように相手に相補的に応答するような相補的（役割的）あるいは応答的同調がある，と言っている。市川の言う「同型的同調」とは本節で言う「ノリの同型的共有」のことであり，「相補的（役割的）あるいは応答的同調」とは，「ノリの相補的（役割的）あるいは応答的共有」のことであると言ってよい。
⑧今村薫　前掲書
⑨岩田遵子　前掲書　88頁〜97頁。なお，ここで論じている近代学校教育制度におけるノリの共有の剥奪というのは，あくまで制度上前提とされていることである。もちろん，現実の具体的な実践には，教師と子どもの関係にノリの共有を復権させようとする試みは，成功しているか否かにかかわらず，見出すことができる。例えば，教室の机の配置をコの字型にして相互の表情や動きがみえるようにするのは，その工夫のひとつである。
⑩この小学校は，学級数（各学年5学級）が多いにも関わらず音楽室が1室しかないために，この学級の音楽の授業時には音楽室を使用出来ることはほとんどない。事例の時限までの〈茶色の小瓶〉の合奏の授業（事例は第5時限目にあたる）は，リコーダーは全員が持っているが，オルガンは1台，木琴は卓上の木琴（黒鍵部分の無い物）が2台，タンバリン2，3個，太鼓は1台借りられることもあるが多くの場合は机を叩く，というような物的環境条件のもとで行うことを余儀なくされ，班ごとに5分〜10分位ずつ交替で楽器を使用し，その際に楽器を使用できない班の子どもたちはリコーダーを吹く（「『リコーダーで応援してね』と言うんです」：本庄教諭談）か，木琴パートの女児は，自分たちで作った「紙木琴」を「演奏」していた（「これにはとても感動した」：本庄教諭談）。
⑪音楽室には，学級全員での合奏が可能となるのに充分な数の楽器があり，授業開始前に本庄教諭は「今日は，この学級の子どもたちに初めて『本物の』楽器を触らせてあげることができるんです」と言っていた。
⑫「茶色の小瓶」の木琴パートにはF♯が出てくるのだが，前回の授業までは，教室で黒鍵の無い卓上木琴を使用していたために，F♯の鍵盤を叩くのはこの授業が初めてであった。なお，卓上木琴使用の際は，黒鍵が無いためにF♯鍵盤の代わりにF鍵盤を叩き，「音が変だ」と皆で言っていたとのことである。
⑬ Ｅ は本節の分析の対象とはなっていないので，記述を簡略化してある。
⑭後日，本庄教諭が筆者との会話の中で語ったことを，筆者がメモして書き起こしたもの。
⑮K男は，事例Ｘの場面では，次に演奏する楽器を指示するだけでなく，その楽器担当の子どもたちに向かって「準備はいいですか」と訊いており，それに対して，そのパートの子どもたちが「はい」と答えている。
⑯本庄学級では，係の子どもが他の皆に向かって「〜〜して下さい」というと他の子どもたちが「はい」と唱和したり，発言しようとする子どもが皆に向かって了解を求めたり（「私が言ってもいいですか」），自分の発言に対する評価を求める（「これでいいですか」）というような問いの発話に対し，学級の皆が「はい」と唱和することが，学級の授業における発話の型として台詞のように定型化されており，それがひとつのふるまいのルールとなっている。
⑰菅原和孝「ひとつの声で語ること―身体とことばの『同時性』をめぐって」
　菅原和孝・野村雅一編『叢書身体と文化2　コミュニケーションとしての身体』
　大修館書店　1996　246頁〜287頁
⑱同上書　273頁〜285頁

　本節は「学級全員が意欲的に取り組む合奏はいかにして可能か――ノリによるコミュニケーションを通して」（『音楽教育実践ジャーナル』vol.6 no.1　日本音楽教育学会編　2008　59頁〜70頁）を加筆修正したものである。

第3節　学級仲間の知性を尊重し学び合う授業
―― 4年生理科〈関節〉の授業を通して ――

1　子どもの主体的役割で授業が問題解決的に展開された事例

　学力テストの実施はクラス集団の学力格差を顕在化させ，学力差による序列化を促す可能性が大きい。さらに放課後の塾通いが普遍化している今日では，平均的水準を対象にする授業は上位水準の児童からも，水準以下の児童からも不満を招きやすく学習意欲を削いでしまう。そのため教師には難題になっているケースが多い。しかし本庄クラスは学級活動において集団的同調的かつ応答的なコミュニケーション関係を作り，当番活動などを通じて自主的学級活動を運営してきた。こうした経験の積み重ねを通して授業の場面でも，子どもたちは積極的に発言する様になった。ここでは成績の良い子が塾通いでより高度な学習をしていることが，教師の授業のやりにくさを生み出すのとは逆に，そうした子どもが本庄教諭に代わって教える役割を受け持つことで，仲間の話をよく聞く体勢を生み出し，教師役をする子どももクラスの前で自分の学びを仲間に伝える機会を得ることで，クラスに役立てたという実感を得ている事例を紹介しよう。

【事　例】　学級仲間の知性を尊重し学び合う授業

（Tは本庄教諭）

[第1局面]　補助教材の黙読と学習主題「関節」についての導入教授と
　　　　　応答とグループ内自由対話
（当番係がTの指示で補助教材を読んでいる。子どもたちは一グループ5人で机を寄せて話し合いの体制で，当番の音読に合わせて夫々教科書の文字を追っている。当番が読み終わると，本庄教諭の学習作業への指示が始まる。）

T　：ありがとう。では，ちょっと前を向きましょう。
T　：この間，昨日，おとといかいな，骸骨を見ましたね。
複数：はい。
T　：で，今，曲げられるところなんと言うのでしたか。
一斉：関節。
T　：(教壇に立って補助教材を提示しながら) 関節と言いますね。この関節がどこにあるだろうということを自分の身体を使いながら，この補助教材がありますね。この骸骨のところに，ここ，ここと，一遍に印を入れてみてくれる。後で説明はしてもらうから。勉強しなくちゃいけないと思って辞典持ってきた人，手を挙げてごらん。──すごいね。まず今，やってみようね。

(8分間位各グループそれぞれ，おしゃべりしたり〈教師から自分の身体を使ってと言われたように〉自分の指の関節をいじったりしながら自習する。先生に質問する子も数名，他グループに話に行ったり，立ち話をしている子もいる。観察者(岩田と小川)を相手に説明する子もいる。)

[第2局面]　「関節」という学習主題は「背骨は関節か」という問いをめぐって展開する

T　：それじゃ，座ってみよう。はい，関節というところは，曲げられる？なんと書いてあった？曲げられるところのことを,,,。
一斉：関節。
T　：関節というふうになって，皆，印をつけてくれたんやね。はい，それで，皆曲げられるとこについているんだけれど，さて，質問が出ました。読んで。Mさんからの質問。言って，Mさん。
M　：僕わからないのは，背骨は関節ですか。
T　：背骨は関節ですか(Mの質問を繰り返している)。
A　：(児童Mの質問に答えて) 関節です。背骨は曲がるから，曲がるということは，関節です。
T　：(自分の背骨と腕の曲がりを指し示しながら) こういう曲がるところ

　　　　の骨と，ここの曲がり方は一緒？
数人：違う（数人の反応）。
T　：ちょっと先生はわからない。

[第3局面]　児童Bがこの局面で出た問いに答えてプロジェクターを見せ
　　　　　ながら説明する。
B　：自分の席から『身体解剖図』という本を抱えて，黒板の前に出て来る
　　　そして言う）ちょっと意見をいってもいいですか。
複数：はい（複数の返事）。
B　：この本によると，この骨の,,,。

(本庄教諭の指示により，話を中断し，窓際のプロジェクターで，本のペー
ジを拡大視するために移動する。児童のひとりがその操作を手伝う。)

H　：（この操作を見ていた子どもたちの中から）もうちょっと大きくした
　　　ほうが,,,。
N　：全然見えない。
T　：皆，見えなかったら，見えるところに来なさい。

(最初立って見ていた子どもたちは，机や椅子をよけて，床座りをしてプロ
ジェクターの近くに集まる。)

B　：皆さん，いいですか。
全員：（ほとんど全員）はい。
B　：（プロジェクターの映像を指差しながら，解説をする）これは，この
　　　部分は椎間関節と書いてあるので,関節と言う部分がついているので,
　　　ここからここまで同じように骨がずらっと並んでいるのがわかります
　　　ね。
多数：はい。
B　：なので，ここが椎間関節と書いてあるので，しかも，同じように，椎

間関節だと思うので，多分，その背骨とかも関節だと思ったんですけど。
T　：Bさん，どう？先生，今の，へええと思って初めて知りました。Bさんの凄さが，また先生，サブイボ出そう。すごいな，あなた。先生も，関節かと聞かれたら，答えられませんでした。
M　：関節やろ。
T　：ほら，やっぱり生き物博士は言うことがちょっと違うね。じゃ，背骨のところは関節になる，これは（腕のところを指して）しっかりこうして曲がるけれど，ここ（背骨を指して）ここもそうなんだ。
T　：Bさんが，関節のところがどうなっているか説明したいそうやから，聞いてくれる？関節のところがどうなっているかなんていうのは4年生の教科書では出てこないんだけれども，どんなになって曲がったり伸びたりするのかと言うのを,,,。❺
（2,3人の子どもが騒ぐ）

A　：先生，またここで遊んでいる。
T　：あなたたちは，やっぱりわかんなかったら説明を少し静かに聞いて欲しいな。せっかくの勉強がガタッと落ちちゃうやろ，ね。はい。
B　：言ってもいいですか。
D　：はい。
B　：さっき映したやつと，その時の同じページにこれが載っていました。関節構造，関節の中はどうなっているのか❼，この図が描いてあったので，これをちょっと説明して見たいと思って映して見ました。これはどの部分を映しているかというと，脚の膝の部分を映して多分表しているんですけど，ここが横にこうなっているのは，多分同じように横に広がっているのがわかりますね。❽
複数：はい。
B　：私が驚きだったのは，骨と筋肉だけじゃなくて，中に液，関節腔と書いてあり，そう言う名前みたいなんですけど，液みたいなものが入っているのがすごいびっくりして,,,。❾

D　：曲がった時な，ここを触ったら，ボコっと空いている。
H　：お皿みたいな,,,。
T　：ほら，ちょっと，曲がった時にぽこっと空いているというから，そこを確かめて。関節腔を。❺
H　：ぽこっと空いている。
B　：言っていいですか。
複数：はい。
B　：例えば，そこがボコっとなっていると言うことは，多分そこを押していて，皮膚がちょっと中に入ってぽこっとなっているのかもしれません。㊁
C　：これ空気が入っているんだったら，骨と骨で,,,。
T　：もうちょっと大きな声で，そんな液が入っていなかったら,,,。❻
C　：テレビで見たんですけれど，ここの間が空いてなくて（関節部を指して），それでこうやると骨と骨がグシャとなんかなって，骨が削れるとか,,,。
D　：曲げたら痛いと思う。
B　：さっきCさんが言ったことで，多分削れるのを防いでいる液だと思います。㊄
T　：それが少なくなったら，どないなる？❼
S　：これは骨を育てるんじゃない。
T　：そうか。
D　：のりみたいなっているんかい。
F　：それが骨を育てていたら，大きくなって，それ無くんかったら（それが無かったら）。

［第4局面］　児童Bの説明を契機に発展した自由対話に教師も参加し，問いを増幅し，その帰結として資料提示による説明と対話を通して，関節の内部構造（軟骨）の働きと身体への影響の学びへ

T　：押しつぶされ，液が少なくなったら，（おもむろに一枚の新聞を黒板に拡げて）教えてあげる。❽座って（と言い，教師の方に集中させる）。

	今日先生持ってきたんや。読むで。先生もこうなるんや，ちょっとなりかけた。読むで。先生,あなたたちの続きでやらせてな。いいかい。
複数	：はい。
T	：(黒板の方を向いて) では，読みます。(教師と一緒に新聞を黒板に掲げている子どもたちに向かって) 誰か読んで。(教師と子どもたち一緒に新聞を音読する)「,,, が出来ない。階段が怖い。歩行が億劫。その辛さ，諦めないで頂きたい。今までの商品で満足してない方に必見」と書いてある。(プロジェクターの近くにいる子どもに新聞を渡し) ここちょっと映してもらおか。ここやで。❶
S	：(映像を見て) すっげえ，これはでか過ぎや。
T	：(プロジェクターに映るのを見て) ちょっと待ってね。止めてくれたら，見て，なんて書いてあるか見て。いいですか，読んで。ここ，読める人，いる。
B	：「関節のすり減りがつらさの原因です」
T	：軟骨が,,, 軟骨が。❷
S	：先生，何か,,,。
T	：今，見たね。狭いの，分かったね。歩けない。本庄先生の先の (年老いてからの) 姿。❸
B	：(プロジェクターの映像を見て調整しながら) この水色のところ，関節軟骨と言うやつ。❹
B	：「なんとか軟骨 (硝子軟骨) で出来ており，骨同士が接触する時の衝撃を緩和する緩衝材の働きをする」❺
T	：(子どもたちがプロジェクターの近くに中腰で集まっているのを見て) 機械に触らないで，ちょっと頭を下げて。
B	：この黒く見えます？ この図と比べてみると，この水色の部分が擦りへっちゃって，当たっているのがわかりますか。❻
多数	：はい。
B	：この液体が，年を取るに連れてだんだんなくなってきて，軟骨が狭くなってきているのかもしれない。❼
B	：狭くなっている。骨を支えきれなくなって,,,。❽

[第5局面] 軟骨についての問いから生まれた多様な対話と関節から生まれた痙攣についての対話に続き，話題錯綜のため，学習過程を整理する

T ：人間の軟骨って聞いたことない？❶
N ：,,, 軟骨。
T ：Oさん。
O ：皆さんも見たことがあると思うんですけど，鳥とかの軟骨で，皆さん，唐揚げとかにして食べたことあると思うんですけど，それと同じで，人間の軟骨も，それと同じだと思います。
D ：はい，質問。
T ：ほら，魚博士の登場や。はい。
D ：魚にも，軟骨魚類という魚の種類がいて，その名前の通りに，全ての骨が軟骨で出来ている魚で，サメやエイなどのことを指します。
T ：ほんと，魚の専門家やもんね。
E ：はい，質問です。
K ：俺，質問ある。
T ：ちょっと待ってね，言う人だけ立って。でないとわかりにくいからね。（教壇の近くに密着して集まり話し合いが盛り上がる）
E ：鳥などの軟骨を食べますね。
多数：はい。
T ：食べたことある人，手を挙げて。（大勢挙手）
K ：俺も軟骨，食べたことある。
B ：鳥の軟骨を食べていたことになるんですか？
K ：そうや。
B ：じゃ，鳥は骨と一緒に食べているんですか？
T ：皆んなに質問した方がいい。先生，答えられんから。（#）
B ：皆んなに聞きます。
K ：はい。
T ：（立って話す子も増え，騒がしくなり）座ってごらん。きちっと注目して，ひとつひとつ確認する勉強したいね。はい。（＊）

F ：僕ずっとこうしているんですけど（顎のしたで手を組みながら，指鳴らしして），これなんかやっていたら，手が太くなるって聞いたんですけど，なんで太くなるんですか？
T ：関節が（太くなる）という意味ね。 ⓙ
K ：それは，これが足よね。こうやってこうしたら，すれて，ここの肉の場所の音が鳴るし,,,。
T ：じゃ，先生，ちょっとその質問には，先生答えられません。博士にちょっと聞くよ。（#）
K ：ずっと鳴らしていたら，ここが勝手に膨らんで,,,
T ：膨らんで,,,,。おそらく,,,,。博士に聞くから。先生答えられません。（#）
B ：恐らく皮膚がそれで痙攣して，膨らんでいるんだと思います。 ⓛ
K ：皮膚が,,,。
S ：痙攣って何ですか。
D ：痙攣は,,,（声が重複し聞き取れず）。
B ：言ってもいいですか。
T ：はい。
B ：私は辞書で「痙攣」と調べました。痙攣とは，筋肉が引きつることを,,,。
T ：何すること？
B ：引きつって膨らむ。
D ：病気の人が，音楽の時間に痙攣して，バタンと倒れた。
S ：痙攣ってなんですか。
K ：言ったやろ。
T ：同じことを聞いた。（子どもたちが机を離れて床座りをして群れていたので，それぞれの机に座り直させるために）じゃ，ちょっともとへ戻すから，座って。ちょっと今言ったことをまとめて言ってみたいと思います。いいでしょうか。 ⓚ
多数：はい。
T ：じゃ，骨の曲げられるところを,,,。
多数：関節。

T ：曲げられるところはたくさんありますね。背骨は関節かというのは，（身振りで示しながら）こう曲がって，関節だとわかったよね。関節の中はどうなっているという難しい勉強教えてくれたんよね。そこに関節が，，，。❶

多数：ある。

T ：鳥の関節，食べたことある？

多数：ある。

T ：その時はどんな感じやった，軟骨。

D ：コリコリしていた。

S ：それやったら，骨食べてる，，，。

T ：骨やね，軟骨やから，骨やね。でも，博士，軟骨と普通の骨とはどう違うんですか？ⓜ

D ：軟骨の方が軟らかくて，普通の骨の方は硬い。

T ：ということね。軟らかいって言うて，ふにゃって軟らかいんじゃなくて，コリっとしたような，，，。ⓝ

H ：それやったら，人間でも軟骨から，，，作れる，，，。

T ：話それてるよ。（少しの間）ということで，関節ということと，そこに軟骨と液が入って，滑らかに動くようになっていたのが，段々年とともに，，，。ⓞ

N ：年をとると，，，。

T ：そうそう。先生，今日ね，この勉強すると思ってね，神様の助けでした。朝新聞を見てたんよ。こうして朝見てたら，ああ，今日の勉強，ここに載っとる，，，と思って持って来たんです。ⓟ

D ：奇跡や。

T ：奇跡です。先生，毎日，神戸新聞見ているわけじゃない。今日，たまたま勉強するところがね，19日金曜日の新聞に出ている。あら，先生これを持って行って，ここの記事を皆んなに提供せなと。M君がいうたように，生き物博士や魚の博士はやはり言うことが違うね。軟骨魚類と言うんですか，エイみたいに軟らかいのね。ⓠ

D ：硬骨魚類というのも，，，。

T ：普通は，魚食べたら硬い骨ができるのはこの辺のやつやね。でも，軟骨は，軟らかいからたべられる。関節って調べたら楽しいね。あらここにこう書いてあるわ（皆本の図鑑を広げて見ている）。 r
T ：Nさん，サメの軟骨なら,,,。ここの健康堂で,,,それを飲むと治るそうな。
S ：そう言う意味か。サメの軟骨を食べると，治るらしい。
S ：サメの軟骨なんて,,,。
T ：はい。関係することを一言言ってもらおうね。ちょっと座って。
G ：魚にも肋骨があったり，背骨も,,,。
T ：ちょっと待って，魚にも，なんて言うた？次の言葉言うて。 s
H ：肋骨，軟骨。
T ：軟骨もある。それから質問。
F ：人間は昔，尻尾が生えてきたんだったら，魚と同じで，昔からこうやって繋がって，尻尾までいっている。ここの肋骨が首から来て，それで尻尾まで,,,。
F ：ああ,,,。

[第6局面] 　授業のまとめと次の学び（関節の範囲と骨の空洞組織と強度の関係）への動機づけの対話へ

T ：それでは，関節について勉強したところを，最後，自分のノートにまとめておきたいこともあるでしょう。まとめて。 t
T ：あ，ちょっと言いたいことあったんや。聞いてくれます？　座ってくれます。自分の席に座って。
H ：この間の理科の時に，指の関節の，骨の関節はどこから始まるのかと言うので，疑問がありましたね。
多数：はい。
H ：家に帰ってお母さんに聞くと一番上のところが第一関節，第二関節，第三関節，と言っていました。なので，第一関節から，一番上から,,,。
T ：なるほど，先生知らなかったから，賢くなりました。はい。O博士。
O ：僕は図鑑で，何で骨は硬いのかって調べました。実は，人間の骨は，

　　　　中身は空洞で,,,その中に空気が入って,空気が骨を硬くするんじゃないかと思いました,,,で,中身が詰まったパイプを,圧力をかけて折ってみたところ,空洞のパイプが一番硬かったと言うことです。
E　：はい,僕はOさんに質問します。骨の中に空洞があると言いましたね。それやったら硬いと言いましたね。なんで硬いんですか。
（チャイム鳴る）

T　：空洞って穴が空いてることやのに,それが硬いというのは噛み合わないよな。わかった。ごめん。今日の疑問,今,Oさんがいったように,骨というものについてのいろんな疑問が,軟骨から骨という疑問に広がりよるから,骨に,今の疑問を解決するために,「ああ,わかった」という人もいるので,次の時間にさまざまな骨について,みんなが調べたことを出し合ってもらうことにしていい？
全員：はい。
T　：それでは,そこまでね。じゃ,号令かけて。
当番：それでは,関節の学習を終わります。

2　授業はどう構成されているか
―各局面における授業の進行と学習主題の展開―

　この授業について考察するには,まず,この授業が如何に構成されているか,その構造を解明する必要がある。この授業例の展開の推移を本庄教諭の子どもへの働きかけとそれに応じた子どもたちの学習活動の特色,そこで問題にされた授業内容三つの視点から,授業展開の特色を見て6つの局面に分類した。
　6つの局面について,それぞれの局面を特色付ける表題をつけて考察する。

[第 1 局面]
- 補助教材の黙読と学習主題「関節」についての導入的教授と応答とグループ内自由対話

　授業は，当番係（ふたり）がこれから学習する関節についての補助教材を音読し，全員がそれを聞きながら自分たちも，教科書を黙読するところから始まる。こうした子どもたちの自主的な学びはグループ学習へと移行する。それは，教師が前回からの授業の学習主題である「関節」について，補助教材を指し示しながら，この学習主題をめぐって話し合い，グループ内で，身体の中で関節の箇所を確認するようにという指示で始まる。ここで教師は各自の辞書持参を確認し，それを評価したうえで，子ども同士の対話と自分で調べることを奨励する。

[第 2 局面]
- 「関節」という学習主題は「背骨は関節」かという問いをめぐる対話として展開する

　この局面での対話から，関節という学習主題が子どもたちに共有されていることは，冒頭の教師が「曲がるところは？」の問いかけに，一斉に「関節」と答えていることから分かる。そして曲がるところが関節であるという認識から，（そうだとすれば）背骨も関節だろうか（曲がり方が違うので）という新たな問題意識が生まれている。これに対し，教師は「ちょっと先生には分からない」と正解を言わない。子どもたち自身で問題解決をさせるという本庄教諭の基本姿勢がここにある。教師があえて「分からない」ということで，子どもたちは（腕や指の関節とは曲がり方の違う背骨は関節か）という未解決課題と向き合うことになる。

[第 3 局面]
- 児童Ｂがこの局面で出た問いに答えてプロジェクターを見せながら説明する

　そしてこの問題を解決する児童Ｂがクラスの課題を背負って『身体解剖図』

を携えて登場する。児童Bはクラスでも成績が良く，塾通いもしているので，この学年ではまだ学ばない知識を，『身体解剖図』をプロジェクターに映しながら解説を始める。此処で児童Bがプロジェクターで背骨の位置を示しながら，椎間関節という関節であることを示したことに対し，教師はプロジェクターの操作の仕方や，視聴する子どもたちが集合する位置を調整したり，裏方を演じながら，学習者のひとりとして，児童Bの説明に最大の賛辞（評価）を送る。それに子どもも共感して「すげえ」という。

ここで教師は，関節が曲がる働きをするのはどうしてかという方向に，子どもの関心を向けるために，まずは関節の組織への問いを児童Bに仕掛ける（❹）。それに答え児童Bは，❶❷❸❹❺において，関節の組織，形態，中にある液に言及していく。これに対し，子どもたちは，児童Bの説明にうなづいたり，自分の言葉に置き換えたりしている。教師は❺の発言では児童Bの関節の組織についての発言を確認しているが，発言❻からは，組織の働きについての問いかけを繰り返す（「それが少なくなったら，どないなる？❹」）。この問いを受けて，「骨と骨がグシャとなんかなって」とか，「曲げたら痛い」と言った反応に対し，次の局面の冒頭の教師のこれまでの問いの証拠となる資料提示をする。

[第4局面]
- 児童Bの説明を契機に発展した自由対話に教師は参加し，問いを増幅し，その帰結として資料提示による説明と対話を通して，関節の内部構造（軟骨）の働きと身体への影響の学びへ

関節の構成部分である軟骨の液がなくなったら，身体にどんな影響を及ぼすかについてのより具体的な事例として新聞記事を読むことと，教師自身の老齢化体験を披露し同じ趣旨を述べ続ける（❺❻❼）。これに対して児童Bは，教師の意図に合わせるかのように，彼女の言葉で，共通の説明を続ける（❻❼❽❾❿）。子どもたちはこれに応じ，「すげえや」と感動する子もいる。

[第5局面]
- 軟骨についての問いから生まれた多様な対話と，関節から生まれた痙攣についての対話につづき，話題錯綜のため，学習過程を整理する

　この場面では，教師の「人間の軟骨って聞いたことない？」(**i**) という質問から始まっている。この問いは，軟骨の中の体液が無くなったら身体にどういう影響があるかという問題意識が一応，終局を迎え，課題意識を次へと変換させる問いかけと考えることができる。その点からすれば，軟骨のイメージは子どもたちの食べる体験，鮫などの動物にある軟骨の存在へと話題が広がったと言える。しかし，関節の曲がるところが無くなったらどうなるかという問題意識を引きずっている子もいて，教師が児童Fの発言を受けて「関節が（太くなる）という意味やね」(**j**) という応答から，痙攣の話題へと変わっていき，話題が錯綜し，子どもも騒がしくなってくる（＊）。この混迷を教師も感じているらしく，「私はわかりません」(#) を繰り返している。

　そこで教師はこの**j**や**m**の発言から話し合いの方向を変更して，**k**にあるように，「今言ったことをまとめて言ってみたいと思います」と言って，そこから次の局面の冒頭の発言の「ノートにまとめて」(**t**) まで，子どもたちとの応答をそれまでの話し合いの復習的な場面としているように見える。いろいろな子どもに応答の機会を与える時間としているという印象もある。

[第6局面]
- 授業のまとめと次の学び（関節の範囲と骨の空洞組織と強度の関係）への動機づけの対話へ

　Tは，ここでやり残した仕事として，ひとつは児童Hが「どこまでが関節か」という問いを提出して自ら答えを調べてきたので，それを発表させた。もうひとつは，児童Oが骨の強度は骨の構造が空洞組織になっているからでないか，という問題が児童から出され，それを次回のいろいろな骨の学習課題とすることで授業を終了した。

3　この授業は何故このように問題解決的に進行するのか

　まず表題に答えるために，授業展開の形式からみてみよう。一つに，第1局面〜第6局面に至る間で，教師と子ども，子ども同士の対話によって授業が進行していることが挙げられる。もちろん，この対話は教師のリードで始まっているが（第1局面，第2局面，第5局面，第6局面），第3局面と第4局面では児童のリードによって授業が進められている。特に第3局面では児童Bが教師の役割を演じている。その他の活動は第1局面におけるグループによる補助教材の黙読と，グループ内自由対話と第6局面における本時の学習内容を定着するためにノートに記載することである。

　次に，学習内容である「関節」の主題がどのように子どもたちに担われ，展開されて行ったのかを見てみよう。第1局面でそれぞれ補助教材を読むことを指示され，グループで自由に話し合う機会をあたえられた子どもたちは，本庄教諭の「曲げられるところはなんというの」という問いかけに，一斉に「関節」と答えることで学習主題を共有したと見ることができる。次に第2局面では，「関節」は曲がるところという前提に立った場合，児童Mから背骨は曲がるから「関節」なのかという疑問が提出され，賛否に分かれてしまう。これに対し，本庄教諭は「わからない」と，答を留保し，探究を子どもに委ねる。

　それに対し，第3局面で児童Bがプロジェクターを使って背骨も「関節」であると詳しく説明し，「分かりますね」という呼びかけに，多数が「はい」という。続いて児童Bは，「関節」の内部組織に含まれる液や軟骨の働きに言及する。そこで本庄教諭は，児童の発言を拾い直して，「そんな液がなくなっていたら，，，」（**c**）と，関節の液が身体に及ぼす影響について子どもたちの探究を促す問いを投げ掛ける（**df**）。すると，児童Cは，「骨と骨がグシャとなんかなって」とか，児童Dは「痛いと思う」とか，児童Bは「骨が削れるのを防いでいる」とか言う。本庄教諭は「それが少なくなったら，どないなる？」とさらに問う。児童S「これは骨を育てるんじゃない。」と言い，児童Dは「の

りみたいなんちゅうかい」と言う。

　第4局面の関節の曲がるという働きが失われた場合，身体にどんな影響を及ぼすかという点に，子どもの思考が向いてきた動きを見て，本庄教諭は新聞記事を示し，音読を促す。そして，「先生もこうなるんや，ちょっとなりかけた」と言って記事を読み，この過程で，児童Sは「（映像を見て）すっげえ，これはでか過ぎや」と言い，児童Bは「関節のすり減りがつらさの原因です」と言い，児童Bは本庄教諭が提示したプロジェクターの映像部分に注目する子どもたちに向かって，記事内容を読みながら，「この水色の部分が擦りへっちゃって，当たっているのがわかりますか」「この液体が，年をとるに連れてだんだんなくなってきて，軟骨が狭くなってきている，，，」という語りによって教師の指示に沿った説明を行っていく。それに対して，多数が「はい」と答えている。

　このように，対話の過程での本庄教諭の対話を誘導する介入と資料提示によって，「関節」をめぐる問題意識はこれまで一貫して追及されていったということができる。しかし，第5局面では，教師の軟骨についての問いに変わることで，対話は持続するが話題は一つは教師が提起した「軟骨」の概念についての問いをめぐる話し合い（❶）と，第4局面までの関節の働きの思考の流れを引きずってきたことから生まれた痙攣の話題が出され，思考の流れが不透明になり，教室が騒がしくなる。そこで教師はこの第5，第6局面を意図的であるかどうかは不明であるが，第4局面までの学習過程の学びの定着の場としているように見える。何にせよ，関節をめぐる学習課題は子どもたちに共有され，身体に及ぼす影響についてまで追求されたと言える。それ故，何故この授業は問題解決的に進行するのかという問いを立てることができる。

　まず第一に挙げられるのは，これまでも繰り返し他の箇所でも指摘された自主的で様式化された学級活動の経験である。それは自由でありながら秩序正しい授業展開に生かされている。さらにここでは，教師が行う「管理型発話」を子どもたちに分有させるという様式を学級活動で行ってきたが，ここでは児童Bが自主的にしかも授業内容について教師の役割を分有しているという点で，子どもの自主性のレベルが高いものとなっている。そしてこれには，こうした

自主性を支える役割を果たす本庄教諭の姿勢がある。その一つは，「背骨は関節か」という学習課題に教師が正解を言わず「わからない」と答え，問題追求を子どもたちに任せたことである。それが児童Bの登場を可能にしたのである。もう一つは，児童Bがクラス全員の前でプロジェクターを使って学習課題を説明する際に，児童Bとクラス全員が向き合える位置関係を子どもと一緒に調整するなど，日常環境を整えることから授業に入るという体制をここでも作っていることである。三つ目は，教師が「自分も初めて知りました」と言い，自ら学習者を演ずることで，児童Bに高い評価と賛辞を送っていることである。こうした態度が教師と子どもたちとの平等な相互コミュニケーションを可能にするのである。さらに四つ目は，児童Bによる関節組織の説明に寄り添いながら，子どもたちの話し合いの方向を，組織の一部である液がなくなったらどうなるか，つまり関節機能が人体に及ぼす影響に子どもたちの問題意識を方向づける問い掛けをしていることである。この問い掛けによって児童Bの関節についての説明も関節組織の説明から関節機能の説明へと移っていくのである。そしてこの帰結として，関節に内在する液がなくなったら，身体にどんな影響が出るかという問題を考えるにあたって，子どもたちは教師が用意した最も具体的で身につまされた資料，エビデンス（証拠）と出会うことになる。関節の機能についての問いは，教師の提供した資料を読むことで，子どもたちはその答えを発見するのである。もちろん現象的に見れば，授業進行の過程で雑然とした雰囲気になる場面もないわけではない。

　多くの子どもが発言し，役割を演ずることで子ども同士の対話が混乱する場面に対し，生活指導上の発言をした回数は少ない。言い換えれば，穏やかなその指示でおしゃべりは止み，秩序は回復する。そして注目すべきは，第5局面で話題が錯綜した時に騒がしくなっており，学習課題が明確の時には，騒ぎが起きないということは，子どもたちに，対話の大筋が了解されていることを意味している。それ故に，穏やかな注意で秩序が回復すると言える。

　それは，日頃，本庄教諭が授業に入るにあたり，机の上，教科書やノートなど，また教室の中の椅子や机の置き方，黒板の記載事項など，秩序の回復，教

室の雰囲気を一新するための言葉がけなどの日常の指導と同じである。この授業で，クラスの全ての子が発言しているかどうかは確認できないが，教師と子ども，子ども同士の話し合いに参加しているらしいということは，児童Bが話す時も，変わらず，「言ってもいいですか」と言った問いかけに，ほとんど全員が「はい」と応答をしていることで明らかである。このことは既に述べたように，この授業でも冒頭から当番係が教科書を読むという形で始まったように，学級活動の運営の権限を児童に分有させ，そこでの日常的な定型的やり取りを子どもたちが自在にやれるようにするという本庄教諭の考え方が反映されている。

　そしてこうした授業が成立する前提に教師と子どもが共に学ぶという本庄教諭の基本姿勢がある。それは児童の質問に自分は答えられない，つまり自分が無知であると告白している部分である。これは本庄教諭の正直な発言か，あるいは学習意欲を高めるための戦術かもしれない。ただ，本庄教諭には，教師が正解を言うとか，子どもに正解を求める授業は，子どもの自主的学習能力を高めないという信念がある。だから教師が知らないということは，決して恥ずかしいことではない。子どもも同じだ，という信念を持っているのである。逆に言えば，多くの知識を持つことが偉いことではない。むしろ，「気づくこと」「発見する」感動を大事にしているのである。こうして子ども主体の授業が生まれるのである。

（小川博久）

第4章
生きたモデルとしての本庄冨美子の教育実践

第1節　新人教師の授業の援助
――「ノリ」の共有を高める介入――

1　はじめに

　第3章までで取り上げた事例は，全て本庄教諭の授業実践および本庄クラスの子どもたちの姿であった。それに対して本節で取り上げるのは，本庄教諭が，他の教師の授業実践に授業補助者として介入する事例である。

　教師が自分以外の教師の授業実践を参観するとき，自分の授業運営方法との違いに気づくことが多い。そして，授業実践に指導的立場にある者が補助者として授業に参加する場合は，その気づきをもとに関与を行う。授業への介入は即興的に行われるので，関与の仕方は，自分ならどうするか，という判断に基づいて構想されるはずである。つまり，「私なら，こういう場面では，こうするなあ」という思いが生じ，「こうする」という方法をそこで行うのである。それゆえ本庄教諭の他の教師の授業への介入の仕方には，本庄教諭が授業運営上重要と考えていることがどのようなことかが表れていると考えてよいだろう。本庄教諭の授業補助者としての実践を考察の対象とする理由は，ここにある。序章で小川があげた本庄教諭の教育実践における特質が，より明確に表れると考えられるのである。

　本庄教諭は定年退職後，非常勤教諭として現職教諭のアドバイザーを勤めていた。本庄教諭は現職時代から「スマイル」という授業についての同小学校内での研究会を主催しており，退職後も学級経営や授業実践についての指導や助言を行っていた。「スマイル」は，本庄教諭の実践に学びたいという同小学校内の教師たちの自主的な参加による研究会で，本庄教諭の実践を直接参観したことのある教師も多くいるが，そうではない教師もいる。単に授業実践について話し合うのではなく，本庄教諭が授業の補助者として参加したり（ときには，

担任の代わりに授業を行い，それを担任が参観することもあった）その授業を他の教師が参観したり，それについて話し合ったりするという研究会である。われわれは数日参観したが，その際にも本庄教諭が授業補助者として介入する授業を，他の教師が参観していた。

　次に紹介する事例は，1年生の国語の授業で，担任教師が本庄教諭に補助者として参加することを希望して行われた授業場面である。この場面における本庄教諭の介入には，本庄教諭が授業実践において何を重要と考えているかが明確に表れている。これまで事例を通して論じてきたように，本庄教諭の授業は，子どもたちの身体が互いに「観る⇄観られる」という関係において，相互にノリを生み出しながらノリを共有しつつ展開されることを特質としている。その特質が最も顕在化するのは，国語の授業である。本書の第2章の第2節，第3節と第4節の事例はいずれも国語の授業であった。それらの授業において本庄教諭は，言葉や文章の意味を単なる辞書的な意味として把握するのではなく，身体によって実感的に理解することをめざしており，それはクラスの子どもたちがノリを共有し，それを深めることによって可能となっていることを論じた。授業補助者として本庄教諭が他の教師の授業に介入する場合も，同じ方向性を持っている。

　次に示すのは，〈おとうとねずみチロ〉（作：森山京，絵：門田律子）という題材を扱う2回目の授業に，本庄教諭が授業補助者として介入している場面である。

2 事例

【事例】〈おとうとねずみチロ〉の2回目の授業に本庄教諭が介入する

2学期11月のある日の5限目は，教科書の教材〈おとうとねずみチロ〉について学習する2回目の授業で，クラスの子どもたちは，10人～12人の3つのグループに分かれてそれぞれ円になって椅子に座っている（図4－1を参照。「1号車」，「2号車」，「3号車」はグループ名）。

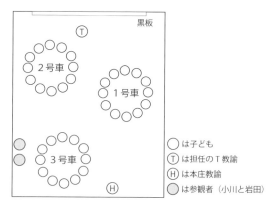

図4－1　1号車，2号車，3号車のグループに分かれて座る

❶ 挨拶をして授業が始まる

Ⓐ 膝の上の教科書が床に落ちて落ち着かない

担任のT教諭（以下T）が授業開始時に日直当番の子どもに「はい，じゃあ，日番（日直当番）さん，どうぞ」と言う。しかし，子どもたちはざわついていて，当番の挨拶もすぐには始まらない❶。Tが「Y男くん（当番），どうぞ」と指名すると，Y男が「姿勢を正して」と言い❷，クラスの皆は開いた教科書を身体の前に抱えたりして落ち着かない❸が，「はい」と唱和する❹。Tが「教科書は今，お膝の上に置いとこか」と言う❺と，子どもたちは教科書を膝の上に置くが，置いたとたん，多くの子どもの教科書は，膝の上から滑り，床にバタンと音を立てて落ちる。子どもたちは，落ちた教科書を拾って膝の上に置くが，またすぐに床に落ちるので，なかなか落ち着かない❻。本庄教諭が「さあ，ピッと止まるかな？みんなの身体が氷になれる？」と言

う⑦。しかし，相変わらず教科書が床に落ちる音がバタバタと響き，落ちては拾い，落ちては拾い，を繰り返す子どももいて，ざわついている❼。Tが「教科書が,,, 教科書が，えらいこっちゃですよ。皆さん，教科書は，今ちょっとだけ床の上へ」と言う❽と，子どもたち数名が「ほら〜」と言って，皆は教科書を床の上に置く。本庄教諭は「ああ，良かった。これでね，きちっとできるわ」と言う⑦。

❽ 挨拶に続けて授業が始まる

Tがあらためて当番の方に向かって「もう1回どうぞ」と言うと，再びY男が「姿勢を正して」と言い，皆が先ほどよりも大きな声で「はい！」と唱和する❾。しばらく沈黙が続いた後，もうひとりの当番の子どもが「今から，5時間目の学習を始めます」と言う。皆が「はい」と唱和し，当番が「礼！」と言うと，皆が「お願いします」と唱和しながらお辞儀をして前に屈み❿，床に置いてあった教科書を拾い上げる。

Tが「では,,,」と言いかけるが，子どもたちは落ち着かず，中には「おとうとねずみ，チロ」と声に出して教科書を読み始めてしまう男の子もいる⓬。Tが「皆さん，ざわざわしていますが,,」と言う⓭と，本庄教諭が「先生ね，お勉強するのに大切なことお話されるよ。ね，だからね，1回目は，ピッと先生の方を向いて,,,,,,,,,,お話聞いてから，した方がいいな。ね。」と言う⑦。子どもたちが静かになったので，Tは「では，えーと今日，今から，まず1回だけ,,, 昨日みなさんが，宿題，どれだけ頑張ったか，聞いて，見せてほしいと思います。ただ，今日お休みだったり，途中で帰ったりして，大切な役の人が抜けたりしていますので，皆さんちょっとだけ練習する時間とります」と言う。Tがそう話している間に，子どもたちは「○○（休みの子どもの名前）がいないんだ」，「○○も」などと喋り始め，その声が次第に大きくなる⓮。Tは「今から，3分くらいとるので,,,」と言ったところで，手でメガホンを作り「皆さん，騒がしいです」と，低い声で言い⓯，すぐに続けて「何度も，何度も練習してください」と言う。

2　グループごとに宿題となっていた音読の確認と練習

　すぐに，それぞれのグループで「いっせ〜の〜せ！」と皆で唱和して音頭をとり，「おとうとねずみチロ。森山京，文，門田律子，絵」とタイトルを唱和し（3つのグループが一緒に唱和したので，クラス全員の唱和になる），それぞれのグループで，読み合わせが始まる。

　Tは黒板に物語のタイトルを書き，黒板のすぐ近くに座って，「2号車」グループの練習の様子を側で見ている。本庄教諭は，しばらく教室の一番後ろで教科書を見ていたが，しばらくすると，教室の左後ろの「1号車」グループの所に行き，子どもたちの輪の中に入るようにしゃがんで練習の様子をしばらく見る。その後，Tが「1号車」の方を見に来たので，本庄教諭は移動し，「2号車」のところで先ほどと同じように子どもたちの間にしゃがんで読み合わせの様子を見守る。グループの中にリーダー役らしき子どもがいて，間があくと次の読み手に指示を出したりしている。それぞれのグループは読み合わせの練習が一通り終わると，誰かが「もう1回」と言い，「せ〜の」と音頭をとって「おとうとねずみチロ」とタイトルと作者名を唱和して，2回目の読み合わせを始める。こうして，3〜4回練習を繰り返す。

　Tはグループごとに練習をするように指示を出してから5〜6分経過すると，教卓の横に行き，クラスの皆に向かって「はい，じゃあ，前向いて」と言うと，子どもたちは音読を止める。「そうです。先生の方におへそを向けてください」と言うと，子どもたちは椅子を動かして向きを変え，Tの方を向く。Tが「はい，それでは，えーっと，休んだ人の分もちゃんと自分たちで役決めてできましたか？」と訊くと，子どもたちのほぼ全員が「はい」と唱和する。Tは続けて「早速ですが，皆さんに，宿題の成果を見せて欲しいと思います」と言うと，2，3人の子どもが「はい」と言う。Tはさらに「さっきの練習の成果を，がっちゃんこして見せてくださいね」と言うと，子どもたち数人が「はい」と言う。

3　各グループごとに発表する

Ⓐ「2号車」グループが発表する

　Tが，黒板の前に座っている「2号車」のグループから始めることを告げる。

黒板の近くに座っている「2号車」の子どもたちが銘々立ち始めるが，椅子のせいでスペースが狭く，「狭い」，「狭い」と口々に言っている。それを見たTと本庄教諭が邪魔になっている椅子を動かして，発表する子どもたちが立つスペースを作ると，椅子と壁の間にスペースができ，そこに子どもたちが立つ（図4−2）。Tが「2号車」以外の子どもたちに向かって，「はい，では，『2号車』の方を向いてください」と言う。「1号車」と「3号車」の子どもたちの椅子は各グループの円の内側を向いているので，黒板の方を向くために椅子に

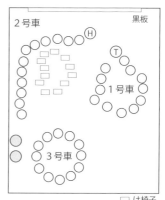

図4−2 「2号車」グループの子どもたちの音読発表

馬乗りにまたがったり，身体をひねったりしており，ざわざわと喋っている❶。Tは手をパンパンと叩いて「シッ（口に右手の人差し指をあてる）」と注意し❶，少し宿題について説明してから，黒板の前に立っている「2号車」の子どもの側に行き，「では，『2号車』さん，みんなが聞いてくれる準備ができたなと思ったら，始めてください」と言って脇に移動する。その間，座っている子どもたちは相変わらず落ち着かず喋ったりしている❶。

　教室の後ろに立ってその様子を見ていた本庄教諭が，「ちょっと，先生，言ってもいい？」と声を上げる。「あのね，ちょっと聞きづらいでしょ？‚‚ちょっと立って，こっち向けてごらん」と椅子に馬乗りになったり，身体をひねって「2号車」の方を向いている「1号車」の子どもたちを立たせ，その椅子の向きを「2号車」の方に向ける。隣の「3号車」の子どもたちはそれを見ると，自分たちで立って椅子を動かして座る。こうして，座っている子どもたち全員が身体を捻らずに「2号車」の子どもたちの方を向いて座ることができ，発表する「2号車」の子どもたちと座っている子どもたちは向き合う形になる❶。

　「さあ，始められそうかな？」と本庄教諭が言い，Tが「2号車」に向かって「どう？」と促すと，立っている「2号車」の子どもたちが「おとうとね

ずみチロ。森山京 文,門田律子 絵」と唱和して朗読を始める。11人の「2号車」の子どもたちのうち，3人は自分の担当の箇所を暗誦しているが，残りの8人は教科書を見ながら朗読している。ほとんどつかえることなく，宿題となっていたところ（「チロは，そとへ　とびだして　いきました」）まで朗読を終える。

おとうと　ねずみ　チロ

もりやまみやこ　ぶん　　　かどたりつこ　え

あるひ，さんびきの　ねずみの　きょうだいのところへ，おばあちゃんから
てがみが　とどきました。
　　そこには，こんな　ことが　かいて　ありました。

　　あたらしい　けいとで，おまえたちの　チョッキを　あんでいます。
けいとのいろは，あかと　あおです。もう　すぐ　あみあがります。

　　さあ，さんびきは　おおよろこび。
「ぼくは，あかが　いいな。」
　　にいさんねずみが　いいました。
「わたしは，あおが　すき。」
　　ねえさんねずみが　いいました。
「ぼくのは，あかと　あお。」
　　おとうとねずみが　いいました。
「チロのは　ないよ。」
　　にいさんねずみが　いいました。
　　チロと　いうのは，おとうとねずみの　なまえです。
「そうよ。あおいのと　あかいのだけよ。」
　　ねえさんねずみが　いいました。
「そんな　こと　ないよ。ぼくのも　あるよ。」
　　チロは，あわてて　いいかえしましたが，ほんとうは，とても　しんぱいでした。

　　もしかすると　おばあちゃんは，いちばん　ちいさい　チロの　ことを，
　　わすれて　しまったのかも　しれません。
「そうだったら，どう　しよう。」
　　にいさんねずみや　ねえさんねずみと　ちがって，チロは，まだ　じが　かけません。
　　だから，てがみで　おばあちゃんに　たのむ　ことも　できないのです。
「そうだ，いい　こと　かんがえた！」
　　チロは，そとへ　とびだして　いきました。」

〈おとうとねずみチロ〉のテキスト（事例の場面で子どもたちが音読している個所）

第4章　生きたモデルとしての本庄冨美子の教育実践　219

❽「3号車」グループが発表する

「2号車」の朗読が終わると，聞いていた子どもたちから拍手がおこり，Tが「いいねえ」としみじみと言う。続けてTが「はい，では次ね。『3号車』立ちましょう」と教室の左後ろに座っていた子どもたちに言う。Tは「3号車」の所に来て，「一列に並んだ方がいいよ」と手で椅子の後ろ側に立つように指示し，子どもたち一人ひとりをその場所に立たせ，椅子を動かして立ちやすいようにする❾。本庄教諭は，「2号車」の方を向いていた「1号車」の椅子の向きを「3号車」の方に変えるように「1号車」の子どもたちに言っている❷。よう

図4－3　「3号車」グループの子どもたちの音読発表

やく，「3号車」の子どもたちが並ぶと（図4－3），Tは「じゃ，『3号車』さん，自分たちができるなあ，と思ったら，始めてください」と言う。すぐに「3号車」の男子ふたりが皆の方に向かって「静かにしてください」と大きな声で言う。数名の子どもが「はい」と言い，「3号車」の男子たちの「，，，せ～の～せ」という音頭に合わせて「おとうとねずみチロ」と朗読が始まる。聞いている子どもたちは，少しざわついており，膝の上の教科書が落ちる音も聞こえる❷。最初のうちは比較的スムーズに進んでいたが，「そんなことないよ。ぼくのもあるよ」というチロのセリフが跳ばされてしまい，先に進んでしまう。「そうだったら，どうしよう」というチロのセリフが朗読されたあと，「え？チロはあわてて言い返しました，，，」と数行前の文章（跳ばされたチロのセリフの直後の文章）が再び音読されかけてしまう。「あれ？」と「3号車」の子どもたちは顔を見合わせ，教科書を見て，「ここ読んでない」，「『そんなことないよ』を言うてへん」と言って，朗読は立ち往生してしまう。座っている子どもたちのひとりが「がんばれ，がんばれ，が～んばれ」と言うと，数人がそれに同調して「がんば～れ，がんば～れ」と言う。Tは側に立って，考え込むような身振り（右手を右頬に当てる）をする。

本庄教諭が「あのね，いいかしら」と皆に向かって言い，「なぜね，先生ね，この人たちがね，間違えちゃったかわかったんだな～」と言う。座っている子どものひとりが「××を言わずに，，，」と言うが，それをすぐに遮って「違うな。聞く方がね，わさわさしてね。そっちの方は喋っているしね（と指差す），，，こっちの方はバターンて本が落ちるしね。言おうかなあ，，と思ってね，止まった時，バタンと落ちたから，忘れちゃったんだなあ～　だから，今の間違ったのはねえ，聞く方が，ちょっと考え足りなかったな？　ね？❸　教科書，ちゃんと，先生が言われたように，ここにちゃんと置いてごらん，下に（と本を落とした子どもの教科書を下に置く）」。子どもたちがそれぞれ教科書を床に置く❹。
　「それでね，，（と立ち上がり，皆の方をぐるっと見る）置いた？，，，そう，みんなそうよ，置くの❺。そして，，，（と「３号車」の方を向く），，，『３号車』さん，みんなに訊いてごらん？『これで（始めても）いい？』って」❻と，本庄教諭が「３号車」に言うと，座っている子どもたちが教科書を床に置く様子を椅子にもたれたりしながら見ていた「３号車」の子どもたちは，「これで（始めても）いいですか？」と唱和しながら皆に訊くが誰も答えない㉑ので，本庄教諭は座っている子どもたちに向かって「皆，これでいい？って訊かれてるんよ」と言う❼。再度「３号車」の子どもたちが「これでいいですか」と言うと，座っている子どもたちはばらばらながら「はい」と応える。その様子を見ていた本庄教諭は，おもむろに「３号車」の列の端（教室の中央寄り）の子どもたちの方に行きながら「あのね，この人たちがもう少しね，見えなかったんだね，だから，もう少しずーっとそっち行ってごらん」と手で教室の左の方に「３号車」の子どもたちが移動するように指示する。「お友達が見えるようにして。お友達が頑張っている姿が見えるようにして，，，，はい，，，，，もうちょっとこっち，もうちょっとこっち（手で促す）こういうふうに，（手で形をつくる），，，向こうの人に見えるように」❽。そして隣のグループの方を向いて「そこ，早く座ってね」と言い，再び「３号車」の方を向いて「『始めるよ』って，言っていいよ」と言う❾。
　「３号車」のＮ男が即座に「もう，始め，，，」と言いかける。Ｋ子も「始めます」と言う。再び，Ｎ男が「もう始めます」と大きな声で言うと，他の数人が「，，

めます」と途中から唱和する。座っている子どもたち数人が「はい」と唱和して応え，続いて「3号車」の2回目の朗読が始まる。2回目は，比較的スムーズに最後まで読み終わり，Tは「オッケー，間違えずにできました」と拍手する。本庄教諭は座っている子どもたちの方に向かって，「みんな，上手に聞いておったな。(「3号車」の子どもたちを手で指しながら) 間違わなかった」とにこやかに言う❿。

❸ 「1号車」が発表する

最後に「1号車」が発表するので，Tは「1号車」の子どもたちに並ぶように指示する。「1号車」の子どもたちは椅子の前に並び（図4－4），その間，座っている子どもたちはそれぞれ喋っている。本庄教諭は喋っている子どもたちに向かって，「用意はいいですか，って（「1号車」に）訊いてあげて」（「1号車」の子どもたちの方を指してそちらを見ながら）。すると，子どもたちが「用意はいいですか」と唱和し，本庄教諭はその子どもたちと姿勢を共有するようにして一緒に唱和する⓫。しかし，「1号車」の子どもたちは口をも

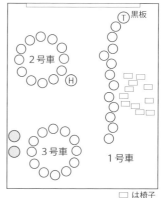

図4－4 「1号車」の子どもたちが椅子の前に並ぶ

ごもごと動かしているだけで，なんと言っているのかはわからない。本庄教諭は「なんて言いよるん？」と「1号車」の子どもたちに聞いたが，その答えを待たずに，ふっと思いついたように，「そこだけもう少し．．．」と「1号車」の方に歩き出し，椅子の前に立っていた子どもたちを椅子の後ろに立たせ，座っている子どもたちとの距離を空ける（図4－5）。そして，座っている子どもたちの方に，くるりと向き直り「どうしてか言うよ」と言って，元の位置に戻りながら，子どもたちを椅子の後ろに立たせた理由の説明を始める。「あのね．．．『1号車』さんね，先生ね，来た時から一番上手だったのよ。ものすごく上手だったの。もう，最初から練習が始まってたの。もう，大びっ

くりでした。ね,,, もう3回も4回も5回も練習してたからね。そこから（手で指して）言ってくれるとね、ボーンとこっちまでね，その素敵なのがね、聞こえるな。その目の前よりね」❷。そして，座って下を向いている子に、「貴女が見ないと（「1号車」を指差す）始まらないよ」と言う（その子はすぐに「1号車」の方を見る）。

「1号車」の横に立っていたTが微笑んで1号車に頷いて合図すると、「1号車」の子どもたちが「おとうとねずみチロ」とタイトルを唱和し，本文の朗読を始める。「1号車」の朗読は，声のトーンが比較的良く揃っており，朗読が終わると拍手が起きた。

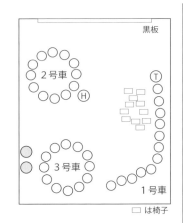

図4-5 「1号車」の子どもたちが椅子の後ろに並んで音読する

❹ 本時のテーマを提示し，「さあ，さんびきは　おおよろこび」という文の読み方について考える

　Ⓐ Tがテーマを黒板に書き，「さあ，さんびきは　おおよろこび」という文をどのように読めばよいかを問う。

3つのグループの発表が終わると，Tが皆に「先生に背中を見せずに，足もおへそも先生のほうにしっかり向けてくださいね」と言う。子どもたちは椅子ごと身体を前（黒板の方）に向き直るが，喋ったりして落ち着かない❷ので，Tは「大丈夫かい？」と子どもたちに訊く❷。本庄教諭が「（T先生は）『大丈夫か』って言われているの。動かないでね，きちっと先生の方を向いてごらんって。(中略) 今日はなんかね,,, あ，『昔遊び』（を皆でするプログラムを行ったせいで）, 少し疲れちゃったのかな？5時間目だけど，頑張れそう？」㋐と皆に訊く。「はい」とひとりの子どもが答え，数人の子どもたちがふざけて「ガンバレソー」と言って笑う。2,3人の女の子が「シーッ，シーッ（口に人差し指を当てて）」「こういう時に喋ったりしたらいけない」とふざけている男子に注意している。本庄教諭はすかさず「そうね，その通り！す

ごいね，その通り！」と同意する。
　子どもたちが静かになったので，Tは黒板に「様子を思い浮かべなら読みましょう」と，この授業のテーマを書き，皆で唱和してそれを読む。そして「思い浮かべる」とはどういうことかを子どもたちに尋ねると，すぐに何人かが挙手し，指名されて「心で考える」，「頭で考える」と発言する❷。その発言を取り上げてTは「教科書に書いてあることを，心や頭で考えながら読んでいってほしいです」と言い，その授業で朗読した文章の中の一文「さあ　さんびきは　おおよろこび」（句読点を意図的に抜いてある）を黒板に書き，皆で声に出して読むことにする。クラスの全員が大きな声で揃えて読む❷。そして，「喜んでいるように読める人？」と訊くと，数人が挙手する。指名された子どもは，それぞれ抑揚を大きくつけて読む。他の子どもたちも，その場で，読み方を工夫して声に出したりしており，あちこちで「さあ，さんびきは，，，」という声が聞こえる❷。

❸　本庄教諭が読み方を披露する
　4人が読み方を披露したところで，本庄教諭が「先生」と大きな声で言って挙手する。Tが本庄教諭を指名し，「先生にもさしてくれますか？」と言うと，子どもたちが「はい」と唱和する。本庄教諭はしばらく間をとり，一瞬その場がシーンとなったところで，おもむろに「，，，，さあ，，，，，（間），，，，さんびきは，，，（間），，，おおよろこび！」と，間を十分に空けながら朗読する。それを聞いた子どもたちは，「おお！」と歓声をあげ，一斉に拍手をする❷。Tが「えかったねえ」としみじみと言う。本庄教諭はにっこり微笑んで，「どこが違った？」と皆に訊く，Tも「どこが違った？」と皆に尋ねる。すると，「はい」「はい」と7，8名が勢いよく挙手する。M男は「『さあ』の後，ピッと止まった」と言っている❷。TがM男に，皆に聞こえるようにもう一度言うように促し，他の子どもたちは，口々に「さあ，，，（間），，，，さんびきは，，」と間を空ける読み方を声に出している❷。

❸　テキストの読点に気づかせる
　Tは，黒板に書かれたこの文章（「さあ　さんびきは　おおよろこび」）に

は書いていないものがあると皆に言うと，一瞬子どもたち数人が「え？」と言う。すぐに何人かの子どもたちが口々に「点」，「点」と言う❸⓿。Tは黒板に句読点を書き入れると，子どもたちが再び「さあ,,（間）,,,さんびきは,,,（間）,,」と間を空けた読み方を口に出す。Tは静かにするように言い，「そうです。本庄先生は，この点を読んでくれたんです。点を読むときのコツを，さっきＭ男さんが言ってくれたんですね，そうです，キュッと止まるんです」と言う。

　皆でやってみることになり，Tの「さん，はい」という音頭に合わせて「さあ，さんびきは，おおよろこび」と唱和する❸❶。よく揃っていたので，参観していた小川と岩田が思わず拍手をする❸❷。しかし，本庄教諭は，「今，拍手があったけど，今ね,揃ってなかった。32人が揃ってなかった」と静かに言う。子どもたちは「え？」という顔をして，本庄教諭の話を聞いている。本庄教諭は続けて「すごい組になると,これ全部が揃う。『さあ』でちょっと止まって，『おおよろこび』ってピシッとこうなるよね。できそう？」と子どもたちに尋ねる⓭と，数人が大きく「うん」と頷く。「じゃ，聞かせてもらおうか」と本庄教諭が嬉しそうに微笑みながら言う。Tが，「あ，皆さん，気合入ったよね。ピシッとしてるね」と感心したように言うと，子どもたちが背中を伸ばし姿勢をよくする❸❸。再びTの「じゃ，いくよ。さんはい」という音頭と共に，子どもたちが息を合わせて，「さあ，さんびきは　おおよろこび」と元気よく唱和する。「おお〜」と本庄教諭が勢いよく拍手をしながら「めちゃくちゃ凄かったわ。もう，感動！」と嬉しそうに言って座る。Tも「ブラボー！ブラボー！すばらしかった」と言う❸❹。

5 「ぼくは，あかが　いいな。」というテキストの読み方について考える
　A　Tがクラス全員による音読を褒め，よいところはどこかを皆に訊く
　Tは「では，次いきます」と言って，黒板にそれに続くテキスト（「ぼくは，あかが　いいな。」にいさんねずみがいいました）を書く。すると，Tが何も言わないうちに，黒板を見ながら子どもたちは口々にそのテキストを声に出して読む❸❺。Tは書き終わると,その２文を皆で読むように言う。「さんはい」というTの音頭に合わせて皆で唱和する。「もう１回」とTが言い,

再度音頭に合わせて皆で唱和する。1回目よりもより抑揚がつけられ、「いいな」の語尾が伸ばされ、「いいなあ」となっている❸。
　唱和が終わると、すぐに2、3人が手を挙げる。Tは、「いいねえ。どこが自分たちがいいと思う？」と皆に訊くと、さらに挙手をする子どもが増える。数名が指名され、「あかがいいな、がよかった」、「心がこもっていた」などの発言があり、それは具体的にどのような読み方かTが尋ねると、W子が「『いいな』の『な』が、『なあ』と伸ばしている」と音読の仕方について発言する❸。Tが「あ、ちょっと伸ばすといいんだ」と言うと、他の子どもたちが口々に「ぼくは、あかがいいなあ〜」と「な」を伸ばして言ってみている❸。Tは「なるほどねえ。そうですね。皆さん、ここの読み方（黒板の「いいな」を指して）がとってもよかったんですね」と言う。
　Tは、句点の読み方についても子どもたちに気づいて欲しいと思っており、そのことを子どもたちに尋ねるが、Tが望む回答が子どもからは出てこない。挙手する子がいる一方で、指名されないままその場で意見を言い始めたりする子もいて落ち着かず、泣いている子がいて、「先生、H子ちゃんが泣きよる」と言うと、H子が「だって、××××（聞き取れない）だから」と言っている❸。本庄教諭は皆に「あのね、先生思うんだけどね。ちょっと身体が動いている人がいるんだな。T先生がお話しされるときはね、しっかり身体を止めて聞いていなかったことで起きたと思うよ、先生」と言う㋔。

❽　句点のあるところでは、止まって息をつぐ読み方がよいことを言う
　Tは、「みんな、さっきは点（読点）を注意して読んでいたんだけど、点と言えば？」と尋ね、子どもたちが「丸（句点のこと）」、「丸」と口々に言う❹。Tは黒板の「いいな。」句点（「。」）の横に赤いチョークで線を引きながら、「ここでも、きゅっと止まって、、、そして、ひゅーっと息を吸ってた人が何人かおったんや」と言って、「では、皆さんでもう1回だけ読むよ。さんはい」と言うと、子どもたちが「ぼくは、あかが　いいなあ〜」と唱和して、息を大きく吸う音が聞こえ、「にいさんねずみが　いいました」と元気良く唱和する❹。Tは「上手だねえ」と皆を褒め、息を吸う音が大きかったので「わざわざ、、、スーっていう音まで出さんでええんやけど、息は吸っ

てくださいね」と言ってから，その日に学んだことが皆できるようになっていることを指摘する。

6 Tの出す次回までの練習課題に本庄教諭が読み継ぎ方についての課題を付け加える

　Tは「皆，そのことに注意しながら，練習できそう？」とグループごとに次回までに練習するように言う。すると，本庄教諭が「は〜い，先生」と挙手をして，Tが「本庄先生，どうぞ」と発言を許可すると，本庄教諭は皆の句読点の音読の仕方が上手になったことを述べた後に，「だから，注文つけていい？難しいこと言っていい？」と皆に訊く。子どもたちは数名が「うん」と口々に言ったり，「はい，いいです」と言ったりしている。

　本庄教諭は続けて「今ね，こうやって向かい合って，やってるよね？次の時間そのことをマスターしてよ。ね？,,, どういうことかというと，え〜この班（と「１号車」を指差す），この班ね，超特急，ひかり号みたいに速かったんだよね。とっととっと（馬に乗るように体を揺らしながら）点や丸がなくてとっととっと行っちゃったからね。先生，様子を思い浮かべている間に次に行っちゃうからね，こけそうになったんだな」と言って，「１号車」の方に歩きながら「そしたら，今のことを大事にするためにね」と，「１号車」の子どもたちの椅子の背に手を置き，「え〜今こう，座ってるよね，ちょっとだけここでやってみるよ，この班の人真ん中向いてくれる？」と言いながら，子どもが座っている椅子を動かすようにして，「音させないようにして」と言う。「１号車」の子どもたちは，皆それぞれ立ち上がり，少し椅子を動かして円の内側に向き直る。

　本庄教諭はその様子を見て「はい，そうそう，はい，それで座って，そうそう」と言い，「はい，一番最初，一番最初，なんて言うかな？」と訊くと，「１号車」の子どもたちはそれぞれもごもごと「おとうとねずみ，チロ」と言っている。「おとうとねずみ，チロ，って言うかな？それじゃ，やってみて。先生，止めるからやってみて」と言う。「１号車」の子どもたちは全員で「おとうとねずみ，チロ」と唱和するが，いつもと同じようにＮ男の声がひとり突出している。子どもたちは「森山,,,」と次に進もうとしたが，本庄教

論はそれを遮り「あのね，ちょっと，言っていい？ひとりだけが目立ちすぎないで。に，し，ろ〜，は〜,,,（と子どもたちの数を数えて）10人の心が，いま，さっきみたいに30人が同じように，出せる？」と少し毅然とした口調と雰囲気で言う，「出せる？みんなひとつに（手で円座になっている「1号車」の円をなぞるようにひとつの円を描く）なったでしょ？あんな風にやって。ひとつになって（手で円を描く）。ひとり目立たないで」と言って「はい」と促す❶❹。

「1号車」の子どもたちが再度唱和してタイトルと作者名を唱和する。今度は，突出する声は聞こえず，大きさは揃っている。作者名を読み終わると，本庄教諭が静かな口調で「次読む人だれ？」と訊き，「1号車」の子どもたちの顔を見る。

S子が手を挙げると，本庄教諭はS子に「立って，そこで」と右手を下から上に上げて立ち上がるように指示する。S子が小さな声でもごもごと読み始めると，「あ，ある日，って点，読んでよ，ちゃんと」と本庄教諭が遮り，「さんはい」と合図を出す。S子が今度は大きな声で「ある日，3匹の兄弟ねずみのところに，おばあちゃんから手紙が届きました」と読点を意識しながら読み終わるやいなや，次の文を読むN男がすぐに立って冒頭を読もうとする。本庄教諭は「まだまだ」と身体を乗り出してN男を制止して座らせ「座ってしまったのを確認してから,,,この人が座ってね（とS子の座る動きを右手でなぞるようにする），ほっと（座ってほっとするような身振りをする）止まったら，立って」と言い，「もう一回やってみるよ。はい」とS子に右手で立つように指示する。S子が再び第1文を音読し，座ると，N男が立ち上がり第2文を大きな声で読み始める。「それには，こんなことが，かいてありました」。すると，本庄教諭が「そう，ひとりのときは，上手ね」と言い，「その声よ，ひとりのとき。みんなのときは，そんなの出すとこんなに（ずっこける身振りをする）なっちゃうの（と，にっこり微笑む）。ね？ね？」と言うと，N男もはにかむように笑う。本庄教諭は皆の方を向いて「今は，上手。そうやって，練習できる？」と言い，「ひとり，こう座るでしょ？N男さん座って」と手でN男に座るように合図し，「そうしたら，次の人すーっと立って」と言う❶❺と次の文を読むY子が立ち上がり，Y子と並ぶようにして「息を吸っ

てから，新しい毛糸で（右手をテキストに向けて動かす）って言える？」と言ってＹ子を覗き込み，「そういう練習，次できる？」と皆に向かって言う。Ｎ男が「はい」と元気よく答えると，本庄教諭は次回本庄教諭が授業に参加するときまでに練習し，その成果を本庄教諭に聞かせて欲しいことを皆に伝え，Ｔが「皆さんできますか？」と訊くと皆が「はい」と唱和する。

　その後，日直当番の号令で授業が終わる。

　この授業では最初のうち（場面❶や❸，❹―Ⓐ），子どもたちの私語が多くて落ち着かない場面が多く（場面❶下線❶❸❻❼⓬⓮，場面❸下線⓰⓲⓴，場面❹下線㉒），Ｔ教諭も本庄教諭もそのことを注意する言葉（「みなさん，静かにしてください」など：下線❺❽⓭⓯⓱㉓，破線㋐㋑㋒㋓）が多く発せられているが，次第に私語や授業とは無関係な動き（落ちた教科書を拾うなど）が少なくなり，途中ちょっとしたトラブルがあり（下線㊴），本庄教諭が注意するものの（破線㋔），子どもたちの授業活動への参加は集中度が高く活発になっており，教師の発話に対して積極的に応答する表現が見られるようになる（発問に対して積極的に意見を述べたり，考えたりする言葉を発している：下線㉔㉖㉘㉚㊲㊳㊵，大きな声で音読する：下線㉕㉛，教師のモデル提示をよく聞き，感動している：下線㉗，クラス全員の唱和による音読の仕方が良くなっている：下線㉞㊱㊶，教師の意図を予測して次の活動を始める：下線㉙㉟など）。

　子どもたちの姿のこのような変化は，教師と子どもたち，子どもたち同士のノリの共有度の変化として捉えることができる。子どもたちが騒がしい場面❶や場面❸―ⒶⒷは，教師と子どもたちあるいは子どもたち同士の間でノリがあまり共有されていないのだが，場面❸―Ⓒ以降，次第にノリが共有されていくのである。

　このような変化に，本庄教諭の介入は大きく寄与していると考える。本庄教諭は，事例の場面❷を除く場面❶❸❹❺❻の全てにおいて，授業に介入している（事例の破線部分と二重下線部分。厳密に言えば，場面❷も介入と言えないわけではないが，ここでは一応介入していないものとして扱う）。場面❶では，

第4章 生きたモデルとしての本庄冨美子の教育実践　229

授業者T教諭が子どもたちに話をしようとしているのだが，子どもたちが落ち着かず教師の話を聞けていない状態の際に，子どもたちを落ち着かせるための発話（「さあ，ピッと止まるかな？みんなの身体が氷になれる？」：破線㋐）を行っている。各グループが音読を発表する場面❸では，発表が始まる直前に，発表する子どもたちの立つ位置や座っている子どもたちの座る位置（椅子の向きなど）を修正するように働きかけたり（二重下線❶❷❹❺⓬），発表を待っている（聞き手となる）子どもたちに発表グループに言葉をかけるように促したり（「用意はいいですかって訊いてあげて」等）している（二重下線❻❼❽❾⓫）。グループごとの発表（場面❸）が終わり，クラス全員に対する教師の教授活動となる場面❹と❺では，場面❶と同様にT教諭を補足して子どもたちに静かにすることを促す発話も行っているが，それだけでない。授業者の発問に対して，発言者のひとりとなって挙手し，模範となる読み方を披露している（波線）。また，クラスの子どもたち全員による唱和に対して，参観者（小川と岩田）が拍手をしたのだが（下線㉜），それを遮って子どもたちに注文を出し，やり直しを求めている（二重下線⓭）。次回までの宿題を提示する場面❻では，授業者の提示する宿題に新たな課題を加えている（二重下線⓮⓯）。

　以上の介入のうち，子どもたちが騒がしいときに注意をしたり（場面❶，❹，❺の破線部分），模範となるパフォーマンスを行う（場面❹の波線部分）ことは，複数の教員が協同で授業を行う場合にはよく見られる介入方法である。どちらも，授業者のそのときのねらいの実現を援助し，授業の流れをスムーズにするものである。例えば，喋っている子どもたちに静かにするように注意することによって授業者がより話しやすくなり，進行はスムーズになる。また模範となるパフォーマンスは，句読点を意識して読むことが「様子を思い浮かべながら読む」という授業のねらいと繋がっていることに子どもたちに気づいて欲しいという授業者のねらいの実現を援助するために行われており，実際，事例では本庄教諭のパフォーマンスによって子どもたちが読点に気づき，T教諭はそのことを取り上げている。

　しかしながら，ここで注目したいのは，それ以外の介入（二重下線部分）で

ある。なぜなら、これらの介入こそ、子ども同士のノリの共有を促す方向性を持っているからである。以下そのことを詳しく論じよう。

3 本庄教諭の授業介入の方向性 ― 子ども同士のノリの共有の復権

「それ以外の介入」は、授業進行の流れをスムーズにするための援助とは異なるように見える。例えば、場面❸－❹で、T教諭が「2号車」の子どもたちに音読を始めるように言ったところで、本庄教諭は子どもたちの椅子の向きを修正する（二重下線❶）。これは授業の流れをスムーズにするというよりは、むしろ中断している。この本庄教諭の介入によって、朗読を始めようとした「2号車」の子どもたちの動きは一旦止まらざるをえなくなっているからである。また、❸－❻ではT教諭が発表グループ「1号車」の子どもたちに関わっている（聞き手に顔が見えるように立つよう言っている）際に、本庄教諭は聴衆の子どもたちに向かって、発表グループに用意が良いかどうかを尋ねるように言っている（二重下線⓫）。そして、場面❻では、T教諭が子どもたちに句読点を意識して読む宿題を出す際に、グループメンバー間の読み継ぎ方を指導している（二重下線⓮⓯）。これらの介入のうち前者二つは、いずれも、その直前のT教諭の発話から読み取れる授業者の意図や進行とは必ずしも関係があるとは言えないものであり、授業者がより授業を進行させやすくなるかどうかは一見するところ不明である。また、場面❻の介入は、Tが提示する課題（句読点を意識して読む練習をする）とは別の新たな課題を本庄教諭が提示しており、Tの授業進行とは別の方向へと導いているかに見える。

このような本庄教諭の介入は、ある一貫した方向性を持っている。それは一斉教授形態においては、ともすれば排除されてしまいがちな、子ども同士の協同性あるいは応答性を喚起するという方向性である。第2章第3節でも述べたように、増山真緒子は、演劇において「演じ手」同士及び「演じ手」と「観客」は相互に「観る⇄観られる」関係にあり、両者は同調している（「演じ手」同士は応答的に同調し、「観客」は「演じ手」に潜在的に同調する）と論じている。

言い換えれば，演劇において，「演じ手」同士及び「演じ手」と「観客」はリズム（ノリ）を共有しているのである。しかしながら，一斉教授活動は発表者（演じ手）と聞き手（観客）の間に本来あるべきノリの共有を喪失してしまう危険性が高い。茂呂雄二が指摘するように，一斉教授形態における子どもの発言は，教師によって管理されている[1]。発言の機会は教師の発問によって設定され，発言する権利は教師の指名によって与えられ，発言内容は教師によって評価される。それゆえ，表面的にはひとりの子どもがクラス全員に向けて発言する場合でも，発言した子どもは教師に向けて発言している場合が少なくない。たとえば，クラス全員の前で意見を言ったり，皆の前で発表するとき，発言の声が小さくて教師にしか聞こえない程度であったり，発言が終わると教師の顔を見たりするのは，そのことを示しているだろう。発言する子どもはそれを評価する教師に向かって発言し，他の子どもたちはそのやり取りを聞く観客に過ぎなくなってしまうのである。一斉教授活動は，教師と個々の子どものコミュニケーションを，教師が集権的に管理している活動だということになる。

　このような「教師管理型授業」において，教師があるグループやある子どもだけに個別に関わる場合には，他のグループや子どもたちは教師のまなざしから外れてしまうため，その子どもたちは授業への関心が薄れて騒がしくなり，発表が始まる際に教師が静かにするように命令せざるをえないことが多い。そのため，教師の指示への服従の結果として観客が静かになったとしても，演じ手と観客はノリを共有していない危険性が高い。

　本庄教諭の介入は，このような一斉教授形態が陥りがちなノリの共有の喪失を，復権させる方向性を持っている。本庄教諭が，子どもたちの座る位置や立つ位置を修正したり，演じ手の子どもたちと観客の子どもたちの空間配置を構成しなおすことによって，両者がノリを同型的，応答的に共有することを促すためである。また，各グループの発表の前に，観客が演じ手に，あるいは演じ手から観客に言葉をかける（「準備はいいですか」）ように促すのは，両者がノリを共有しておらず，そのままパフォーマンスを開始すれば，両者のノリの共有が希薄になると予測される場面であり，両者が応答的なノリを共同に生成す

ることによって，その後の発表場面における両者のノリの共有がより深められるためである。さらに，本庄教諭が，比較的全員が揃っていたクラス全員の唱和による音読のやり直しをさせるのは，クラスの子どもたちが全員によるリズム共有に自覚的に参加するためである。以下，そのことを詳しく説明しよう。

1　空間の再構成とセリフの応答 ── 演じ手と観客のノリの共有の回復

　増山の視点から見るとき，場面❸の場面における介入でもっとも注目すべきなのは，演じ手のパフォーマンスが滞ってしまった時の介入である。演じ手の「3号車」がある文章を飛ばして読んでしまい，パフォーマンスが止まってしまうのだが，その時に，観客の子どもたちは「失敗」（ある文章を忘れてしまった）の原因を演じ手に帰しているのに対して，本庄教諭はそれを否定する。そして，「原因」は観客の態度にある（観客が喋ったり，教科書を落としたりしていて，演じ手が次の文章を言おうとした時，教科書が落ちる音が聞こえて，言うべき文章を忘れてしまった）と言い，「今の間違ったのはね，聞く方がちょっと考え足りなかったな」と言って（二重下線❸），観客の座り方を修正するように要求するのである（二重下線❹）。この介入からは，本庄教諭が演じ手のパフォーマンスは単に演じ手のみから生み出されるのではなく，観客が演じ手に同調することによって，言い換えればパフォーマンスのノリを共有することによって生み出されるのだと考えていることが窺える。

　❸の場面におけるその他の介入も，同様の視点から行われている。本庄教諭は，演じ手と観客のノリの共有を促し，深めるために，空間の再構成によって「観る⇄観られる」関係を取りもどし，応答の「決まり文句」の再生によって，演じ手と観客の本来持つ両者のノリの共有を回復しようとしていると解釈できるのである。そのことを説明しよう。

● 空間的再構成 ──「観る⇄観られる」関係の回復

　本庄教諭は，各グループの発表を聞く子どもたちの座る位置や方向を修正したり，発表する子どもたちの立つ位置を修正したりしている。このような介入

は4度行なわれており，1度目は場面❸-❹で「2号車」がパフォーマンスを開始する前であり（二重下線❶），2度目は場面❸-❺で，「3号車」の発表の前（二重下線❷），3度目（場面❸-❺）は発表していた「3号車」が途中で音読につまずいた後，パフォーマンスをやり直す前であり（二重下線❹❺❽），4度目は場面❸-❻で「1号車」の発表前である（二重下線⓬）。

　本庄教諭のこのような介入は，観客の椅子の配置を再構成することによって両者が本来有する「観る⇄観られる」関係を回復することである。介入前は，子どもたちは各グループで円座になっており，グループのメンバーが互いに見合うような配置になっているので，演じ手グループに対しては椅子は背を向けたり横を向いたりしている。それゆえ，演じ手を見るには椅子に斜めに座ったり，体を大きく捻らなければならない。その状態を本庄教諭は「（そのままだと）ちょっと聞きづらいでしょ？」（二重下線❶）と言っており，また場面❸-❻では観客との距離が近いのでパフォーマンスの良さが発揮されない（距離を長くする方が，パフォーマンスの良さが発揮される）という意味のことを言っている（二重下線⓬）。つまり，本庄教諭は，演じ手と観客の空間的な関係が「観る⇄観られる」関係になっていない，と判断しており，その判断に基づいた修正を行っているのである。

● 応答の「決まり文句」──ノリの共有の喚起

　また，場面❸-❺で「3号車」がパフォーマンスにつまずき，二度目のパフォーマンスを行うための準備をしている際，本庄教諭が演じ手（「3号車」）の子どもたちに，「『これで（始めても）いい』って訊いて」（二重下線❻），「『始めるよ』って言っていいよ」と言う（二重下線❾）のは，演じ手と観客のノリの共有を喚起するためである。

　「○○で，いいですか」や「始めます」というセリフは，そのセリフを言う相手に「はい」（あるいは「まだです」）と応じることを促す問いかけのセリフである。場面❶で当番が「これから授業を始めます」と言うのに対して，子どもたちは「はい」と唱和して応じており（下線❿），「これから授業を始めます

―はい」という応答のやり取りはクラスの授業開始場面で定型化された「決まり文句」になっていることが窺える。このような応答の「決まり文句」が集団で繰り返し発せられる場合，常に一定のノリで発せられるので，このノリはその集団の構成メンバーの身体に集合的記憶として蓄積されている。それゆえ，応答の「決まり文句」の「問いかけ」（「○○を始めます」）が誰かによって発せられることは，それを契機として他の子どもたちの身体に蓄積されている応答のノリが共同に想起される可能性が高い。本庄教諭が演じ手（「3号車」）に「『始める』って言っていいよ」と言うのは，それによって演じ手と観客の間に「（発表を）始めます―はい」という応答の「決まり文句」のノリを共同に再生することを促しているのである。

　場面❸－❸では，「これでいいですか」という演じ手（「3号車」）の「問い」に対して，観客の「答え」のセリフが最初は発せられず（下線㉑），本庄教諭が答えることを促している（「皆，これでいいって訊かれてるんよ」：二重下線❼）のは，「決まり文句」のノリが応答的に再生されないので，再生されることを促しているのだと考えられる。また，その後再び「決まり文句」のノリの応答的な再生を促している（「『始めるよ』って言っていいよ」：二重下線❾）のは，「3号車」（演じ手）の立ち位置を修正したために，演じ手と観客のノリの共有の度合いが希薄になったと予想されるので，再度共有の度合いを深めるためだと解釈できる。また，場面❸－❸で「1号車」が発表の準備をしている時に，本庄教諭が観客（「2号車」と「3号車」の子どもたち）に，演じ手に対する「問い」のセリフ（「用意はいいですか」）を言うように促す（二重下線⓫）のは，そのままでは演じ手と観客のノリが共有されにくいと予測されるためだと考えられる。この直前に，T教諭は次の演じ手である「1号車」の子どもたちが観客によく見えるように一人ひとりの立ち位置を指示しており，その間，演じ手と観客のノリは全く異なるものになってしまっているのである（観客はやるべきことが無いために自分たちで喋っており，音読パフォーマンスへの関心や演じ手への関心が薄れている）。

2　全員の唱和 ── ノリの同型的共有 ──

　場面❹における本文をクラス全員で一緒に音読する場面での本庄教諭の介入も，ノリの共有という方向性によるものと解釈できる。

　「読点」を意識して音読するというテーマに基づいて，「さあ，さんびきはおおよろこび」という本文を皆で一緒に音読するのだが，本庄教諭は「揃ってなかった」と言い，もっと「ビシッと」揃うように要求している（二重下線❸）。まるで合唱指導のようなこの介入は，「読点」を意識し，間を空けて読むという授業のねらいそのものからは逸脱しているようにも思われる。しかし，本庄教諭が上述のようなノリの共有によって子どもたちの共同性を復権するという方向性を持っているとすれば，このクラス全員が間の取り方を「ビシッと」合わせて唱和することを要求することは，ノリを同型的に共有することへの自覚を促すものと言うことができるだろう。子どもたちがノリを共有することに自覚的になることによって，その度合いがより深められることが可能となるからである。

　授業の最後の場面❻で次回までの宿題を出す際の介入も，同様の方向性を持つものである。本庄教諭は，T教諭の出す課題（句読点を意識して音読の練習をする）に加えて，各メンバーの読み方についての課題を出している。それは，グループの全メンバーがノリの共有に自覚的になることである。メンバー全員で唱和する時は声のトーンを揃えるように言い（ひとりの男子が声を張り上げて読むと，音読を中断させ，「ひとりだけが目立ちすぎないで」と言う：二重下線❹），メンバー全員が同じノリを共有することを要求している。また，本文を読み継ぐ際の各読み手のパフォーマンスの引き継ぎ方（前の読み手が読み終わり，座ったら次の読み手が立ち上がって読む）の模範例を提示し（二重下線❺），ノリを相補的（広い意味で応答的と言うことができる）に共有することへの自覚を促していると言えるだろう。

4　本庄教諭の授業運営の特質

　以上に示した本庄教諭の授業介入の方向性——ノリの共有を促す——は，これまでの本庄教諭の実践の特質と通底するものである。最後にそのことを確認しておこう。

❶　物語の意味理解とパフォーマンスの質の向上
　本書の第2章の第2節と第3節で，私は4年生の本庄学級における〈ごんぎつね〉の劇の練習過程をノリの視点から分析し，演じ手と観客のノリの共有が次第に深まるにつれ，子どもたちの物語の意味理解が深まること，また演じ手のパフォーマンスがより役柄らしくなっていき，練習の進行を司る司会役の子どもや，パフォーマンスについての意見を述べる子どもたちが意欲的になり，発言内容の質も高まっていくことを示した（そこでは，ノリが共有される場を「情動の場」という増山真緒子の言葉を引用して述べた）。演じ手と観客はノリを共同に生み出しつつ，そのノリに拘束されるからである。
　本節における1年生の授業への介入の方向性は，〈ごんぎつね〉の練習における授業運営と通底している。すなわち，本庄教諭が演じ手と観客，あるいは演じ手同士がノリを応答的に共有することを促すのは，物語の意味理解を深めると同時に音読パフォーマンスの質を高め，それを聞いている子どもも含めて子どもたちの意欲を高めることを目的としているのだと言えるだろう。場面❸-❸で「3号車」の2度目のパフォーマンスの際，観客が静まり返って聞いてると同時に音読パフォーマンスも良くなった（1度目はある文章が抜けてしまい，パフォーマンスが行き詰まっていた）のは，その例である。

❷　子どもが主導する授業運営の基盤
　先述のように一斉教授形態では，子どもの発言は教師によって管理されているが，本庄教諭の授業では，発言の機会は教師が発問によって設定することが

多いものの，発言権は教師ではなく子どもたち同士で付与し合うことが多い。最初の発言者の発言権のみ教師が与えるが，その後は発言者が自分の意見を述べた後，次の発言者を指名する（例：A男「〜だと思います。B子さん」―B子「ありがとう《指名してくれたことに対する謝意》。私は〜」）。時には，発言の機会さえも子ども自身が創り出すことさえしばしばある（教師が説明している時，「先生，僕が言います」と言って立ち上がる等）。本庄教諭はその発言の機会を原則として尊重している。

　4年生理科の授業〈水のゆくえ〉の事例では，水蒸気は気体か液体か，という問題について，教師がほとんど介入しないまま子どもたち同士で議論を進めていく場面がある。その事例を，私は，教師の集権性を子どもが分有し，それによって授業活動が子どもの主導性によって運営されている実践として位置付け，それを可能にする条件として，本庄学級が子どもたちが自分たちでノリを共同に生成していけるようなクラスであることを挙げた[2]。

　本庄教諭の授業介入の方向性は，この条件の実現可能性につながるものである。クラスの子どもたちの唱和や定型的なセリフによる同型的，応答的なノリの共有が，毎日の学級活動や授業活動において日常的に繰り返し行われることは，クラス全体のノリの共有度を高め，クラスの子どもたちが自分たちでノリを共同に生成していくクラスになることを可能にするだろう。教師が子どもたちに，ある場面に定型的な応答の「決まり文句」（「用意はいいですか―はい」等）を言うように促すことが毎回繰り返されれば，次第に教師が促さなくても，子どもたちが自発的に発するようになる可能性が高い。そうなるとすれば，教師の集権性の一部が子どもたちに譲渡されることになるのである。

（岩田遵子）

【注】
① 茂呂雄二「発話の形」『対話と知　談話の認知科学入門』茂呂雄二編　新曜社　1997　47頁〜75頁
② 小川博久・岩田遵子『子どもの「居場所」を求めて』ななみ書房　2009　274頁〜302頁

第2節　同僚と共に学びあう自主的な現職研修
──学ぶ共同体としての「スマイル」──

　次に示すのは，本庄教諭を中心に開かれている研修会「スマイル」で，たまたまわれわれが参加した時に開かれた研究会の記録である。

　「スマイル」は本庄教諭の授業に対する評価が校内でも校外でも高くなってきた頃，先生方の中から日常的にアドバイスを求める声が上がり，時に本庄教諭が求められて先生方の授業を参観したりする折に，授業の途中で授業者の先生に，意見を述べたりする機会が生まれ，そうした交流の中から本庄教諭を中心とした研究会が生まれ，それが全員参加ではないが全校規模の研修会になった。それ故，これは先生方の全くの自主研修会である。しかも校長先生が陰日向に応援されており，出席されることも多く，本庄教諭退職後も続けられている。この会の特色は第一に記録に現れているが，「スマイル」の名の通り，本庄教諭の人柄と先生方との平等な信頼関係があるということである。第二は本庄教諭の介入授業の体験が土台になっていることである。（Ａは校長先生，その他のアルファベットは，荒川小学校の教諭）

■ 本庄教諭の研究会に参加して

本庄：今日はリフレッシュデーで心がホッとした金曜日のこんな時間をとらせていただいて，しかもこのように集まっていただいて，本当にありがとうございます。私が本来目指したものは，先生方皆さんそれぞれ素晴らしさがあると思っていて，お互いに学び合うことでその先生方の良さがなんらかの形で出て来るようになることであり，またそこから共通したものを獲得することです。

　この会は「こうしたらどうでしょう」というＭ先生の提案ではじまったのでした。そしてこうやってずっと続いてきたことは本当にありがた

いことです。だから，研究会があるからやらなければならないではなく，自由なんです。学び手である先生方が，自分はこんな風に学んだんだということに気づけば，それは大事なことだと思って，もっと広げて行かなきゃいかんと思うのです。

　今日はたまたま東京から，東京学芸大の先生で今は退職されている小川先生がきてくださっています。小川先生とは一緒に共同研究をしてきましたので，私がお話することについて「せっかくだから，やってください」と言ってくださったけれど，私はもう何回も話しているので，聞き飽きたと言われる恐れもあるし，今日は小川先生の話を聞きたいとも思います。私が先生方と一緒に授業に入って，先生方をどう育てるかという視点を提供してくれたんです。本当にありがとうございました。

本庄：じゃあ　校長先生最初に一言。

A ：最初にね，はい，久しぶりの「スマイル」ですね。

本庄：そうですね。

A ：（会が開けて）よかったです。またちょこちょこあったらいいなと思っているんですけれど。今日は，今言われたようにお二人こられて，こんなやり方が良いのだという点をお持ち帰りいただければと思っています。お二人とも，これまでもずっとやってこられ，今後もこられるということで，うちの学校のこういうシステムとか学びが，いかにいいかを後でまた，小川先生にお話いただけたらと思います。

小川：こんにちは，今日はお忙しい中，こんなに集まっていただき，ありがとうございます。

　教育学者として感ずるのは，このように校長先生始め，先生方が自主的に集まることと，この雰囲気自体が，日本の教育の中で，非常に新たな意味を持っているのではないかということです。本庄先生は，私が卒論指導した学生だった方で，以来，40年来のおつき合いで，腐れ縁とは申しませんが，10年前，先生が広峰小におられた頃，幼少関連の研究会に呼ばれた時，先生の授業を見させていただいた時から約10年間

通わせていただいています。
　退職後は，お金がありませんので，やはり，私の教え子でこの岩田先生が頂いている科学研究費に便乗させてもらって本庄実践を見せていただいています。理由は今の教育においてとても大切なことをやっていらっしゃるからです。しかも，今日若い先生方の授業を見せていただいて，若い先生方が本庄さんから学ぼうという姿勢が私には非常に感動的なのです。いつも学びがこの学校にあるということです。そのことは校長先生にもお話ししてあります。ぜひ，皆さんの声を今日お聞かせ願えればと思います。

一同：よろしくお願いします。
A　：岩田先生，どうぞ。
岩田：私の印象では，先生方は普通，大変忙しいので，お互いに自分の授業を見てもらったり，見あったりしながら，授業の方法を考えていくっていうのは，成立しにくいですよね。なんか上から言われて公開授業やります，だからやりましょうって形で，もう仕方なくやって，もうやりましたってアリバイ作りみたいになるのに，本庄先生の授業を見せてもらってから10年位になるんですけれど，私たちが参観させていただいていると，3，4年前位から先生たちがご自分たちで何かいろいろ学ぼうとしていらっしゃるという雰囲気をすごく感じていました。
　それで，今日この忙しい時に，こんなにお集まりになって，授業を作っていきたいっていう思いがおありになるっていうのは，よその学校ではあんまりあり得ないことなのではないかと，とても感動しています。よろしくお願いします。

一同：よろしくお願いします。
A　：ところで，先生方が本庄先生にいろいろ見てもらったりするのは，どこがどのようにいいのかな。
本庄：そうですね。皆さんからお聞かせ願いたいのは，私が授業に入らせていただいたり，授業をさせていただいたりして，新しくここがすごく良かっ

た所とか，授業に入らせて頂いていない方は，「スマイル」に参加してお聞きになった話など，自分が聞いて，実践して，とても大事なことだと実感したことなど，ここでお話しして頂けるとありがたいと思うんです。勉強できたということがあったら簡単に言ってください。

B：昨日，たまたまプリントを見たので，是非「スマイル」に参加したいと思って今日参加させてもらいました。本庄先生に4月からずっとクラスに入ってもらいました。まず授業する以前の問題で，ゴミが落ちているとか，本棚を整理するとか，教室環境のことですごく指導していただきました。そしてそれをすることで，授業が成立するのだということをこの半年勉強させて頂いて，それがすごく大切なことだとわかりました。その後，音読の指導の仕方を具体的に子どもに伝えていかなければいけないことなど，たくさん教えて貰いました。

C：本庄先生に何度も入って頂いて学んだことは，環境づくりの大切さです。私は今まで担任をした時に，多分，子どもを全部引っ張ってばかりしていたと思うのです。本庄先生から子どものペースに合わせるとか，子どもが「待って」という一言が出せる環境づくりが大切だということを学ばせてもらいました。子どもが自由に発言していく環境への第一歩がそこにあることを学ばせてもらったと思います。

D：私もC先生が本庄先生に入ってもらっているのを見て，いいなと思って無理をお願いして，一年生の作文の導入と，先月は〈おとうとねずみチロ〉の劇につなげる導入に関して本庄先生からいろいろ教わることがありました。

そこで感じたことは，先ほどC先生も言われましたが，子どもの様子を見ながら，子どもとの間の取り方が私とは違うなと思いました。私はこの授業をこの時間までにはやってしまいたいと思い，結構詰めてせかせかしがちなんですが，本庄先生は，ここはちょっと譲ろうかな，ここはちょっと引っ張ろうかななど，その間とリズムがすごく巧みで，こういう場面はこうしたらいいんやという気づきから，同じクラスなのに，

子どもが生き生きと何か楽しそうに勉強するのがとても印象的で、勉強になりました。

また、先生は、声のトーンもその時々変えて、こういう時には大きく言ったり、小さい声で子どもたちの注意を惹かれたりしているのがいいなと思い、気がついたらあっと思い実践させていただいております。

S：私も以前、同じ学年を持った時、どんな教師がいいかとか人の生き方、家庭のことなど事細かに教えてもらいました。中でも教育とは人を育てる仕事であるということから、子どもとの付き合い方を学ばせてもらいました。普段の授業では、躾から入る。服のたたみ方から始まり、上から物を言うのでもなく、大声をあげるのでもなく、怒らずとも、子どもが話が聞けるように躾るには、どうしたらいいか、そして、その後から授業に入るなど、先生の真似をしたいところは多いのですが、なかなかできません。やはり人間性が違うのです。

A：そんなことはないよ。

S：ためになります。もう人生の師として仰いでおりますので、困った時は相談に行って的確なことを言ってもらったり、次に進める自分のストレス解消に行ったりすることもあって、いろいろ教えてもらっています。これからもよろしくお願いします。

本庄：1分だけ（今日、Sさんの授業に入ったときのことを）再現します。

Sさんから「先生今日入ってね」と言われ、「はいよ」と言って、教室の後ろから入ったら、マラソンの時に脱ぐ服が「ガッ」と突っ込んであったんやね。

ほいで、私が「あらら、大変です、大変です」って私が言い出して「かわいそうに、かわいそうに、この主人は誰でしょう。こんな扱いを受けているのね。可哀相に」とか言うて一人でこうして「はいたんで」と言うてね、それで「お寿司が、ズボンお寿司できました。こうして、じゃあ、何々お寿司、はいやって見て、いいねえ、今度はジャンパー寿しができたね」「はい、誰かな、はい、入れて、こうしたらスッと入るね」

とか言うて一緒にやって。ただそれだけなんですよ。子どもたちに口だけでやったら絶対にあかんのですね。S 先生は大層なことをおっしゃいますが，そんなことなんです。はい。

E ：私 3 年目で去年 1 年一緒の学年を持たせていただきました。朝教室に行く時，階段を登りながら子どものこととか，家庭のこととか，たわいもないことのようだけど，特に打ち合わせというわけでもないことを話をしたのがとても良かったと今も思います。今はそれができる先生がうらやましく思います。

　 S 先生もおっしゃっていましたが，本庄先生の教室に入る時に柔らかい雰囲気があるんやけども，凛とした感じが授業にも通じていて，それがやっぱり子どもと向き合う時にも必要なもんなんやろなと感じます。

　私は荒川小学校に来るまで，子どもに結構威圧的なところも多かったと自分の中では思います。先に S 先生も言われたように，叱る時，叱りっぱなしにせず，後で子どもの様子をみる。例えば，靴を脱いだ後，靴をちゃんと並べとるか反省したんやったら，それをちゃんと見てあげることの大事さを教えていただきました。

F ：僕，荒川小 6 年目のうち 3 年間，本庄先生と一緒に同じ学年もたしてもらって間近かに見ているからこそ，正直ああ絶対無理，とても真似できないなというところと，ああこれ使えるな，ちょっといただこうかなというところもあります。

　先生が 4 年生に〈ごんぎつね〉を教える時は，毎回劇をやらせて，そこから指導を行う。普通，授業終了後，総まとめとして劇をするんですけれども，本庄先生はそれとは違い，劇をしながら，その中からいろいろ感じさせたり学ばせたりするんです。私には難しくて絶対手が届きません。

　でも私の母と年齢が近く，お母さん的な所もあり，甘えられる所もあって，ヘルプを求められるし，側にいて頂けるだけでとても安心するのです。授業に入って頂くと，私などは，あまり強くない人間なので，授業

でどんな風に見られるか，失敗したくないなと思って結構テンパって緊張するんですが，本庄先生に入ってもらうと，なぜか肩をキュッと引き締めなあかんという気持ちはないのです。なぜかというと，「あんたここはこうせなかあかん」ではなくて，「私やったらこないする」とか，「ここ，こうしたらもっと良かったのにな」というように，ちょっと背伸びしたらできそうなアドバイスを結構いただけることがあるんです。

叱られるとか，強く言われることで，心がキューとなるところがなく，そんなところで「あんた，良かったで」みたいに褒められることが有難いし，「ここ，こないしたらもっとよかったのになあ」というアドバイスが自分の普段の指導にも活かせるのです。自分は叱り方，怒り方などに強くないので上からガツンと言われるとへにょってなってしまいます。

本庄先生は「あんたこうしたらようなるやん」と言った言い方なので，子どもを指導する時も，あんまり叱ることもないのです。例えば，掃除でバケツの水を捨て忘れるとしたら「誰や，廊下掃除，はよ捨ててこんかい」って言われたら，心がキュッとなる。でも，最近僕が言葉がけにしているのは，「おーい忘れ物があるで」「誰？」とか「誰か心優しい人，ここの教室掃除とかおらんか」とかって声かけたら，子どもらも「はいはい」って感じで動く。本庄先生から，そういう雰囲気の言葉を頂いて，自分ができとんかいなと思いつつ，かなわんというところもあるし，ちょこっと頂けるところもあるという感じです。

G：私は本庄先生から，子どもと子どもの関わりがすごく大切なんやということを教えて頂いたことがすごく学びになりました。

具体的には，班の中で曜日のリーダー作って，月曜日のリーダーが手紙を配ったり，担任から「これ持って行って」と言われたら，リーダーが代わってやるといったルールを作りました。すると普通，自分が自分がと言って自分を出したい子どもが出しゃばるのではなく，表に出られない子が主になって生き生きと活動しているんです。それを見ると，陰になってしまいそうな子も，やっぱり前に出たいっていう気持ちがある

んだということを感じて，先生からつながりの大切さを教えてもらってすごくよかったなと思います。ありがとうございました。

A：うちにきてまだ4日目かな。

（校長先生「飲み会があるから」と言い，途中で退席）

H：5日目です。一度本庄先生に入っていただいて，いろいろ考えさせられました。私は今までに子どもたちにガツンと上から叱るというか本当に怒る感じで授業したことがあるんですが，先生の授業を見ていたら，子どもたちが凛とした中で，とても楽しく授業している姿を見て，子どもたちに申し訳ない，かわいそうやなと思う気持ちがあり，本庄先生の真似をしようと思い，次の日やってみようかなと思いつつ，やっぱり，素のままで，なかなか直せないとも思います。これから先生の素晴らしいところを学ばせてもらえたらなと思います。

本庄：私も怒ってますよ，ガーンと言うてね。「くそくらえ」みたいな怒りかたをしますね。

I：失礼します。私は本庄先生の「スマイル」に出させてもらうのは初めてなんです。出張など重なってこれなかったんですけど，本庄先生が頻繁にされておられるのを見て，いつも参加できないのを情けなく思っていました。先生を見習い勉強させてもらえたらと思っています。よろしく。

本庄：大変やもう。私もちょっとでも手伝いたいと思っていました。

I：ありがとうございます。助けていただいて。

本庄：ちょっとだけ助けられて，こんどからはもっと助けたいと思います。

J：私も音楽の専科なんで，本庄先生の授業を見に行ったこともないのですが，他の先生から先生のお話はいっぱい聞いておりまして，真似したいこといっぱいあります。

　専科の立場で言うと，子どもたちが音楽室に来るというだけで気分が違ってくることが多いと思います。授業をしながらいつも思うのは，やはり担任の先生の力は大きいのです。担任が「音楽の時間やから行ってきなさい」と送り出してくれるクラスと，次は「音楽の時間やから」と，

ぴしっと区切ってしまっているクラスとがあるんです。このふたつは全然違うんです。割とギューと締められているクラスの子は、ものすごく思い切りネジが外れるのを感じることが多いのです。こう外れることも必要かなとは思いますけれども。

　この間あるクラスで、リコーダーが少しできない男の子がしゃがんで吹くのを、私が一緒にやっていた時です。前の子もすごく吹けるわけではないんですけど、一生懸命やっていたんですが、多少かまって欲しかったのか、周りにきて、「僕も吹けへん、僕も吹けへん」ばっかり言うので、「ちょっと待って」と言ったら、屈んでいた私の背中に、急にお母さんの背中におんぶするようにもたれかかってきたんです。４年生なんで、「えっ？」と思い、男の子やったら恥ずかしさが出るかなって思ったんですけれども、離れる様子もないので、すぐにはやめなさいとも言えへんなという雰囲気だったので、そのまましばらくは、「後で聞くから」と甘えさせたんです。

　そのうち周りの子が、冷やかすんじゃないけど「何甘えとんやろ先生に」と言い出した子が何人かいたので、まあこの辺で離れるかなと思ったけどやっぱり離れず、しばらくじっとしているから、思わずおんぶしかけたんです。そしたらようやく我に返ったのか「あー下ろして、下ろして」と言うて慌てて自分の席に戻ったんです。

　というのは、教室の中と、音楽室では、子どもが見せる顔が違うのです。だから３年～６年迄で専科のある学年の担任の、毎回とは言いませんが、先生方には音楽室を覗いて欲しいのです。

本庄：覗かせてくださいね。覗きやすくなりました。

K　：この「スマイル」の会は去年から参加させてもらっています。毎回、本庄先生はじめいろんな先生からすごく教えられています。いろんな先生の実践例を聞いて、今日勉強したことを、じゃあ、明日から私の教室でもやってみようという気になります。指導書などでは書いていないことを毎回教えてもらえるので、私がひとりの人間として成長できるし、そ

れをまた子どもにも入って，今度は子ども同士が成長するのが見られるので，この会は毎回とてもためになると思って参加しています。

L：授業には入って頂きたいと思うのですが，若手優先というので，我慢しています。「スマイル」には，毎回，出席させていただいています。私は先生を母だと思っています。本庄先生が，荒川小にきてくださることになって，一番ホッとしているのは実は私ではないかと，密かに思っています。

　この「スマイル」で先生の話を聞くと，皆さんがおっしゃるように，人として，また教師として，あるべき姿のようなものを学ばせていただくと共に，先生に入って頂いて，自分が学ばれたことをおっしゃられることで，何気なく見過ごしてきたことか，年重ねることでついつい忘れている基本的なことを振り返らせてもらう。そうやった，それは大事やったということをもう一度思わせてくれるということは，すごくありがたいことだと思う。私も時々，先生をつかまえてこっそりアドバイスを頂いたり，普段のおしゃべりの中から大切なことを学んだりしながら，ほっとした時間をもらったりしています。また若い先生方がそうされているのを密かに聞きながらぬすんでいます。

M：3年前，荒川にお世話になってから本庄先生に出会い，衝撃的なことは，子どもや親の悪口を聞いたことがないことです。

　とかく私たちは，こんなにやってる，こんなに教えているのに，子どもができひんといって，子どもや親のせいにしがちですが，子どものあるがままの姿を受け入れ，じゃあそこからどうやったら子どもが生き生きしていけるかをいつも考えていらっしゃる姿があり，それが当たり前なんです。我々はその当たり前のことをこの忙しさの中でついつい忘れがちになると思っています。

　本庄先生のクラスを見させて頂いた時にも，課題をたくさん抱えた子どもたちが，1年近くの間に生き生きしてきて口数も増えてくる。何でかなと思ったら，先生対子ども関係はもちろん，友達同士が繋がってい

るからこそ，その子の活動力や自信が高まり，生き生きしてくる。その子が分からんことは「分からん」と言える。そういうごく当たり前のことが，日々丁寧に積み重ねられているからこそ，そこに裏打ちされているからこそ自信になるんだろうといつも感じています。ただ自分はそこがなかなか真似できなくて，永遠の課題だと思いながら，学んでいきたいと思っています。

　私がポッと教室に「失礼します」と言って入って行った時に，先生のクラスや先生から学んだ先生方のクラスで，子どもの繋がりということを身につけた子どもから，「どうぞ」という声を掛けられて「あ，うれしいな」「入りやすいな」と思ったり，そういう感じが広がっています。今年の6年生も，合奏音楽会ですごく大変でした。つい結果を急いで，技術的に指導，指導となりがちなところをパートリーダーを決めて，彼を中心に皆で教え合うというのは時間がかかるけれど，子どもたちを育てていこう，それができたら最後に仕上げるのはあっという間で速いという実践を今回6年の先生方と相談してやらせていただきました。

N：私は去年の3学期からここにこさせて貰ってます。この会も多くは参加してませんし，クラスに入ってもらったこともないのです。先生方のお話を聞いてる中で，音読練習をさせている時に，子どもが楽しそうに読めている感じが実感されたので，聞いててよかったな，やらせてみてよかったなと思います。自分でできることしかできないんですけれども，それをひとつひとつ繋げていけたらと思い実践しています。

　今，私，Fちゃんを先生に見てもらった時，先生の関わり方がすごく優しいんです。先生からは，学んだことを生活の中で繋げられるようにしてあげて欲しいと教えられています。クラスのなかで，ひとりの子を特別に扱うことはとても難しいんですが，ちょっと空いた時間に本庄先生からは聞いたことを実践してみるとか，Fちゃんができることを発表する時間やチャンスを与えることで，自信が生まれつつあります。こういう会を開いてもらうこと，授業に入ってもらうことで様々な情報が自

分に入ってくることが幸せだと思います。ありがとうございます。
本庄：ああ，これで図々しくいけそう。教室の後ろに「授業を見てください」という貼り紙がなかったら，私は開店休業ですから，「あんたはもう要らん」と言われているようなものです。行かせていただいとるんでね。できれば，書いておいてください。お願いします。
N　：私は上から叱りがちなところが多いのです。そこを気づかなければいけません。ちょっと落ちつかなかった子が今落ち着きつつあるので，あまりワーって言うことも減ってきているんですがどうしても声を荒げてしまうことも多く，それはあかんなと反省しています。
O　：本庄先生は学習指導の面の素晴らしさはもちろんですが，私たちも子どももとても面白く感ずることをおっしゃるのです。私が一個盗んだのは，「雑巾掛けする時はな，1，2，3，4，ご苦労さんてするんや」と言ってね，それを子どもに言うたら喜んだんです。こういう言葉はどこからでてくるんやろう。もちろん経験豊かでいらっしゃるので，こういう本出されたら絶対売れるやろうし，私その本欲しいです。そういうとこ教えて欲しいです。

　生活面と学習面は直結すると先生がおっしゃるように，教室の生活環境が整っていなかったなら，どんな素晴らしい指導をしても，どっか抜け落ちてしまう面があるんじゃないかと私も思います。去年私は1年の担任の時，初期は生活面の指導が大事やと思います。今年2年生にそのまま上っても，極端な話，掃除さえきちんとしていれば，ちょっと歯車が狂っても整ったラインに上げていけるんじゃないか，3，4年になるとやっぱり中だるみという感じで，もうできるやろうからとほっとかないで，掃除に手落ちがないように，先生の指導を大切にしていきたいと思っています。

　あと劇は，今2年生で〈かさじぞう〉をしています。絵を見て想像できる面もありますが，沢山出てくる昔の言葉は，指導書にも載っておらず，指導しにくい面もあり，また（指導）よろしくお願いします。

T：養護教諭のTです。今年からこの学校にこさせていただいて，今年ここに本庄先生がきてくださることが決まった時の皆さんの「おー」という感動の声と，子どもたちが「きょう，今から本庄先生と勉強なんや」っていううれしそうな声を聞きながら，なかなか関われなかったので，どんな先生だろうと思っていました。

　2学期に入って，保健室に数人児童が登校するようになって，そのことが私にも分かり，その子にどう関わったらいいのか掴めませんでした。その間，いろいろなクラスに関わっていたので，担任の先生とどう連絡を取っていいのかすごくもどかしい気持で本庄先生に相談したら，「こうしたらいいんじゃない」とご指導頂き，実際に動いて下さいました。

　実際やってみて動きにくいとか，ちょっと変えた方がいいという時に，本庄先生に相談したり，担任の先生にサッと動いて下さったり，もう子どもたちもきやすい環境になってきてるんじゃないかと思います。これからもいろいろ教えてください。

P：沢山のことを教えてもらった中で，子どもと一緒に掃除をすることが凄く楽しくなりました。何時も箒をやっていた自分が雑巾をやるようになって，子どもがこんなに毎日腰を痛めて汚いところを掃除しとんやな，偉いなって感心をしました。

　この間トイレをしたんです。子どもたち，本当に気持ち悪くなって，トイレのふたを開けて「おえー」って，でもやりとげた後，男の子たちと「綺麗になったな」と言い，「匂いもあらへんな」とか言って，凄く気持良かったなと言って。本庄先生が一緒にやってみて教えてくださって。「汚れとったら先生のシミやと思ってこすってみ」って言ったら「えっさほいさ，えっさほいさ」ってやってくれて，「あーきれいになったわ」って，先生が教えてくれたことをそのまんま使って。

　あともうひとつ，掃除をしない子もやっぱりいるんですね。そういう子たちをよくできる女の子たちが「掃除しないんです」って言いにきたんですけど，ある時，先生も「まあ掃除しない子の分までやったろかっ

て思ってやってみ」って「そうしたらもっと綺麗になるわ」っていうことを教えてもらって，先生も一緒にやるから，「一緒にそういう気持ちでやろか」と言ってやったら，その子たちも「やったろか」と言いながらやってます。いろいろありがとうございました。

Q：私，今年初任1年目で本庄先生と同じ学年に関わらせて頂いて，よく給食の時に入らせて頂くんですが，授業に限らず，掃除とか，クラスの環境づくりなどで，人との関わりがすごいなって思います。私は学級経営や雰囲気作りの方で子どもたちがトラブルになった時に，授業などで時間が限られているときに，そのトラブルについて個人的に，またクラス全体で取り上げる時，どう関わるか迷います。指導はしていますが，またトラブルが繰り返されたり，子どもの心のモヤモヤを子どもの気持ちになって聞けなかったりします。

　この間，先生に入って頂いた時に感じたのは，聞こうと思っていても，すぐ先を求めてしまい，子どもが納得するのを急いで求めてしまうということなんです。

　というのは，自分の行いを反省して泣いている子に「泣かんでいいよ」って言ったんです。まあ反省していると感じたからなんですが，ずっとその子は，下向いて「わー」っていう感じだったんです。

　そのとき，本庄先生がさっと声を掛けてくださって「私たちもう部屋出ていくから気持ち落ち着いたらまたあがっておいで」って言ってくださったんです。その子はいま，「わー」っていう気持ちでいっぱいなのに，泣かんでいいとか，気にするなとか言われてもどうしょうもないことなのに，そこを分かってあげられなかったんです。本庄先生のその言葉がけの直後，今まで泣いてる子が泣きながら顔を上げたのです。

　私たちが上がって5分経ったら自分で上がってきて，もう気持ちも引きずらず，顔もスッキリしてました。そんな子どもとの関わり方というところが凄いなと最近実体験したのです。先生が私が困ったり，気分が晴れない時に，「大丈夫？」って声を掛けてくれるのは，子どもを含

めて人の顔や気持ちを見ているからだと思うのです。私もそうなれるようにがんばってみたいです。

R：私は座り方や話し方など，忙しいから，まあいいかと直して返さず諦めてしまいがちですが，先生にちょっと入っていただくと，教室の空気や姿勢が変わってくると思い，自分が細かいところで諦めて怠けていたと思います。本庄先生が「漢字を5分間，本気で書いてみ」と言ったら子どもたちは頑張って手を痛がって，気持ちも字も本当に変わってきました。最近，また字が崩れてきたので，またやってみたら戻ってきましたので，よろしくお願いします。

S：本庄先生，いつもありがとうございます。先生にお願いするのは厚かましかったのですが，一時間目に入って頂いたおかげでその後の国語の物語の勉強が本当に，凄く楽しく進められました。先生が子どもたちに伝えて下さった物語の楽しみ方を子どもたちが掴んでいて，私も凄く楽しんでできたと思います。今〈かさじぞう〉を同じようにしようと思っているのですが，私がやるといろいろ抜けるところが出てきて，ついつい楽しい事だけになってしまい，大事なところを忘れてしまうので，そこが先生との違いかなと思い，その辺のバランスを気をつけたいなと思っています。

　先生は私のようにカーッとならずに自分の思いや感情を子どもに伝えるのがすごく上手です。私はすぐテンションをカーッとあげてしまう方で，そうせずに，自分の考えを子どもたちに伝え染み渡らせることができるようにしたいと思っています。でもやっぱりできないこともあるんで，何遍も先生のことを思い出しながらやろうと思います。

　先生の様子を見てると，子どもの方が先生を見ているというか，子どもの方が先生に繋がろうとしているという感じがあるんですよね。でも私はついカーッと怒ってしまうと，子どもの方がきっと怖さが先に立っちゃって切れてると思うのです。今先生怒っているし，じっとしとくかみたいに。そんなんじゃなく，「先生なに考えているんやろうな，どん

なこと言おうとしてるんやろな」と子どもの方からこっちの言うてることに耳を傾けてもらえるような教師になりたいと思います。

ＴＡ：私も先生から学んだことがたくさんあるんです。私はどうしても，子どもにこうして欲しいという思いが勝ってしまって「ああしたら，こうしたら」とか子どもに言いがちになります。本庄先生は「どうする？」ってよく尋ねます。「このやり方とこっちのやり方とどっちがいい」とか，「こうした方がいいと思うけどどうする？」というように子どもに聞いて，子どもに選択権を与えることがよいと言われます。

　そこで子どもに任せるようにしたら，だんだん子どもの方から「これできてなかったから，いついつやりたいんやけど，先生，この時間やってもいいか」などといってくるようになった。私としては中間休みにやって欲しい思いがあるんだけれど，あえて「中間にする？　どうする？」って訊いたら，「やっぱり，中間は遊びたいから，昼休みにやってもいいか」とか「それで終われへんかったら給食待ってる時にちょっとやりたいな」っていう風に，子どもに選択させたら，子どももその気になって，その時間に頑張って取り組むようになったので，そういう点を教えてもらったことを真似していきたいと思います。

本庄：皆に言わせるかっこうになってしまってすみません。でも大切なのはあなたらしさであり，この先生やからこそ誰も真似できないものあるんやね。考え方の大切さはたくさん出てよかったと思うんですね。子どもにとって担任の先生と子どもは繋がっとうなっていうね。なんかその嬉しさを感じながら，私がポンと入ることも許していただいています。その際，先生方のその先生らしさが入らせていただくことで，さらに磨きがかかるというところに力を注げたらいいなと思って入らせてもらっています。これからも遠慮せんとどんどん，後ろに書いて貰ったらええんやなと思って授業に入れますのでよろしくお願いします。

小川：私は10年間，先生の授業を見せて頂いて『子どもの「居場所」を求めて』という本を書かせていただきました。本庄先生とは，学生時代からのお

つきあいです。この人は大変個性的で存在感のある人でした。だから学力中心の現在において，子どもの親であれば学力に関係なく，どの子も可愛いと思うのと同様に，学級のすべての子どもが可愛いという認識を持っていらっしゃいます。

　人間としての子どもという存在そのものへの愛を感じていらっしゃるというのが10年間の印象です。またそれが授業を見ようとした動機でもあります。毎年，障碍を抱えた子を引き受けるというのも，いろいろなトラブルがあっても，いろいろ辛いことも，いざという時には，必ず引き受けよう，そして子ども一人ひとりの自立する姿をしっかり見届けようという強い心と覚悟がこの先生にはあります。

　この学校で，荒れた学級の助っ人に本庄先生が立たれたことがありました。その時のことをお話ししましょう。荒れたクラスに入って行く様子を見学させていただきました。

　教室は騒然としていました。教室に入ると，本庄先生はぐちゃぐちゃに壊れた鉛筆削り器を見つけました。そして話し始めました。「なんでこないなったんやろう」と言いながら，そしてそれを持ちながらそこで職員室にある自分の鉛筆削り器を持ってこさせました。「私30年，使っているけど，この鉛筆削りはちゃんとなっている。でも，こっちの鉛筆削りはメチャメチャです。なんでこうなったと思う？」と子ども一人ひとりに聞いていったのです。机間巡視の時のように，子どもの机の前に立ち，鉛筆削りを前に並べながら一人ひとりと向き合いながら「なんでこうなったと思う」と30人一人ひとりにしっかりと問いかけていくのです。それに1時間掛けたんです。

　最初私は，これはいったいどんな意味があるのかと思いました。その後，先生の深い意図が分かってきました。荒れるクラスの子どもたちをまとめて怒ったり，叱ったりすることをする前に，鉛筆削りという具体的な物の扱いを巡って，物を粗末に扱ってぐちゃぐちゃにする心のあり方と，30年もの間大切に扱ってきた心のあり方を比べてそこにどんな

違いがあるかをしっかりお互いに向き合って話し合おうと提案しているのです。それが「なんでこうなったと思う？」という問いかけであり，一人ひとりに真剣に向き合う本庄先生の構えです。その構えには，「これは決して些細な問題ではないのですよ，あなた自身がきちんと考えて，自分なりの答えを出さなければならないことですよ」という無言のメッセージが感じられました。事柄の大切さを先生は物を大切にするという事柄に向き合う大人の真剣さとして態度で伝えていたのです。

　約1か月後，電話をしたら，クラスが正常に戻ったと言われました。このことから私が感ずるのは，本庄先生は自分の背筋をピンと伸ばして，子ども一人ひとりと向き合おうとする人間的な強さをお持ちです。ヒステリックに感情に任せて怒ったりすれば，逆に教師の弱さを子どもに晒すことになり，かえって子どもたちを反発させることも考えられます。教室を混乱させながら，反面で自分たちの行いに不安を感じている子どもたちにとって，自分たちの前に立って凛として向き合っている先生は，その強さのゆえに自分たちの心を支えてくれる存在であることを子どもたちはやがて気づくんだと思うんです。

　本庄先生は，教師としての指導の仕方の上手い下手以前に，ひとりの大人として子どもの前にきちんと立たれていて，これが子どものお手本になっているんです。だからクラスの子どもたちがとても仲良しでお互いに助け合っていました。それは先生が子ども一人ひとりとしっかりと向き合い，アイコンタクトを交わし，先生が子ども一人ひとりの存在を受け止める姿勢を示すので，子どももこのクラスの一員であるという存在感を味わえるのだと思うのです。

岩田：私が本庄先生の授業で一番魅力を感じているのは，子どもたちに横の繋がりがあるということです。私も保育者養成の大学で教えています。そこの50人以下の教師主導の授業で，指名，発言の管理をしますと，周りが聞いているだけになります。例えば，ある児童を前に出させて黒板で問題を解かせる時にはそれが顕著になります。児童に自信がないと，

「こうですか？」と教師の顔色を伺う。教師も「それでいいの？」と尋ね返す。子どもたちとの関係は切り離される。本庄先生の授業では，絶対そうならない。ひとりの子が先生に答えるのではなく，皆に向かって答えて皆がそれに対して良いか悪いか判断するようになっていて，発言する子とクラスの他の子どもたちの間で発言と評価のやり取りが行われる。こうした仕掛けを先生は引いて見守っている。一般に一斉授業は教師が一方的に引っ張っていく授業になりやすいのに，本庄クラスは子どもが授業を進めていくという感じが強くあるんです。

　本庄先生の授業で感動するもう一つは，普通，学力の劣った子が次第にクラスの中で仲間はずれになっていくのに，ここでは，そういう子がまったく問題行動を起こさないという事実を何回も見てきました。また，私たちが本庄先生と校長先生と話していたために，教室に行くのが遅れた時，朝の会をやり，授業を子どもたちだけでもう始めていて，国語の教科書を開いて，係りが順番に読んでいってその後，「はい」と手を挙げて「今の読み方についてAさんのこういうところが良かった」って言ってるところに教室に入って行ったことがあります。

　今日はここをやると自分たちで決めて授業を進めて行く（本庄先生に言わせると本当はそこをやるはずではなかったそうです）。もちろん，本庄先生は存在も大きく頼りにしているけれど，やっぱり進めていくのは自分たちなんだという意識が子どもたちにある。それは教師と一人の子どもとの関係にとどまらず，みんなでやっていくという集団意識の仕組みが本庄先生のクラスにはあるんです。

　例えば発言して間違ったりすると，「えっ」「今の違うんじゃない」と教師面して言ってしまうことがよくあります。そうすると，そう言われた子は居心地悪くなりますよね。ところが本庄先生は，「今の誰々さんは，どうしてこんなふうに考えたんだと思う？」と皆に聞くのです。そうすると，その子がどういう考え方や気持ちでそういう風に言ったのかを皆で考える。だからこそ，できなかったことを駄目なんだというような自

信喪失にはならない。誰だってこういうふうに考えてしまう可能性があるんだというようなことをお互いに共有しているのです。こんな風にやっていくと，小学校から大学まで，学力格差だけではずされていく子どもがなくなる可能性があるんじゃないのかと思うんです。

本庄：ありがとうございました。時間を長いこと引っ張ってしまいました。頑張らせていただきたいのです。今言われたことを実感しても，うまくいかないこともあるかもしれません。ただそこから何か一つでも掴んでくれればと思います。もし失敗したらごめんねと謝りながら，それも勉強なんで，「失敗したらもう1回やってください」とか言うて，機会を与えてくださってと自分にも言い聞かせて，頑張っている途中ですので，一緒に学べることに喜びを感じていますのでまた誘ってください。ありがとうございました。

一同：ありがとうございました。

■ 「スマイル」に参加してそこから感じた印象とコメント

　本庄教諭は，2012年3月をもって定年を迎えた。しかし県の優秀教員として表彰されたこともあって，引き続き，荒川小に留まり現職教員の研修を依頼された。そこで，この研究会を開くと共に，先生方の自主的依頼に基づいて，介入授業を行うことになった。

　ちなみに介入授業は1970年代，福島県の島小学校の斎藤喜博校長の教育実践が大きくマスコミに取り上げられた時代に問題になった。当時，斎藤喜博の教育実践力は高く評価され，多くの教育学者を始め教育研究者や院生の島小詣でが生まれた。校長としてもカリスマ性を誇っていた斎藤校長が，各教員の授業中に予告なしに介入し，担当教師のやり方を修正したり誤りを指摘したり，斎藤自身の語りにしていったりする形で実践が展開された[1]。この介入授業については，その是非については議論があったものの，斎藤喜博のカリスマ性や知名度の高さ故に，あからさまな批判はあり得なかったと記憶している。しかし，担任教師の子どもに対する権威性や主体性の喪失という点からその功罪が

問題点として残るものであり，この研究スタイルの流行が過ぎると共に，介入授業も問題にされなくなっていったと思う。

　しかし今回，本庄教諭の退職後の現職研修の講師としての実践を見せていただいた時，改めて，介入授業の意義を見直すべきだと考えた。それが今回ここに収録させていただいた本庄教諭を囲む荒川小学校の現場の研究会である。

　新たな形で再生されることになった介入授業について改めてその意義を考えれば，例えば，技能習熟の視点から見ると，こうした介入はむしろ当然である。音楽の器楽練習などでは，師匠の前で弟子が一定のフレーズを演奏した時，師匠がストップをかけ，その箇所を自分が演奏して解説するというやり方はごく一般的である。しかし，教育実践の場合，子どもを相手にしての行為は常に1回的であり，授業は本来相互コミュニケーションとしての性格を持つところから，「教育技術」（私自身は原理的にこの〈技術〉という言葉を教育の実践行為に使うことに賛成ではない。なぜなら，教師の教育実践行為は，合理的な機械の論理に公準化されないので，「技術」とは言えない。それは技能〈アート＝art〉である。しかし，すでに常套的に使われているので，この語を使わざるを得ない）としての習熟には，マイクロ・ティーチング（教育実習生が小集団（20人以下）[2]の擬似的状況設定の中で授業コミュニケーションを行う授業の仕方）という訓練方式が紹介されたが，身体的パフォーマンスのレベルを向上させるには実際の場面でベテランの教師が介入して援助する方法は有効である。なぜなら，授業実践は一回的であれ，そこには教師と子どもたちが生み出す教師と子どもたちとの間に生まれる相互的な「ノリ」の共有関係があり，両者の「観る⇄観られる」関係，「演じる⇄演じられる」関係があり，介入授業の成功，不成功はこの関係をより向上させることができるかどうかにかかっている。もし介入するベテラン教師がその関係を熟知していれば，介入によって，よきモデル（範例）を新人教師に示すことができるという利点がある。

　その点で本章第1節の事例「一年生の国語の授業への介入」は，本庄教諭の介入が優れたモデルになっていると言える。この授業は，担任が子どもたちを班に分けて，群読をさせる授業である。班毎に群読のパフォーマンスをさせる

に当たって，本庄教諭の介入は，授業を進める担任の進行を介入によって一見中断するかのようにみえる。しかし，この介入は，各班の群読のパフォーマンスを発表の整え方だけではなく，各グループの動きの整合性，身体の構え，間のとり方などを含めて，学級全体の群読のリズムがきちんと合うような指導になっている。それはあたかも，演技指導の演出のようである。結果，子どもたちは達成感で拍手をするに至る。本庄教諭の介入は，担任にクラス全体の朗読のパフォーマンスが整い，どうすれば子どもたちに達成感が与えられるかを教えてくれているのである。こうした介入授業の成果の上に「スマイル」はある。

　まず，第一に感ずることは，この研究会そのもののあり方である。タイトルの「スマイル」が示すようにこの研究会に参加する先生方の自主性であり，主体性である。そしてこの会の明るく解放的な雰囲気である。それは「スマイル」というタイトルそのものである。こうした研究会の雰囲気を生み出している背景として，一つに，この研究会の主催者である本庄教諭の姿勢である。本庄教諭は，優れた実践者としての力量を上から教えようとしてはいない。それぞれの先生方の個性を尊重し，自分の授業介入が先生方の授業の取り組みをどう援助できるかに心を配りたいという態度を述べている。こうした姿勢は，クラスの子ども一人ひとりを独自な存在として対処するという教育観に通じるものである。

　もう一つは，学校経営者である校長先生がこの研究会のあり方に対して，肯定し先生方のこういう動きの自主性と自由を認めているということである。それは，校長先生は会に初めのうち出席していて，事実か口実かはわからないが，「飲み会があるから」と，途中で退席しておられることに現れている。

　次に，先生方の発言を見てみよう。まず気づくのは，先生方の本庄教諭に対する意見表明の率直な物言いである。しかも経験年数の違いは発言の中身に現れているが，本庄教諭に対してはどなたもフランクに話されていると思う。さらに気づくのは，本庄教諭の介入授業について好意的でしかもそこから学んだ実践内容についての話である。先生方は多くの点を本庄教諭の介入実践から学んでいる。前述の斎藤喜博の介入の事で指摘したように問題点を含んでいるが，

本庄教諭と先生方の良き人間関係を前提にするならば，本庄教諭の実践をモデルにして，より具体的に先生方が自分の実践に真似たり，利用しているということを教えてくれている。

　また，本庄教諭の実践と自分の実践とを比較した時，とても真似はできないけれど，そこから本庄教諭の子ども一人ひとりに対する関わり方が，いかに子どもの気持ちに寄り添っているかについての気づきから，自分の実践の問題点を反省する契機にしているなど，この研究会が教育実践やそれについての考え方を具体的に考え合う機会になっているといえる。

　こうした研究会が成立している最も基本的条件は，本庄教諭の研究会に関わる姿勢にあるといえる。本庄教諭は先生方がこの研究会に参加されることに感謝していて，自身の教職経験を先生方に聞いてもらえることを喜んでいるのである。理由は，それによって子どもとの関係が改善され，子どもたちが学校生活を楽しく送れることになると思うからである。こうした姿勢の根底には子どもたちへの愛があり，教師として子ども一人ひとりと関わることを自分の生きがいだと信じているのである。だから，先生方の役に立つ仕事をすることを自らの使命と考えている。教職に関わっている時が本庄教諭の一番輝いている時なのである。

（小川博久）

【注】
① 斎藤喜博『授業入門』斎藤喜博全集　第4巻　国土社　1970
② D. アレン・K. ライアン著，笹本正樹・川合治男共訳『マイクロティーチング　教授技術の新しい研修法』協同出版　1975

第5章
臨床教育研究における実践者と研究者

第1節　自己の教育実践を語る
─実践者の立場から─

　小川先生と岩田先生との共同研究は，文科省の幼小連携の事業が広峰小学校に指定された時に，小川先生に講師としてきていただいた時から始まる。そのときに，あなたの授業も観てみたいということだった。その時は2年生の担任で，1年間の子どもの育ちを保護者に観ていただくために〈スーホの白い馬〉の劇活動に取り組んでいるときだった。これは，国語科，生活科，道徳，図工科，音楽科などのねらいを踏まえた総合的な学習として構成していた。その時のことは，『子どもの「居場所」を求めて』の中で取り上げられている。子ども主体の授業づくりは，物と場を介して人間関係が作られ学びが広がるという幼稚園教育の考え方を活かすことで実現できる。そのために私は，日常のさまざまな気づきを大切にし，子どもの興味・関心を授業の中に活かせる場を繰り返しつくること，各教科を関連させ，ゆとりをもって学んでいける授業構成をすること，また，子ども同士が自由に発言できる場を作り，発言をつなぎながら授業を進める方法を習得させ，授業を広げたり深めたりするときに教師が介入する授業づくりをすることをどの教科にも活かしていきたいと考えた。

　さて，学校は，日々生きたドラマが繰り広げられ，泣いたり笑ったり，子どもたちの命が息づく場であり，夢と希望を育む場所である。子どもたちは，毎日ほぼ8時間の学校生活を送っている。その学校生活は，自分らしさを大切にしながら，学ぶ喜びや学んだことを自己発揮する楽しさを味わい，窮屈でない居場所のあるものになっているだろうか。

　そこで，学びの主体を子どもたちに移行するには，学校生活のあらゆることを子どもの手にゆだねることから始める。そこに，幼稚園での学び方をつないだり応用したりすることで，子どもの主体的な学びを育てていくことができるのではないか，ひいては，その学び方は一生涯使える力となりえるのではない

かという確信がもてるように思えた。

　自分が受け持ったクラスは，どのような子どもがいても常に同じような雰囲気になり，子どもたちが同じような行動をとるようになる。小川先生と岩田先生との共同研究は，子どもへの教育の仕方を細かく分析されたことによって，何を大切に指導の仕方を考えていけばよいかが明らかになったといえる。長年の経験によって得た指導方法や教育への考え方がつながっていき，ひいては，他の学年やクラスに入ってそれをためすことができたことは，一般化できることとして確立できるように思われる。

　この本の各章で取り上げられた事例をもとに，実践者としての立場から自分の教育への思いや考えを述べたい。それとともに，たくさんの先生方の授業を参観させていただいたり，それぞれのクラスで授業をさせてもらったりした事例も交えながら自分の教育について語りたいと思う。

1　子ども主体の学級をつくる

　4月，子どもと教師は，新しい気持ちでわくわくしながら学校生活をスタートする。子どもたちに人生を豊かに生きるには，「つながる ― そなえる ― いかす」という循環した生き方を学校生活のあらゆるところで感じられるようにしていく。いろいろな人とつながり，とりわけ友達とつながって学び合い，さまざまな力を備え，備えた力を他人のために使う喜びを味わう生き方である。

　教師は，限られた時間の中で，全員に同じレベルで出来るようにするには限界がある。しかし，「出来ないかもしれないけれど，私にやらせて」，「へたやけれど，やるわ」という意欲や挑戦する心は，どの子にも同じように育てていくことが出来ると考える。それには，子ども一人ひとりが，自分の持ち味を出し友達と協力しながら学校生活の日常を作り上げる作業を丁寧に積み重ねることから始める。その中で，どういう生き方をしたいか，しっかり考え行動させることを繰り返すことにしている。そして，何よりも大切なことは，弱い立場に置かれた子の思いを見落とさないことである。

1　学校生活の日常を子どもたちで作り上げる

　教師は，子どもたちに日常の生活を自分たちで作り上げる喜びを味わわせながら，子ども主体の学級を個と個をつなぎ，「気づかせる ― 考えさせる ― 行動させる」の方法で作っていく。それには，当たり前のすごさに気づいてほめることを繰り返すことである。

　教師が，子どもたちにこうあってほしいと伝えたり教えたりしたことをすぐ実行に移している子を見逃さないことが大切で，それは，一日の生活の中にたくさんある。

　チャイムが鳴って授業が始まる。始めようとすると机の並び方はゆがんでいる。帽子や学用品，ごみも落ちている。多くの教師は「ごみを拾いなさい」「机はまっすぐにして」とか指示をして，整ってから授業を始めるだろう。

　子どもたちが始まりの号令をかけると，私が「残念ながら，授業は始められません」と言うと，子どもたちはびっくりした顔をして「なぜ」と心を動かされ，考える行為が生まれる。ここで教師は「わかる人いる？」としっかり考えさせる。子どもたちは，お互いに顔を見合わせたり教室を見回したりしながら考える。私が，「後ろの方」とか「下を向いて」とヒントを言い始めると，ごみが落ちていることや花がしおれてしまっていること，黒板が消せてないこと……等，教師の気づいてほしいことが次から次へと出てくる。普段，見過ごしていることへの気づきである。黒板が消せていないとき，私はそのままその上にだまって授業の課題を書くこともある。子どもたちはびっくりして，あわてて消しにくる子がいる。そのとき「ありがとう。あなたがいてくれたからうれしい」とそっとつぶやく。

　そして，たくさん出た気づきについて，教師は，気づいた子が良い状態にしていく姿をみんなが見ている中で進めていく。この気づきと正す行為の繰り返しが，日常の主体性をつくる。ときには，「○さんが休んでいます」という発言も出てくる。休んでいる子に想いをはせたその心をほめる。何でも気づいたこと，そして，そのことを行動まで移せたことをしっかりほめる。そうするこ

とによって，次は教師が「授業，始めてもいい？」と言うと，みんなは周りを見回し始める。全員そろったことを確認した子が，当番の子に「号令かけてもええで」と，子どもから子どもへとつながっていく。

2　日常を作り上げる過程で心を育てる

　他のクラスの教師の指導に入ったときにも，このように教室の環境が整っていない光景に出会うことがあるが，そのまま授業が始まってしまう。そのようなことを繰り返していると，ごみや雑巾が落ちていることやそのごみを平気で踏むこと，ときには私が帽子であっても気にならなくなり，当たり前になる心が怖い。

　この時を捉えて命の教育も一緒にしておく。命を大切にする教育は，各教科や道徳の中で計画的に行っているが，日常の見逃してしまいそうな物事や行為こそ大切である。

　朝，教室に入ると，後ろの掲示物の一箇所がはずれてぶら下がっていたり，花が今にもかれそうになったりしていることがある。教室に入るなり，T「ちょっと，たいへんやで。この教室に死んでしまいそうな人がいるで」と言うと，みんなは教室を見回し始める。T「生きているものが死にそう」と言うと，鉢植えの花の水がなくてしおれている姿を発見してあわてて水をやっている。しかし，掲示物が死にそうということにはつながらない。そこで子どもたちにヒントを出しながら考えさせる。クラスの誰かが「習字が外れているのと違うかなと思います」と発言する。他の子が「それはちがうやろ。習字は生きてない」，しばらく「ちがう」「そうや」など言い合っている。このやりとりが大切なのである。T「習字やと思った人？」，何人か手を挙げる。なぜそう思ったかを訊いてみる。C「みんないっしょうけんめい書いたから」，T「習字の時間，力いっぱいそのことに向かって自分のエネルギーを使ったからね。だから，作品は生きているんやね。このままでよいか」と訊くと，はずれた掲示物を止めてくれる子が出てくる。このようにして，一人ひとりが，このクラスをよくしようという心を育てるのである。

次に，黒板に字を書こうとすると，とてもきれいに消してある黒板に出会うことがある。そんなときは特に，ていねいに書くことにしている。私は子どもたちにそのことがわかるように，「こんなにきれいに消してある黒板には乱暴に書けないわ」と独り言を言いながら，「今日，黒板消してくれた人，誰？」と尋ねる。手を挙げて教えてくれる場合もあるが，高学年になると，自分から手を挙げることは少ない。そんなとき，「○さんやで」と教えてくれる子がいる。そのときには，消してくれた人だけでなく，教えてくれた人のことも取り上げ，友達のすごさを見ていたその目と，それを伝えてくれた心をほめる。「黒板を消した子もすごいけれど，それを見逃さなかった子もすごい」とほめる。これで，2人はつながる。

　窓の開け方，あいさつのしかた，提出物の出し方など，授業が始まるまでにたくさん子どもたちをほめる出来事がある。これらは，当番活動を生かして行っているが，当番でなくても進んで行動した子のすごさを見逃さないことが大切である。そして，当たり前にできるようになっても，それが続くすごさをほめておく。

　これらは，すべて自分たちで学習しやすい環境をつくることであり，子ども主体の授業づくりにつながるものである。

2　子ども主体の授業を作る

　幼稚園では，五感を通して学んでいく子どもの主体的な姿がある。水溜りを見れば早速泥遊びをはじめ，だんごを作ったり長靴の中に水を入れてその感触を確かめたり，そのうち見ていて面白いと思った子がそれに加わったりして遊びが広がっていく。そして，それらの行為を繰り返し行う楽しさを味わい，その中で考え，いろいろなことを発見しその喜びを教師に伝えながら生き生きと学んでいる。

　このように，幼稚園で意欲的に学んでいた姿を小学校につないでいくには，幼児の学ぶ姿と教師の支援の仕方が大いに役立つ。

1　子どもの意欲を阻む課題

　小学校では，一斉授業により授業が行われるため，個が集団を作るというより集団から個を見る視点が強く働く傾向にある。そうなると，集団についていきにくい子，集団から逸脱する行動をとる子に，どうしても目が行きがちになる。教師もそのことが気になり注意が繰り返されことが多くなる。

　子ども主体の授業にするには，個に焦点を置き，個の良さを引き出しながら集団としての高まりを作る。個を集団の中に埋没させないことが大切である。

　本来人間は，疑問や不思議を解決したいという欲求を持ち，様々に行動しながら学んでいる。しかし，1年生でも，すでにできないとあきらめかけている子に出会ったり，何かしようとすると「むりー」と最初からやる気のない言葉が聞こえてきたりすることがある。

　その原因の一つには，幼稚園での総合的な学びが教科に区切られ，次々としなければならない学習や行事に追われ，一つの事にじっくりと取り組む時間に制約を受けているということがいえる。また，個々へのかかわりより一斉授業という集団の形式をとるため，先生の話をよく聞き指示に従った子どもは，ほめられることが多いが，指示に従わなかったり理解や行動に時間がかかったりする子は，ややもすると先生やみんなから注意を受けることが多くなり，居場所のない窮屈な時間を過ごすことになりがちである。たくさんのクラスに入って授業をさせてもらったり授業を観たりしたが，必ずと言っていいほど「○さん早く姿勢正しよ，準備しいよ，いましたらあかんで」など，負と感じる空気が当たり前のように流れている。

　また，もう一つの大きな原因として，五感を通した学びが，小学校になると，文字を習い始めることで，体験的に学ばせると言いながらも，ほとんど「ことば」による指導が中心となっている点にある。言葉が中心になると，言葉からその物事をイメージできなければ学びがストップしてしまう。何回も説明したのにわかっていない，聞いていないということともつながっている。子どもたちは前を向いて先生の話を聞こうとするが，話された言葉や内容をイメージで

きず，わからなくなっておもしろくないので，私語をしたり勝手なことをし始めたりする姿もよく見られる。

2　子どもに理解させやすくするために

❶　言葉からイメージをふくらませる

　私が勤務する小学校の先生方の研修「スマイル」の会でも，言葉をイメージするということについて触れたことがあった。「ラーメン」と聞くと，どんなことが最初に思い浮かぶかを尋ねてみた。そうすると，研修の参加者は20人あまりだったが，いつも行くラーメン屋の店，ラーメン屋ののれん，器の模様，味噌や塩などラーメンの種類，……実に15通りも違っていたのである。興味・関心のあるものが人によってこれだけちがうのである。その中でも，私が驚いたのは，カップヌードルという発言だった。自分の中では考えつかなかったからだ。しかし，この言葉によって昔食べたチキンラーメンの事を思い出したり，長いこと食べていないカップラーメンを食べてみたいという思いにもなったりした。この違いこそが，子ども同士を結びつけ学びを広げたり深めたりするのに役立つ。

　このように，このイメージを作り上げる時間は，子どもたちの主体的な学習に向かわせるためにとても大切である。「今日はラーメンの種類について学習します」と言ってしまえば簡単なことだが，子ども一人ひとりが学びの主体者となりえるには，子どもの思いや考えを出す場の設定が大切である。

　誰がどんな発言をするかによって班づくりを考えたり，どの場面で誰を活かすか，一つの単元を構成したりするうえで重要である。また，この作業で，子ども同士がつながることが生れてくる。

❷　言葉を見える形にする

　言葉が持つもう一つの重要な側面は，言葉は見えないということだ。教育は，すべて言葉を介して情意を高めたり理解させたりしている。言葉だけのやりとりになると，理解する難しさと併せて相手が伝えようとしていることにずれが

生じることも多く，聞いていないと判断されてしまうことがあり意欲を失うことにもつながっていく。

そこで，自分の考えが言えなかったり理解しにくかったりする子も，物（実物，写真や挿絵やカードに書かれた言葉など）が入ってくると，相手に向かう視線が物に向かうので，ものを手がかりとして話したり相手の内容を理解したりしやすくなる。

例えば，音読や発表のときに「もっと大きな声で」ということがある。教師は，何度かやり直しさせるがその声はなかなか大きくならない。そんなとき，声の大きさを「今のはピンポン玉ぐらいの声」と言いながら黒板に丸を描いてみる。そして，「ドッジボールぐらいの大きさで」と大きさを見える形にすると，どの子も大きな声になる。また，「一生懸命頑張る」等のように様子を表す言葉もどのような行動になるのか，具体的な行動を示し見える形にすると理解しやすくなる。

❸ 言葉を日常生活の事象や経験と結びつける

言葉を日常の出来事や経験と結びつけてわかりやすく話す。そのとき，子どもたちに自由に発言できる機会を与え，子どもたちの発言のやり取りを通して個々の理解を確かにする。

❹ 言葉を体で表現する

自分の体験して学んだことを言葉のやり取りだけで伝えるのではなく，話したことを体で実際にやってみる。これは劇活動につながるものである。

次のことは，体を通して言葉を理解する話である。校長先生は，一週間に一度，朝会で子どもたちに話をされる。今日の話は「脳みそから汗を出せ」という話だった。体から汗が出ることは目に見えるけれど，「脳みそから汗を出す」ことは見えない。私は，子どもたちがこの言葉をどのようなイメージで捉えているか，「脳みそから汗を出す」ことを見える形にするには，どのような話にしようかと考えながら教室に入った。私が肘をついて遠くを眺めている姿を見

て，ひとりの子どもが「先生どうしたん」と訊いてきた。「朝会の時，校長先生が言われた脳みそからどうしたら汗を出せるか。汗なんか出るんかなあと考えているんや」と言った。子どもたちからは，難しい問題をたくさん解くこと，一生懸命解けるまでがんばること，よく動いたり走ったりしたら体から汗が出るから，脳もよく使って考えること，何事も出来るまであきらめないことなどが出た。私はなるほどと頷きながら，それらの行為は確かに見える。「みんなの発言でどんなことか先生もよくわかったわ。ええ話やったなあ。それじゃあ，『脳みそから汗を出す』のを今から見せてもらおうか」と言いながら，校長先生の話を１時間目の算数の授業に向かう姿勢につないだ。

校長先生がある時は，「心をみがけ　床みがけ」という話をされた。ある日の掃除の時，Ｎが怠けて掃除しないので困ったという訴えがくる。私はＮを呼び，「なぜ呼ばれたかわかるか」と尋ねてみるが，Ｎは首を横に振る。私が「掃除の時」と言うと，ちょっと困った顔に変わる。この前朝会で，校長先生が「心をみがけ，床みがけ」と言われたのを覚えているか，そして，そのことが出来たかを訊いたが，「出来てない」という返事だった。さらに「怠けたという事実をどうするのか」と尋ねると，「掃除をやり直してきます」ということだった。そんな時は，職員室の近くの廊下でやり直しさせることが多かった。１ｍ四方ぐらいの広さを自分で決めさせ，「心をみがけ　床みがけ」がわかったら教室に戻ってくること，授業は進まないから安心してきれいにすることを伝え掃除に行かせた。おそらく授業を進めずにいる教室のみんなのことが気になりながら床を磨いているだろう。黙って自分と向き合って，自分自身と対話させなければならない。それは孤独でもある。何か負の出来事を起こして叱られたときには孤独になる。だから，職員室の辺りは，誰か先生が通って声をかけてくれることがある。きっとどんな一言でも聞くと，孤独から解放され元気が出るだろう。

掃除をやり直した次の日の掃除の時，Ｎは「先生，あの続きしてもいいですか」と，はっきりとみがいた後がわかる廊下を，もっときれいにしたいという気持ちになったのだろう。このように，言葉が身体を通してわかるというのは，

心を育てるうえでも大切である。

3　子ども主体の授業をするために

1　自由に話せる場の設定

　普段，授業以外の時には，友達や先生とも自由に話せているのに，授業になると，手を挙げて話すことに消極的になる子どもが多い。授業になると，みんなの前で間違えたくないし，以前に間違えて笑われるような経験があれば余計話したくなくなる。また，こんなことを言ったらどう思われるだろうかという気持ちがはたらくと，他人の意見を聞くだけになってしまう。しかし，どのような発言でも受け止めてくれる相手がいたら話そうという気持ちになる。

　それには，まず，朝の会や帰りの会，給食中など，授業以外でも自分の思いや考え，知っていること，気づいたことを自由に発言できる場を作り，内容についても，いろいろな答えが考えられるような質問を投げかけることにしている。その内容については，日々の生活の中で，子どもたちが見せるがんばりや，やさしさなどの感動，学校や社会のニュース，季節の変化など，さまざまなことを話題にしている。特に，知っていることについては得意そうに話してくれる。また，気づくということでは，教室の環境を自分たちで整える場合のように，次々気づくことを出し合っている。これらは，学力とは関係なく発言できる。変化に気づくことが出来る力は，物事をよく見ている姿なので，大いにほめておく。そして，子どもたちが帰った後，教室に何か変化を作っておいて，翌日，かならず昨日と違うところを尋ねることにしている。おもしろいほど見つけたことについて話してくれる。こちらが予想していなかったことまで出てくる。

　一方，授業においても，自由発言を大事にしている。中でも子どもたちのつぶやきである。このつぶやきは，教師や友達が話す内容に心を動かされたときに自然に出る声である。この中に授業を広げたり深めたりするきっかけになることが多い。

これを見逃さず受け止め、みんなと共有し、ねらいに向かって授業を進めていく。初めのころは、「今のつぶやきをもう一度大きな声で、みんなに立って言って」と言うと、緊張して首を横に振ることがあるが、無理強いせずそのつぶやきを聞いている子がいないか尋ねてみると、かならず聞いている子がいて、その子のつぶやきを広げてくれるようになる。つぶやいた子もすごいけれど聞いていた子もすごいとほめておく。時にはふざけたような発言をすることがあるが、どのような内容でも、真剣に受け止め、どのような思いでその発言になったかをみんなで考える。そうするうちに、ふざけた発言はしなくなる。

　また、最初のうちは、発言することに慣れさせるために同じような発言でも黙って途切れるまで聞く。何を言っても受け入れられる安心感である。それを繰り返していくうちに、友達が思ったり考えたりしていることを知る面白さに気づき、友達とつながる良さを感じていく。同時に発言することに意欲的になっていく。

　教師は、学習指導要領に書かれている内容や単元の目標、本時の目標が何であるかなど見通しをもって授業に臨むわけだが、第3章に出てくる理科の授業「水のゆくえ」について考えてみよう。これから何時間か学習する内容とどのように出会わせ意欲的に学ばせていくか、一見無駄なように思う次のような時間が重要になってくる。それは、子どもたちに自由に発言できる機会を与え、子どもたちが何を考えているか、思いや願い、誰が何をどのくらい知っているかを子どもたちと共有する時間である。それによって、単元の構成の仕方や、誰をどのような場面で活かしていくとよいかに影響してくるため、単元の最初は、このような自由発言を大切にしている。

　子ども同士がつながっていくようになると、教師主導の授業から子ども主体の授業へと変化させることが出来る。

2　教師のする説明を子どもにゆだねる試み

　次に，教師のする説明を子どもにゆだねることによって，教師主導から子ども主導へ譲渡する例を紹介しよう。「面積」の授業の第1時間目である。学習の始まる挨拶が終わると，私は黙って黒板に「面積」という字を書いて，その部分をノックした。それは自由に発言してよいという合図でもある。辞書を引くことが定着し始めると，国語だけではなく他の教科でもすぐ辞書で調べようとするので，調べないで漢字から意味を考えるように言う。子どもたちの自由な発言が始まる。教師は，子どもたちの発言が途切れるまで黙って聞いている。C_1「面はお面の面です」，C_2「面は『ツラ』とも読むから顔のこと」，C_3「それどういうこと？」，C_4「面積とどう関係しているのですか」，C_2「面というのは（顔をなでるようにして）これだけのこと」，ちょっと笑いが起きる。C_5「面積というのは，大きさのことです」，C_6「大きさいうより広さといったほうがいいんじゃない？（教室の縦，横を指で示しながら）広さだと思う」，C_7「おにごっこするとき陣地作るでしょう。その陣地の大きさのことだと思う」，C_8「今さっきも出たけれど大きさというより広さのほうがいい」，C_9「じゃあ積は？積むこと？」，C_{10}「かけ算の答えは積というからそれと関係していると思う」。すでに塾で学んでいる子が，「長方形の面積は，縦×横です」，C_9「それ何のこと」，ここでざわざわとなる。

　子どもたちの自由な発言が終わり，教師が介入する。T「では，Aさん，今出た発言をまとめるとどうなる？大切な言葉をぬかさぬようにしてまとめてみて」，A「面積というのは，みんなが言ったように広さのことだから面なんです。教室の広さはどれぐらいかというのを，教室の面積はどれぐらいということで，どうですか」，みんなの頷く姿が見られる。ここで教師が「今まで出たことを算数の学習にするよ」と言って，まず，「・（点）」を書いた。T「これは？」，みんな「点」，次に点と点を結ぶ。T「これは？」，みんな「線，直線」，C「先生，図形なら辺」，T「じゃもう一つ点を取って結んだらどうなる？」，みんな「面，平面，三角形」，見えない言葉だけのやり取りから，それぞれがイメージした

ものを視覚によりひとつのイメージが出来上がり，これからの面積の学習へとつながっていく。このような子ども同士のやりとりは，慣れてくると，同じような発言が続いたり発言が途切れざわついたりすると，教師の代わりをする子どもが育ってくる。今回ざわついた後，教師が介入してAを指名したが，このような子ども同士のやりとりもかならず教師の立場を担う子どもが出てくるようになる。それは比較的学力の高い子どもの生かし方でもある。

　一方では，算数が好きだったり得意だったりする子の何人かを呼んで，今日，先生がAを指名したが，指名しなくてもあなたたちの中で，先生の部分をお互いに補い合って質を上げていけないかと提案してみる。こうやって，いろいろな教科でその試みをするのである。

3　個の良さを引き出すわずかな時間の確保と活用

　課題を終えるのにそれぞれ個人差がある。子どもたちは，早く終わると，かならず次，何をすればよいかを尋ねに来る。この姿は，常に教師の指示通りに動くという受け身の学習姿勢になっている。時には，「できました」という大きな声が聞こえてくることがある。それは，できにくい子にとってあせりを感じることにもなる。そこで，早く終えた子どもには，周りの状況を見ながら，学習した内容を基に復習をしたり予習をしたりなど，教師の指示が出るまでだまって自分の力に応じて時間を大切に使うことを教えていく。そして，どのようなことが出来たかを，お互いに広め合うことで自分の取り組む内容に活かしていくことが出来る。これは，友達から物事に向かう姿勢を学ぶ機会でもある。

　時間を大切に使うことは，授業以外でも見られることがある。1日の最後の授業が終わり，帰りの会が始まるわずかな時間を使って，宿題に出た漢字の学習をしている子がいる。それを見つけたMが，「先生，今宿題をしてもいいんですか」と言ってくるので，「聞けば『ダメ』と言うよ」と答える。放課後，塾に行かねばならない忙しい生活をしている子の時間の使い方である。私はMに「人をつつくことより，わずかな時間も大切に使っている彼の姿に学ぶことの方が大事ではないか」と言いながら，宿題をしている彼の姿をMと

一緒に見ていた。彼は帰りの会が始まる数秒前に漢字ノートをランドセルの中にしまい，何もしていなかったかのように前を向いて帰りの会に向かったのである。Mに「どう？」と言うと，Mは，にこっと頷いて自分の席に戻っていった。彼の生き方に学んだのである。

個の良さを伸ばすには，最低限の規制はしても，その子らしさが発揮できるわずかな時間を活かすことが大切である。

次に示すのは，新任指導に入った2年生の算数の時間の例である。長方形や正方形の学習を箱作りしながら図形について学んでいる。決められた長さで作ったので，みんな同じ箱が完成した。作る速さに差が出たため，終わった子は，長さの違うサイズでいろいろ作ってもよいという担任の指示があったので，子どもたちは自由に作り始めた。長さを1mmずつ小さくしてどこまで小さいサイズのさいころができるか挑戦している子，消しゴムの大きさを測りその消しゴムが入る大きさの箱を作っている子，箱を一部をくりぬいておみくじ箱を作っている子……課題の後の自由な時間があったことで，今日の学習によって自分の新たな思いを実現させる喜びと共に，それぞれ関心のある子のところに集まり学び合う姿が生まれる。その日，作った箱を持ち帰ったが，私なら，今，図工で学習している家づくりに利用しただろう。それは，学習後の作った物は，終われば，そのまま家に持って帰るが，ときにはゴミ箱に捨てられていることもあるからである。作ったものを大事にすること，また，それを活用して新たな物を生み出す力を引き出していくことに役立てたいと考えている。それは，子どもの発想やアイデアに感心させられることが多いからである。これが，「教科をつなぐ」ということにつながる。

また，学期の終わりに算数のテストがあったときのことである。テストでは，最後の行に，「算数の学習で楽しかった学習はなにでしたか」と尋ねてあり，単元名を書く場所があった。担任の先生に，テスト用紙の裏が白いので，そこに自分が学んで楽しかった学習の内容を自由に書いてみるように伝えたからである。そうすると，九九を「一のだん」から「九のだん」まで，ていねいに書

きあげる子，文章問題を作って解く子，直角三角形を使っていろいろなケーキを描く子，三角形や長方形など図形を使ってロボットや人間を描く子……など，その内容や書きぶりにもその子らしさがにじみでる。特に，ケーキを描いた子であるが，直角三角形を習ったように書くと立体にならないことに悩んでいた。私は，だまって定規の角を30度ほど傾け，直角三角形の二辺を書いた。その瞬間，その子は「先生，ありがとう」と嬉しそうに首を振りながら，一気に立体のショートケーキを描けたのである。よほど嬉しかったのだろう。休憩時，自由ノートに続きを描いている。その周りには数人の友達が群がっていた。個の学びが広がっている。教師は，課題を早くやり終えた子に他の子ができるまでじっと待つような指示ではなく，わずかな時間を使って自分なりに工夫する機会を与えるところに，その子の学びを応援することができる。

4 学び方を学ばせる ── 自分たちで解決に向かう力を育てる

1 調べることは知る面白さに気づくこと

　子どもたちにつけたい力のひとつには，知りたいこと，わかりにくいことがあれば調べたり人に尋ねたりして解決する方法を身につけ，いつでも自然に出来るようにする力がある。そのために行っていることのひとつは，辞書を引くことを習慣化することである。国語の時間を中心として，いつも辞書は机上に置いている。それは，漢字や計算練習と同じように繰り返すことによって身につけさせるためである。また辞書を引くことは，語彙を増やし言葉にこだわりをもたせるためでもある。教育は，すべて言葉を介して学ばせ，情意を高め，言葉から物事をイメージして理解させていくため，言葉にこだわることはとても大事なことだと考えている。

　辞書の引き始めは，言葉を探すのに時間がかかり，辞書に書いてある言葉が読めなかったり書いてある内容がわからなかったりということもよくある。そんなときは，学力の高い子が読み方を教えたり，書いてある意味を分かりやすく解説したりして学んでいく。それを続けているうちに辞書を引くことが当たり前になり引くスピードも速くなる。そして，ただ辞書に書いてある内容をそ

のまま言って終わりというのではなく，常に自分の言葉で日常の出来事と結びつけ，だれもがわかる言葉で説明し理解する作業をみんなでする。

　また，この逆の作業もよく行う。今の内容を一言で言えばどんな言葉になるか。ちょうど，第3章「水のゆくえ」のところに出ているが，目の前の現象から「水はどうなるのか，水はどこへいくのか」を一言で言うと「水の姿，水の行方，水の正体」といろいろと言葉を紡ぎだすところに，学力に関係なく学びが広がる。教師の質問に合った発言が採用されるのではなく，子どもたち同士で納得しながら進む方法である。教師はその一員に過ぎない。教師は子どもの発言のやりとりが停滞したり質を上げていけなくなったりした時に介入するが，子どもたちの調べたことや考えたことが取り上げられ活かされることが大切なのである。

　また，学力の高い子が，知識をよく知っていて説明したとしよう。その説明が誰もがわかるようになっているか，また，言っていることが正しいかどうか証明できないか子どもたちに尋ねることもよくある。そうすると子どもたちは教科書や辞書などで探し，誰かが，「今，友達の言ったことはここに書いてある。みんなも開けてみるように」と言って，全体の学びへと広げていく。しかし，いつもこのようにすぐ解決できるものばかりではない。そんなときは，教師はそのままにせず，誰でもよいから調べた資料を基に説明をしてくれるよう言っておく。翌日の学習や，教科と関係しない内容では，朝の会を利用して，調べてきた子がみんなに伝えるようにしている。忘れると困るので，かならず，黒板の隅に「○○の事」と書くことにしている。「じゃあ，このことは明日ね」と言うと，かならず誰か出てきて，黒板の隅に書いてくれるようになる。

　では，低学年ならどうだろう。辞書はまだ扱っていないので，教科書やドリル，図鑑など誰もが持っている資料をもとに，探す瞬間を常に作っている。先生が子どもの質問に答えて終わるようなことはほとんどしない。これは，2年生「かさこじぞう」を学習しているときの事である。

　　A　：先生，おおみそかって何ですか
　　T　：知っている人

B　：大みそかはお正月の前の日で12月31日です
　　A　：どうして31日なんですか，30日ではだめなんですか
　　B　：31日にきまっとんやで
　　T　：確かめる方法は，なあい？ヒント教科書

　みんな一斉に教科書を調べ始めるというように，自分で調べて解決する力を身に付けていくのである。このようにして，調べたことが友達とのやり取りで確かになっていく。調べることを通して友達と繋がり解決に向かう力を育てるのである。これはまた，個を伸ばすことにもつながっていく。

❷　調べることは個を伸ばすこと

　では，調べることが個を伸ばすということについて示そう。「第3章　子どもが主導する授業　第3節　学級仲間の知性を尊重し学び合う授業」の事例について取り上げられている。これは，単元「ヒトの体のつくりと運動」について，人の体には骨と筋肉があること，人が体を動かすことが出来るのは，骨と筋肉の働きによることを学ぶ学習である。学習指導要領には，特に関節の働きを扱うよう規定されている。第1時間目は，普段当たり前のように動かしている自分の体について，腕や手を触ったり動かしたりヒトの模型を使ったりして気の付いたことやわからないこと，不思議に思うことなどを出し合った。

　それらを基に，2時間目は，「骨と関節」の学習である。手や腕など体の曲がる場所が決まっていて，どこでも好きな方向に曲げられないことに気づき，各自資料を持ち寄り詳しく調べる学習になる。まず，今日の学習のねらいを当番がみんなに伝える。そして，教科書をみんなで読んで学習内容を大まかに掴んでから，詳しく調べる学習に入る。しかし，全員が事典などを準備できるわけではないので，主体的に今日の課題と向かい合わせるために，動きを制限せず友達同士のかかわりができるよう自由にする時間を作る。子どもたちはこの自由時間によって，どの子も自分の課題をお互いに確認したり共有したり，新しく問題意識を持ったりすることで意欲的に学習に向かう準備ができる。また，教師が子どもの問題意識を把握する時間でもある。誰が誰とかかわりどのよう

な会話をしているか，また，教師への質問はどのようなことかを把握し，全体として話し合うべき学習課題を設定するのである。私は今日の授業には，宣伝として新聞の1ページに大きく載っていた関節の部分を資料に使おうと考えていた。それは，調べ学習には事典やインターネットだけでなく新聞も一資料として役立つことを知らせたかったし，子どもたちにとって，グルコサミンの宣伝とも結びつき身近な学習として関心を持って学習できるだろうと考えていたからである。

　しかし，子どもたちが話し合っている内容を考えたとき，教師に質問してきたMの「背骨は関節か」という課題と，第1時間目で疑問に思って家で調べてきたHとOの学習姿勢は取り上げる必要があった。Mは，理科が好きな教科であるが，他の教科は苦手で，ほとんど手を挙げて質問するということはない子どもであった。つけ加えておくなら，みんなが曲を吹けるようになっても，うまく吹けずにいる「さくらさくら」の曲を，リコーダーで吹く練習を外でした時，学習時間内に吹ける喜びを味わった子であり，〈ごんぎつね〉の劇活動では，短い文の暗唱でも苦手なのに，〈ごんぎつね〉の物語は全部暗唱出来た子である。おそらく，教師主導の授業なら，Mは手を挙げて質問しなかっただろう。そのため，彼自身の口から，みんなへ質問を投げかけさせることで，彼の理科への意欲や着眼点のすごさをみんなが認める機会にすることができる。

　一方，「背骨は関節か」という質問に，教師が「わからない」と答えたのは，子どもを活かすという意味で大切である。かならず，子どもの中には，そのことを知っている子がいる。知っている子が活躍できるチャンスでもあり認められる機会にもなる。もし知っている子がいなくても，心に留め調べてくる子がいる。そして，知っていることを出し合うことで，わからないことを解決していける。これは，個を生かすことにつながり，子ども同士の学び合いを作ることにもなる。教師が答えたり，できる子どもが答えたりして終わるということでは学び合いは作れない。

　次に，自ら進んで事典を使い説明したBについてであるが，Bは，自分の知っ

ていることを単に答えるだけではなく，先ほど述べたように誰もがわかるように応答関係を作りながら，事典を使い説明することで，自分自身の学びを確かなものにし，自分の力を生かしていく喜びを感じることができる。また，HやO博士と呼ばれるOは，物知りでいろいろな知識をよく知っている子どもであり，疑問をそのままにせず，家の人に質問し解決している学習姿勢をみんなに知らせる必要がある。このOの学習姿勢は，ごんぎつねの劇活動の学習後の感想にも見られるように，EとIが，誰の指示もないのにチャイムの鳴る前にすでに練習を開始していた姿から，表現のうまさは自ら事に向かう姿勢にあることを学んだことにつながっており，生き方を問うものである。

5　子ども同士の応答関係をつくる発言の仕方を覚える

　発言するときには，全体を意識しだれもが聞き洩らさないようにするための発言の仕方を統一している。発言者と聞き手とに応答関係をつくる。先ほど調べた「大みそか」を例にするとどうなるかを説明しよう。

　教科書を調べて見つかると，どこからか「○ページに出ています」という声が聞こえる。見つけた子は「ぼくが言います」と言って立つと，「みんなに○ページを開けてください。開きましたか」と言って全体を見回す。みんな「はい」，「○行目に，『にしむく　さむらい　小の月』とありますね」，みんな「はい」，「だから12月は31日が最後になるのです。いいですか」。発言する子は，一つ一つの内容や行為が全員に届いているかを確かめながら進めていく。

　また，T「この教室の中でも，確かめる方法があるよ」，みんなは教室を見回し始める。「わかった。カレンダーや」とつぶやくDの声が聞こえる。T（カレンダーをみんなに見えるところに持ってくる）「ではDさん，前に出て説明してみて」，D「今さっきの，『にしむく　さむらい』は，2月と4月と6月と9月ですね」，みんな「はい」，T「今のことを黒板に書いたほうがいい？」という問いかけにすぐ反応したEが立ち「僕が書きますが，いいですか」，みんな「はい」。教師のカレンダーを持つ行為や発言は，子ども自身が「前で説明しますが，いいですか」，「カレンダーを持ってくれる人いますか」「僕が黒

板に書きますが，いいですか」，というように，教師と子どもの応答関係を徐々に子ども同士の応答関係に変換し，教師は次に進むための大切な発言のみにとどめる。

　このような応答関係をスムーズにしていく途中には，多くの子が前に出て行ったり黒板に書いたりしたいので，指名した時に「ええなあ」，「いっつも○さんや。ぼくもしたいのに」など混乱が起きることがある。そんなとき教師は，「素晴らしいクラスはどうなるかをやってみるよ」と言って，何人かの子どもで演じてみせる。この混乱は，次のような発言の仕方で解決できる。たくさんの子が手を挙げたとき，誰かが「○さんどうぞ」，「はい，ありがとう」，「ぼくが言いますが，いいですか」，「私はさっき言ったので，△さんどうぞ」など言いながら，お互いに譲り合って発言することで，授業が気持ちよく進んでいく良さを体感していくのである。もちろん，「はい」という答えばかりではない。「わかりません」とか「ちょっと待ってください」などの答えが返ってくることもよくある。その都度，子ども同士のやり取りで，課題を解決しながら進むので，授業が深まっていく。

　このように，発言するときには，一気に説明してしまわないで，細切れに発言者と全体が応答関係を作りながら進むと，できにくい子を見逃さずにいることができる。その良さがわかってくると，教師が一つ一つ指示を出さなくても，関節の授業にみられるように，子どもたちは機器の操作，電気を消す，カーテンを引く，テレビの前に集まり誰もが見やすいように集まり，自分たちで学習しやすい環境を整えていくようになり，自主的に自分たちで授業を進めていけるようになっていく。

　また，この応答関係は，学ぶ意欲を高め学びをスムーズにするだけでなく，学びの質をも上げていく。体育の時間，当番が前に出て体操をしているとき，「１，２，３，４」と号令をかけると，他の子が「５，６，７，８」と応える様子に見られるように他の教科でも，この応答関係が効果的である。

　新任指導のために２年生の国語の授業に入ったときのことである。担任の先生が「いろいろなあめの音」の詩の音読をさせておられた。１行ずつ一人読

みやグループ全体など工夫して読ませておられるが、なかなか先生が思うような音読にならない。そのとき、担任の先生が、「本庄先生、今のを聞いてどうでしたか」と尋ねられたので、上手だったことを伝え、次のように読んでみるように子どもにお願いした、「はっぱにあたって　ぴとーん」の1行を「はっぱにあたって」と雨の音「ぴとーん」に分けて読むこと、真ん中の筋で左右に分かれて向かい合い、一方が「はっぱにあたって」を読み、もう一方が「ぴとーん」と読むことを伝えた。そうすると一気に読みが変わった。音読における応答関係の活かし方である。その後、この詩の題を担任の先生が読み、子どもたちが続いて、今、練習した方法で音読した。すばらしい音読に変化したのである。

　ここで向かい合ってしたのは、呼吸を合わせるためである。隣り同士だったら両者が前を向いて隣の子の呼吸を感じながら読むことが出来るが、今回は集団対集団だったので、向き合った方が効果的である。このように、場の設定を考え、リズムを合わせることの気持ち良さ、お互いの力を出し合って先生も一緒になって一つの事を成し遂げる喜び、このような小さな経験が積み重なって、劇活動が可能になるのである。

6　場の設定を考える ─「観る⇄観られる」関係を作る

　場の設定は、先ほどの応答関係と同じで学びを意欲的にさせるために欠かすことが出来ない。教科によって、学習しやすい特別教室は用意されているが、私は校舎内や校庭を歩きながら、どの場所でどのような活動ができるかを常に考えている。音読するという行為一つとっても、教室内の工夫だけでなく、朝礼台の上に立って詩や物語を読んだり、運動場に寝転んで真っ青な空に向かって読んだり、あるいは階段を使って音読発表の練習をしたりなど、他の教科でも、運動場を黒板代わりにして「さくら　さくら」の音楽をしたり、階段を使って九九を覚えたり……どうしたら子どもたちの学びたい、自分の力を高めたいと思っている心に火をつけることが出来るか、子どもたちの心を解放して学びに向かわせることが出来るか、いろいろな環境をどう活かすかを考えている。

　普段、教室では、教卓に向かって弧を描くように座席配置し、全員の顔が重

ならないようにしている。それは，教卓に立った時，一瞬にして全員を把握でき，全員の目が教師に集まることによって，今日の教師の第一声が，また教科の始まりが声なのか行為なのか，緊張感と期待を持って子どもと向き合い，お互いの学びを大切にするためでもある。もちろん，これは，子ども同士の応答関係を作るのに重要な配置なのである。子ども同士の発言をつないでいくためには，発言者が常に全体を見回せる状態をつくるためでもある。また，教卓の前は，少し開けていて，いつでもその空間に集まれるようにしている。ちょうど幼稚園の先生が，子どもたちを集めて絵本を読むときのような空間である。中でも，行為者と観る側・聞く側との距離感は大切で，いつ，どのような内容の時に前の空間を利用すると効果的かを考えている。この空間は，読み聞かせや体を使って説明したり演じたりする場として，あるいは，心を割って友達の悲しみを考えるときに，グループ活動の話し合いの場に，雨の日は室内遊びに……と，子ども同士をつなぐための必要な空間である。また，この場の設定と空間をどう使うかで学びはほんとうに楽しくなる。その根底には，人と人をつないで学ばせたいという教師の思いがある。

　以上，子ども同士をつなぎ学び合うことの大切さを述べてきた。

　次は，全員が一つの目標に向かって事を成し遂げるためには，もう一つ大切なことがある。それは心を合わせる体験をすることである。

7　心を合わせる喜びを味わわせる

　授業をみんなで作り授業の質を高めていくためには，共に考え心を合わせる喜びや心がそろう感動をたくさん経験しておくことが大切である。運動会や音楽会など行事を通して，一つの事を成し遂げる経験もその一つであるが，掃除や給食等日々の当番活動や授業の中で，心を合わせれば一人の時よりも力を出せる良さを味わうこと，また，リズム遊びのようにリズムがそろう気持ちよさを味わうこと，心を一つにするためには，それぞれの能力差がありながら自分の力の出し方を考え，それぞれの力を発揮して物事を成し遂げる喜びを味わうことが大事である。特に人数が多くなればなるほど，心を合わせるには難しさ

がある。子どもたちがそれに挑戦する姿勢を大切にしている。

　心を合わせる活動とは，2人で，あるいはグループで呼吸やリズムを合わせる楽しさを味わえる活動である。呼吸やリズムが合い始めると子どもたちは意欲的になっていく。合わせることで心が通い合い，事が成り立っていく面白さを感じるからである。どの教科でも，「出来る」「わかる」喜びを作るために積極的に取り入れて行っている。しかし，一方で，できにくい子がいたり勝手な行動を取ったりする子がいると，自分のグループに入ってほしくないという感情が働き，何か理由を付け排除しようとする動きも見られることがある。そうなると，お互いに力を高め合うことが出来なくなることを学んでいく。そして，子どもたちは心を合わせる難しさを乗り越えることと向き合い，心を合わせることの良さを身に着けていくのである。

　たとえば，学級活動で行う4人1組のリレーのような能力差がはっきりしている活動では，走るのが遅い子は積極的になれないが，一番遅い子の思いを優先させ，200mを4人で自由に距離を決め実施してみるなどの工夫をしながら，ことを成し遂げるおもしろさを味わっていくのである。

　クラス40人心を合わせるのは，そう簡単ではない。次に示す「なわとび」の例は，そのことの事例である。特別支援学級の跳べない子をいかに跳べるようにするか，難題への挑戦である。その子の入り方をみんなが支えるわけだが，その子を跳べるようにするため，縄を回している子が，その子の入れるリズムに合わせた回し方を工夫したり，後ろからそっと背中を押すタイミングを考えたり，いっしょに手をつないで跳んでみたり，掛け声をかけてみたりと，自分の置かれた立場によって，一人ひとりが力の発揮の仕方を考えるのである。どのような分野でも，上手な子どもが出てくる。その時に，個の良さがみんなに認められ，課題を乗り越えることができる。

　次に，「競い合わないボール回しが，なぜ夢中になれるのか」ということであるが，これは，数日前に学年体育で4クラス8チーム（1チーム18人）での競争があった。その競技があると決まった時，休憩時間には，係りや運動好きの子たちが，運動音痴の子も仲間に入れて速くボールを回すには，どうすれ

ばよいかを考えて練習していた。練習の成果が出て学年体育で一番になり，心を合わせることの喜びを味わったのである。そのとき，私が「もし全員ですると，どの位のタイムで成し遂げることが出来るか」と投げかけたことに，子どもたちがとびついたのである。子どもたちは毎日昼休みに，ストップウォッチを持ち，速さを測り記録し，どの位まで高められるか挑戦していたのである。日頃から，人数が多くなればなるほど何事も心を合わせることが難しいということを味わってきているため，挑戦する心に火が付いたのである。そして，できにくい子を除くという負の考え方ではなく，それをどのようにカバーできるか考える方が楽しいことを実感していくのである。

　授業以外の活動でも，心を合わせることの良さを味わった例を紹介しよう。１年生の先生より，「教室掃除を時間内に終わらせるには，どうしたらよいのか」と言われ指導に入った。用具の使い方や手順などは，きちんと教えておられたが，次々子どもたちに指示を出さないと子どもたちが動かないということだった。

　そこで，子どもたちに，机の上に椅子を載せて一人で運んでいた作業を３人１組（机を２人，椅子は１人）になって運ぶこと，床を拭くときは横一直線にすばやく並び，揃って拭くように伝えた。早速，３人組になるように言うと，自分と仲の良い子を探そうとするため３人組ができない。私は子どもたちに「こんなことでは，掃除をうまくできるようにはならない」と言って，黙って担任の先生と一人の子の肩をたたき，机の運び方を演じてみせた。そして，もう一度「すばやく３人組になるように」と言うと，何組かがすぐに出来た。子どものモデルが出来上がると，全体へ波及するのは速い。「すごいクラスはこれが一発でできるクラスだ」と言うと，さらに速くなった。一人足りなかったところには，担任の先生が入り机を運んだ。そして，子どもたちに一人で運ぶときと同じかどうか尋ねてみた。「軽くて速くできる」，「３人ですると楽しくなる」，「おもしろい」，「元気が出る」ということだった。さらにすごいクラスになると，先生がいなくても自分たちでこのようにできることだと伝えた。

　１週間に２日の勤務だったので，翌週に学校に行った。担任の先生から「子

どもたちの掃除ぶりを見てほしい」と言われ教室に行った。黙々と掃除しているので、私はうれしくなって一緒に机を運ぼうとすると、一人の男の子が跳んできて、「ぼくがします」と言って私に運ばせなかった。この前の指導を担任の先生と子どもたちが大切にしてくださっていることを嬉しく思った。この力を合わせる掃除の仕方は、高学年でも人気のない教室掃除を楽しくさせた。特に、高学年では、どの位の素早さで机を運べるかを測ってみたり、横並びの一直線で揃って拭くことをおもしろがったりした。全校の生活目標で「黙々掃除」という決まりがあったので、尚いっそう、それぞれが友達の動きを感じながら、机を運んだり拭いたりしないといけなかった。この心を合わせる活動は劇活動につながるものである。

4　個を伸ばす子ども主体の劇活動

　ここ十年余り、子どもたちに一年間かけて育ててきた力を発揮できる場として国語科の最後に出てくる物語の劇活動に取り組んできた。それは劇をすることが目的なのではなく、劇を通して、子どもたちが学んだ力をお互いに表現し合って人の生き方を学ばせることにある。また、子どもたちにとって学び合うことは、こんなにも楽しいということを実感させたいからでもある。

　事の始まりは、文科省の幼児教育振興計画の総合的調査研究を受け幼稚園・小学校の連携のあり方について研究する機会を与えられたことだった。様々な園の教育方針で生活してきた子どもたちは、入学と同時に同じ目標に向かって同じ内容を、決められた時間の中で身に付けなければならない。幼稚園では、五感を通して学んでいた姿は、文字を書くことを覚え、教科書をもとに学びが一気に言語中心に変化していく。椅子に座って先生の話をしっかりと聞くことを要求され、じっとできにくい子にとっては、苦痛の連続になりがちである。また、発達障碍など配慮を要する子どもと生活を共にする中で、この劇活動が人間関係を豊かにし、子どもの学ぶ喜びと自信につながっていることを強く感じるようになってきた。

どの学年で取り組んでも，子どもたちが遊ぶ時間も忘れ友達と劇の続きをしたり，まだ授業が始まる前なのに教室に行ってみると，すでに自分たちで劇に取り組んだりしている姿を見てきた。劇を作り上げる作業は総合的なものであり，普段の授業では見られない個の良さを十分引き出せるおもしろさがある。それは「あなた」がいないとできない，「あなた」がいたからできたという，一人ひとりの存在を実感させるからだろう。

ややもすると読み取る力が優れ発言力のある子が，授業の中心になりがちであるが，劇活動になってくると，演じるという表現する力が必要になる。言語によりイメージできたものを体で表すとなると，かならずしも，読解力のある子ができるとは限らない。そこに，協同の力が必要になってくる。その力が子どもたちの連帯感を生み，質の高いものへと練り上げる作業を全員ですることにつながっている。演じることは，言語と思考と行動とが目の前で繰り広げられ，どの子どもにとってもイメージでき，主体的に取り組むことができる。

1　【事例1】　劇活動〈ごんぎつね〉

この劇は，従来の教師主導の授業（読解や語句指導）ではなく，新学習指導要領が求める授業（どれだけたくさんの知識を蓄えたかではなく，どこでそれらの知識や技能を活かすかに視点を置く）に取り組んできた。教科書「ごんぎつね」のお話をもとに，シナリオ作りから音楽，小道具など，すべて子どもたちが作り出したものである。子ども同士で，辞書を引きながら意見や考えを闘わせ高めてきた。そのため，劇は練習を繰り返すたびに台詞や動きが新たに加わったり修正されたりして，常に終わりがない。

A　授業構成の留意点

子どもが主体的に学べる環境構成や場の設定，体験的に学ぶ機会を持つ授業構成をする。

① 活動と思考をくり返し，子ども同士お互いに学び合いながら体得する。
② 個々の持ち味を十分活かす。国語科，図工科，音楽科，道徳のねらいを

踏まえ，関連を図り，個の得意な分野で十分に力が発揮できるようにする。
③ 劇を通して，人間関係が広がり深まるようにする。特に，就学指導にかかっていたO児が，集団の中で活躍する喜びが味わえるようにする。
④ 子どもたちの発想を十分に活かす。
- 小道具など制作活動では，素材（ダンボール，カーテンなどの廃材の利用，自然物）の利用と工夫
- 活動内容（情景の場面ではバック音楽や効果音，影絵など）の工夫
⑤ いろいろな人に劇を見せる場をつくる。

B　指導内容と指導方法

① シナリオをどう作り演じるか
- 一人ひとりが主役になれる台本にする。
- 場面理解や表現方法を子どもたちの話し合いによって作り高める。クラス35人が，物語の各場面でナレーターや配役，演奏等で何回か登場できるようにする。教師が作った台本ではなく子どもたちが作る。教科書に書かれた一文を基本とし，教科書にない台詞は，配役になった子が作り，自分の思いをみんなに聞いてもらったりアドバイスをもらったりしながら考えていく。教科書から読み取ったものを練り上げる作業をみんなでする。

② 配役をどうするか
- どの場面にも登場すること，配役はなりたい子を優先にすること，誰もいないときには，その場面に適役と思う子をみんなで出し合い，本人が承諾すれば決定する。

③ 習得するべき内容や身に付ける力は何か
- 教科：国語………音読，読解，言語（全員）
  　　　図工………絵画，工作，（全員）
  　　　音楽………音づくり，曲作り
  　　　道徳・人権………和，協同，（全員）

- やりたい，できるようになりたい，もっと高めたいという意欲
- 各教科で習得した力を活かす（調べる，活かす，表現する）
- それぞれの得意な分野を活かす（個の良さを発揮できる場）

2　授業の流れ

　では，どのように進めていくかをもう少し詳しく話そう。もちろん，劇活動の始まりは，どのような物語なのか，教師が読み聞かせたりみんなで読んだりしながら話の内容をおおまかに掴んでから始める。すべて，どんなことも出来栄えではなく「私がしたい，私にさせて」と意欲のある子が中心となる。

1　役柄決めとシナリオ作り，そしてどう演じるか

　劇をする場合，多くは先生が作ったシナリオを子どもたちに演じさせることが多いが，ここでは，教科書の文章をもとに，子どもたちが作り上げる。まず，役柄は登場人物とナレーターに分ける。登場人物といっても，ごんと兵十の２人が中心で，他には，加助，鰯屋，女たちであるが，台詞はこの２人の配役がほとんどである。しかし，台詞のない配役についても自分たちで台詞を考える。配役になり演じたい子の希望はすべてかなえる。その際話し合いによって物語の構成や場面を大事にして決定していく。子どもたちは，演じることに慣れていないため配役希望者が少ないときは，最初の場面で，どのように劇化していくかを学ぶと，自然に配役をしたい子が出てくるので，とりあえず何人と限定しない。しかし，今のクラスの子どもたちは，１年生の時に，〈ごんぎつね〉の劇を見ていたため，ごんになりたい子が６人いた。この６人で，どの場面を演じるかを決めていく。最後のクライマックスの場面を演じる２人は，３年生まで就学指導にかかっていたＤと，その友達のＦに決まった。２人は，勝手なことをすることがよくあるために，いつもみんなから注意を受けることが多かった。最後の場面に，この２人が決まったときのみんなの不安そうな顔が，今でも思い出される。ナレーターの箇所は，全員が受け持つ。各場面で常にどの子も登場できるようにする。基本は，一場面で一回しか登場できないの

で，どこの一文を受け持つか，それぞれがしっかりと考えることになる。この一人一文に責任を持ち，全員でつないでいくことが重要なのである。また，この一文のつなぎ方だが，静かに立ち，曲の歌い出しのように息を吸い，一語一語を言霊にして発し，言い終わって座るまで気を抜かない。次の子は，前の子が座ったことを確認してから立ち自分の一文を言う。バトンを渡される子は，その前の子の息づかいや動きを感じながら一文をつなぐのである。

　次に，台詞作りの最初の部分を紹介する。
① これは，私が小さいときに，村の茂平というおじいさんから聞いたお話です。
② 昔は，私たちの村の近くの，中山という所に，……そうです。
③ その中山から……きつねがいました。
④ ごんは，ひとりぼっち……すんでいました。
⑤ そして，夜でも，昼でも……いたずらばかりしました。
⑥ 畑へ入って……いろいろなことをしました。

ごん「⑦　　　　　　　　　　」←この部分は，ごんの役になった子が自由に言葉を考え，演じて，みんなからアドバイスを受け自分のものにしていく。その際，文章に書かれた言葉から読み取ったことが大切にされる。物語の主人公の気持ちを考えるときには，心の中で思っていることを心の叫びとして言語化する。言葉を大事にした読みは，小道具作りや曲作りにも活かされる。ごんの役を引き受けた子が考えた⑦の部分の台詞は，「あっ，あそこにおいしそうなもがあるぞ。出てくるわ，出てくるわ。もっとほりちらしてやれ。あっ，あれに火を付けてやれ。それっ，『ボウ』（火がついた音），もっともえろ，もえろ。こんなものむしりとってやる。えい。いたずらっておもしろいなあ」。『ボウ』のところは小道具の仕掛けがあり，『ボウ』と言うと，段ボールを折り曲げた中から炎が飛び出すような仕掛けになっている。ここでは，ごんの台詞を言う子と，『ボウ』と火が付いた音を言う子と，火が出る仕掛けを動かす子との息の合わせ方がとても重要になる。その３人の息の合わせ方を残る32人が見て，感動するところまで，みんなで高めるのである。これと同じように，最

後の場面の火縄銃で打つところの一文も,『ドン』という音だけを別の子どもが言い,2人で一文を完成させるようにする。お互いに相手の事を思いやり,2人の呼吸を合わせることが大切になってくる。この2人の関係が練習によって深まるうれしさがある。

　兵十や女たちについてもごんと同じように配役になった子が台詞を考える。

〈兵十を演じた子の台詞〉
○兵十は,ぼろぼろの黒い着物をまくし上げて……あみをゆすぶっていました。
　　兵十:「今日は,川の水が多いなあ。にごっていて見えないやぁ。……
　　　　　草の根元のところにかくれていそうだ。……」
　　（……の部分は,演じることに慣れてくると台詞が変化している）
〈女たちを演じた3人の台詞〉
○大きななべの中では,何かぐずぐずにえていました。
　　女1:「人参と大根は煮えたかしら」
　　女2:「急ぎましょう。もうみんな集まっているわ」
　　女3:「おわんも用意してね」
○「ああ,葬式だ」と,ごんは思いました。

　このように,子どもたちはもとの文章の前後を大事にして台詞を作っていく。
　一方,教師はその他,どのような役で子どもの良さを活かせるかを考える。劇が始まる時の曲を演奏する子,題名,作者名を言う子,新見南吉の作品を紹介する子,この劇のスタート合図をする子が必要である。中でもスタート合図は,全体を見回し劇が始められるかを確認する大役である。全員の見つめる目が集まるこの役は,いつも一番最後に残している。ナレーター部分の一文を決めるときに,なかなか決められず,もたついて残ってしまう子のためにおいてある。いつもみんなのペースについていきにくい子が,全体を仕切る立場に置かれることによって,居場所はもちろんのこと,自信と主体性が生まれる機会になるからだ。また,もずの声,松虫の声など,生き物に興味のある子が,も

ずや松虫の事を調べ「もうちょっと高い声で鳴いたほうがいい。2回目鳴くときは，ちょっと間をあけて鳴いて。読点が打ってあるやろ」など，鳴き声一つとっても高めるための学び合いがあり個の良さを活かすことができる。

　どう演じるかは，指導方法のところで述べた。この時に大切なことは，場の設定である。机を送り，教室の前3分の1が演じる場所になり，配役以外は，黒板に向かってコの字型に座る。最初は，適当な場所に座っているが，練習が進むに連れ，ナレーターは，自分の一文をどの場所で言うのが良いか，演じる子も教室の空間をどう使うとよいか，みんなで考えながら作り上げていく。

2　小道具づくり

　小道具については，すべて廃材を利用すること，図工科のねらいを踏まえることを大事にしている。身近な廃材を活かすことは，創造したり工夫したりする力を引き出すことができる。

　子どもたちは，各場面で，どのような小道具が必要かを話し合い，それぞれが自分の得意とするところや，こだわりがあるところに分かれ，小道具作りに取り組んだ。子どもたちは，物づくりが大好きである。また，いろいろなものを何かに見立てて活用する力にも優れている。この活動をしている最中に，「りんご配布会」からのりんごの贈り物があり，りんご箱の中に入っている白い発泡スチロールのシートを見たとたん，「これ，びくに使える」と言って，びくを完成させている。

　場面の情景は，教室でいたんで使えなくなったカーテンを事務の先生からいただき描いた。情景を描く場合も，かならず文章に書かれた言葉を大切にしてイメージをふくらませる。始めの情景は，「しだのいっぱいしげった森の中」と書いてあり，しだは大きな木の影になったところにはえるので，大きな木を描いた場面にしようと話し合いがまとまっていく。

　段ボールの使い方では，段ボールには縦と横の目の使い方で，強度がちがうことに気づき，うなぎは首に巻くので段ボールの目を横に，六地蔵や草など物を立てるときには，縦の目を使い工夫した。魚屋が引く車作りでは，柄の部分

が，段ボールでは弱くて困っていたが，新聞紙をまるめると，しっかりした棒のようになることに気づき解決した。これは，図工科の学習で新聞紙を丸めて作った塔の学習がつながって活かされた。

　また，魚について詳しい子どもがリーダーになり，びくの中の魚を実にリアルに作った。私は，かみしもを作るときのアドバイスとして，カレンダーの裏が使えないかと提案したぐらいで，友達同士，試行錯誤しながら完成させていった。

A　図書館を利用したり地域に出かけたりして調べる

　新見南吉の作品を紹介する子たちは，インターネットで新見南吉の作品を調べ，その中から何冊か図書館から借りてきて気に入った物語を紹介した。地蔵を作る時には，図書室で〈かさこじぞう〉の物語や，じぞうさまが載っている絵本を参考にしたり，実際に地域の六地蔵を確かめに行ったりした子もいた。確かめた翌日には，「先生が言ってたように，どの地蔵様も持っているものが違っていた」と，うれしそうに報告にきた。六地蔵は，6人で一体ずつ完成させた。

B　生活科・理科学習の体験を活かす

　子どもたちは，影絵遊びが大好きで，下敷きに反射した模様をおもしろがったり手で影絵を作ったりして遊んでいる。また，3年生の理科学習では，日なたと日陰について学んでいる。そのことから私は，太陽がカーテンにうつる影を彼岸花が布のように咲き続くシーンに活用できないか提案すると，子どもの思いに合った形になり，一気に計画が進んだ。しかし，ガラスにそのまま描くと後で消すのに困るので，サランラップを貼り，その上に描くことになった。そこで，新たにわかったことは，どこのメーカーのラップが，窓ガラスに一番ぴたりとくっつくかがわかり，材質の違いにも気づいたのである。また，描くには，水性のマジックではなく，油性を使わないと太陽の光がきれいな色でカーテンに映らないこと，太陽に当たると少しずつはげてくることがわかり，本番の劇の前にはもう一度書きなおす必要のあることを学んだのである。

「彼岸花は，太陽の力を受けただけでカーテンにうつりました。太陽の力とはこういうことだったんですね」そばで見ていた子が実感した学びを書き残している。

C 幼稚園での活動を活かす

物語の場面の背景の絵には，傷んだ教室のカーテンを活用している。これは，素材を活かしたダイナミックな活動をしている幼稚園の経験をもとに，4年生の技能を伸ばし布に描く楽しさを味わわせることができる。小学校では四つ切や八つ切の画用紙ばかりを使うことが多く，どのぐらいの大きさで描くかが難しい。すぐ小さくなりがちになるが，絵の得意な子がリードし，筆やはけの使い方や絵の具の濃さにこだわりながら完成させた。

3 曲づくり

この劇の始まりと終わり，各場面の始まりには，音楽を入れると，物語の雰囲気が高まることを感じ取らせたいと考えていた。しかし，曲を入れるかどうかは，子どもたちが決定していく。それには，まず，曲が入らないときと入ったときの違いをだまって聴かせる。音楽が入ったとたん，みんなの顔色が変わるのがわかる。「入った方が雰囲気がでる」と即座に応える。私が怖い場面の様子を「ド」と「ソ」の低い音でやってみせると，子どもたちはうれしそうに頷いている。その時，調子者が「おもしろいときはこんな感じやで」と，弾いてみせる。しかし「曲を作ってくれる人？」と言うと，多くの子から「ピアノを習ってないから，そんなのできない」という答えが返ってきた。私は，たったの2音で怖い感じが出せることや,ベートーベンの「よろこびの歌」や「チューリップ」「かえるの歌」の階名を書き，「ほとんどドからソまでの音符を並べただけだから，誰だってできるよ」と言うと，6人の子どもが，曲作りに挑戦することになった。教師からの指示は，黒鍵ばかりで弾くことだけにとどめ，何の音でも連ねて弾いてみるよう伝えた。

一方，子どもたちは音楽の教科書を見ながら，音がどのように連なって曲に

なっているか気づいたことを友達同士で話し合っている。そして，曲が少しできると友達に聴いてもらっている。その時の友達のアドバイスは「四場面の始まりは，終わりの音を高い音で弾いて，しばらくその音を伸ばしてから間をあけ，『月夜の美しいばんでした』と言ってみて」である。できた曲を楽譜にどう書いてよいかわからないので，鍵盤ハーモニカの黒鍵に番号をうち，その番号を紙に書いて楽譜を作っている。子どもならではの工夫である。また，練習がくり返されるにつれ曲のリズムに変化が生まれ，4分音符のリズムに8分音符や休符，伸ばす音が加わり，演奏するたびに曲が少しずつ変化し楽しんで作っているのがわかる。何小節弾くかは自由であるが，友達に聴いてもらいながら曲の長さも調節している。

　次に，ごんがうたれた最後の場面の歌を，作詞したい子が3人いた。3人は，教科書を片手に最後の余韻が残る場面を，どのような言葉を選ぶと良いか，休憩時に集まって，教科書に出てくる大事な言葉を拾い集めながら考えた。また，作曲したい子は，クラブで管楽器を演奏している音楽が大好きな子どもであった。私は，その子といっしょに昼休みに音楽室へ行き，長調と短調の音階と和音を聴かせ，「どちらが合う？」と尋ねると，その子は「短調の音階」と言い，早速，作ってきた。私はそれを見て，びっくりしてしまった。というのは，各場面の曲を作るとき，「黒鍵ばかりで弾くように」と言っていたので，その子はかなり苦労したようだった。完成した曲は次の通りである。

4 劇を終えた後の子どもの学び

この授業により，子ども自身がどのような力をつけ，どのような学びをしたか，学習を終えて書いた子どもたちの作文の抜粋である。

- 私が思ったのは，小道具を入れることで，そのものになりきり演じやすくなり劇が成り立ってくる。練習をつむことですばらしい劇になる。劇が本当に「ごんぎつね」の本に入ったみたいだった。
- 私は，今日の劇を見て，とても感動した。もう一度劇をやりたい。私がもう一度劇をやりたいと思ったのはたぶん，35人の一人ひとりの良さがすごくて感動的だったので，もう一度やりたいのだと思う。
- みんなで作ってきたごんぎつねの劇は，協力が集まってできた4年1組の作品。心に残る思い出が出来た。これからも何があってもみんなで乗り越えて前へ進んで行きたい。
- ぼくは，今まで国語は苦手で暗唱の宿題が出てもあんまり覚えられなかった。だけど，なぜか「ごんぎつね」のお話は，とても長いのにすべて覚えてしまった。
- 私が一番お手本にしているのはKさんだ。Kさんの表現を聞くと鳥肌が立つ。

何度でも聞いてみたい。そして，わかったことがある。Kさんは，「ほっとして」の「ほっ」と，次の音「と」との間に，少し間を取りながらゆっくりと言って，「からっ」とは「ほっとして」と違って速く言っていることに気づいた。そして，自分の台詞のところをKさんに聞いてもらったら「うまいで。200点満点」と言われ，うれしかった。

● 第五場面は木魚の担当だった。練習の時はリズムを取るのが難しかったが，MさんとKさんがいっしょにリズムよく手拍子をしてくれた。とてもうれしかった。

● 今日，監督（小川先生）の友達の人が一人の助手（岩田先生）を連れて4年1組の教室へ入ってきた。4年1組35人の劇はこの時点で始まってたのかもしれない。給食が終わると，みんな机を廊下へ運び出した。掃除をいち早く終え，小道具を持ってくると，EとIはすでに練習をしていた。（Eが上手なのは，ここなのかもしれない）と思い練習した。……六場面のところ（うまいぞ，Dさん）の一言しかない。劇の後，写真を撮って，机を元に戻した。（Eの名演技すごかったな）と思いながら，10秒天井を見た。この劇をまたしたいと思った。（D児は，3年生までは「発達障碍」と診断され専門機関の指導を受けていた子である。）

● 一番大事な六場面のシーンで，ここでは絶対失敗したくないなと思っていた。そのごんの役はDさんで，重大な兵十はFさんだった。いつもじっとしていなかったり聞いてなかったりして，先生にもしかられているので，大丈夫かなと思っていたけど，期待に応えすばらしい演技をしてくれ感激した。これが本物のFさんとDさんだと思った。

この劇活動を終えたときのDとFの「こんな国語だったら，毎時間でもしてほしいわ」という一言が心に残っている。授業中，みんなと同じようにできにくく，ちょっと困るなと思われがちな子どもたちの本来の力をしっかりと引き出し発揮させてやる大切さを痛感している。また，日頃から，漢字や言葉がわからないときは，辞書で調べる習慣が身についていることや，習っていない

漢字でも「書ける人いる？」とよく訊いたりしていることで、子どもたちの漢字への関心は高い。作文の推敲(すいこう)の時、辞書を引いている姿があり、ほとんどの子どもが習っていない漢字をたくさん使って作文を完成させている。

「ごんぎつね」の劇をした子どもたちは、5年生でクラス替えになり6～7人の劇活動の経験者しかいなかったが、その子たちが核になり、宮沢賢治の「注文の多い料理店」の物語を劇活動にしたのである。

3　【事例2】　古典の朗読劇

現役最後の年の国語科の研究の中心が「古典教材をどう扱うか」ということだったので、公開授業として古典を扱うことにした。学習指導要領が新しくなり、教科書が毎年のように少しずつ改定され、教科書には「日本語の調べ」と題して付録部分に〈竹取物語〉や〈狂言〉などが出ていた。この学習の目標は、「古典の文章を音読し言葉のひびきやリズムを味わうことができる、文章のだいたいの内容がわかり、それぞれの時代の人々のものの見方や感じ方が、現代にもつながっていることに気づくことができる」である。子どもたちに5年生のときのことを尋ねてもあまり記憶に残っていないようだった。

そこで、この学習活動を、6年生の終わりに展開するものとして、今までの言語活動で身につけた力を最大限に発揮させるために、子ども主体の授業構成を考え、子どもたちと共に作り上げる授業を展開したいと思った。古典は、子どもたちが今まであまり関心を持たなかった分野で、この学習について、何を切り口としてスタートさせるか、きっかけづくりをどうするかが課題であった。いつものように子どもの身近な生活の中から拾い上げることにした。

この授業をスタートさせる数日前の休憩時、教卓の近くにいる子ども数人に「もし、昔に戻れるならどの時代に生きてみたい？」と、尋ねてみた。それぞれが理由づけながら、いろいろな時代のことを話してきた。その雑談の笑い声に誘われてまた数人寄ってきた。たわいもない話である。次に、T「もし、千年ぐらい前に生きていたら、どのような生活をしている？」と尋ねてみた。C_1「宿題も勉強もないからええなあ」から始まり、C_2「平安時代は貴族の世界か、わ

らわは姫じゃ……なんか面白そう」，C₃「何言うてるの，私らはみんな庶民やで」等，話が尽きない。この雑談をもとに，授業の第1時間目を「千年前に生きていたらどのような生活をしていただろう。今の私たちと何が同じで何が違うのだろう」と投げかけることにした。子どもたちの自由発言をもとに，この学習の目標である「人々のものの見方や感じ方」について，現代と昔を比較しながらまとめた。

　一方，俳句や短歌，漢文など今まで出てきた古典を音読したり，5年生の教科書に出てくる古典のCDを聞いたり，狂言のビデオを見たりしながらイメージを膨らませた。次に，〈竹取物語〉の冒頭部分をみんなで学習し，原文を読み解きながら音読し，文語のひびきやリズムを感じ取らせた。ここまでで，全員がおおまかに古典をイメージできた。その後，自分が取り組みたいものを選んだ結果，〈竹取物語〉〈枕草子〉〈平家物語〉〈狂言〉になったのである。論語や漢詩にも興味を示すだろうと思っていたが，教師の思いとは違っていた。

　ここから，それぞれのグループ学習が始まる。子ども同士が，原文をもとに現代語訳を考えながら台本作りへと移る。〈平家物語〉では，群読を取り入れることによって七五調のリズムのよさと力強さを工夫させる。また，5年生の教科書や教科書のCD，ビデオ，インターネットで調べたこと，〈竹取物語〉や〈枕草子〉，〈平家物語〉について書かれた本など，いろいろな資料を持ち寄り，グループでの話し合いを密にし台本を作っていく。1グループの表現時間は8分以内に設定している。学習の場の設定（調べ学習では情報ルームや図書室，群読の練習は体育館正面入り口など）を工夫し，学びやすい環境を整える。音読から入り，人の心に響く語りをさぐらせながら，お互いに聞き合う活動を通して，ねらいへと迫る。常に，子どもたちの学習状況を把握しながら，賞賛の言葉はもちろんのこと，悩みを解決する方法を提案し，子どもたちに寄り添いながらよりよいものへと作り上げる喜びを共に感じながら取り組む。

　各グループが表現する時に音楽を入れることで，一層語りが生き生きとなることを感じ取らせたいと思い，琴の曲や琵琶，尺八の入った効果音のCDを用意しておいた。特に，〈平家物語〉のグループには，CDではなく本物の音を

間近で聴く感動を伝えたいと思って尺八の演奏をされる先生にお願いした。また，この学習により，私は子どもたちに表現することの楽しさや，ともに学ぶ喜びと自信を体いっぱいに感じてほしいと願っている。そして，この学習で学んだことが，6年間の集大成である卒業式の様々な動きや返事，「門出の言葉」へとつながるようにしていきたいと考えた。

　以下，子どもたちへの支援や子どもたちの工夫のすばらしさについて簡単に触れてみる。これからの授業はグループに分かれての話し合いや練習になるので，練習場所を確保すること，〈狂言〉は空き教室，〈平家物語〉は群読になるので，体育館入り口の階段のところ，〈枕草子〉と〈竹取物語〉は教室の前後で練習することにした。私は，練習状況を把握するために，それぞれの場所を巡回し，練習風景を観察して回った。体育館の入り口で練習しているはずの〈平家物語〉のグループが所定の場所におらず，体育館の外の階段の踊り場から給食室の建物に向かって練習していた。訳を聞いてみると，9人で，戦いの強さを表さないといけないので，この場所は，給食室の側面の壁に自分たちの声がこだまして，すごく上手に聞こえ士気が高まるというのだ。また，戦いの日の初めのほら貝の音は，楽器ではなくSさんの肉声を使い工夫していた。

　その後，私は教室に戻り女の子たちに〈平家物語〉のグループの熱心な練習ぶりを伝え，〈竹取物語〉と〈枕草子〉のグループの練習風景を教卓のところからそっと眺めていた。子どもたちの質問には，すぐに答えるのではなく，いっしょに考える姿勢を貫ぬいた。子どもたちは，昔の言葉を国語辞典では調べられないことに気づいたので，私は古語辞典のことを伝えた。古語辞典を引くことは国語辞典よりおもしろいらしく，より一層現代語訳に熱中した。

　自分が昔の言葉を理解していなかったら人の心は打たないので，どの子も自分の朗読場所について調べ，納得する言葉をさぐり友達同士聞き合っている。自分の読む個所だけに責任を持つのではなく，自分の考えたことをグループのみんなに話し，アドバイスを受け，納得して自分の読みを表現している。それは，自信に満ち溢れることになる。8分の持ち時間をどのように構成して表現するかを，〈竹取物語〉について私は，子どもたちに原文を読んだ後，現代語

訳にして読み，もう一度原文を読む繰り返しを提案した。それは，聞いている側の学びを高めるためでもある。冒頭部分は全員で学習しているが，その続きは初めて聴くことになるので，原文の部分の意味が分かり，もう一度原文を聞くことで味わいが違ってくるからだ。当然表現する側も，一度目より自信を持って表現しているのがわかる。

　次に，この劇の紹介文を引き受けたＹ子についてである。決して学力の高い子どもではない。しかし，みんなの前でやってみたいという思いを強く持っている子どもだった。常に何事も意欲のある者が優先されるので，Ｙ子に決まったのである。〈竹取物語〉〈枕草子〉〈平家物語〉〈狂言〉の４つの物語をまとめて紹介する文章を考えるのは，とても難しい。何から書き始めてよいか，教師に相談に来た。教科書の〈竹取物語〉や〈枕草子〉についての解説文と，第１時間目で学習した「昔と今の生活について」まとめたものを参考にしてみるように言った。書けた紹介文は，各グループの中心になっている子どもたちに聞いてもらい，修正しながら完成させていく。一文一文どのような言葉を選ぶか，語尾をどうするかなどが話し合われる。私は，Ｙ子を連れて〈竹取物語〉のグループに行き，「言う」という言葉について，他にどのような言葉が使えるかを一緒に考えてみた。「話す，告げる，述べる，語る，伝える，紹介する，申す」などいろいろな言葉が子どもたちによって紡ぎ出される。子どもたちはそれぞれの言葉を文に当てはめてみて感じ方を話し合っている。熟語は堅い感じがするので似合わないとか，「お話する，お伝えする」など，「お」はやさしい感じがする。「お」のつけられない言葉もある。「語る」というのは，その人の感情が入った感じがする……など，子どもたちの中で文を練り上げる作業を楽しんでやっている。少人数の自由発言である。このときに，学力には関係なく自由に発言し学び合える喜びを体感することになる。

　次に，私は「あなたなら昔に戻ることをどのような言葉で言いたい？」と聞いてみた。「千年前の世界にお連れしましょう」「お誘いしましょう」「タイムスリップしましょう」などの意見が出た。最終的に決定するのは，Ｙ子本人になる。自分が言ってみて納得する言葉を選ぶのである。そして，「千年の昔に

タイムスリップして頂きましょう」となったのである。私は，それを黙って聞きながら，時には一員として参加することもあるが，先生が言ったからその言葉を使わなくてはならないというわけではない。たまに，感動され採用されることもあるが，個々の力の程度や感じ方によって，使いたい言葉は変わってくる。この話し合いこそ，それぞれが力を付けることになる。

　私自身も子どもの言葉の使い方に感心することがしばしばある。その一つは，〈平家物語〉の力強い群読から〈狂言〉へのつなぎを考えたときのことである。ここを担当した子は，「さてさて，みなさん……」という言葉により，一気に場面を変えたのである。私は，感動した時は自分のところで止めず，その辺にいる子たちを呼んで，「今から言う文，聞いてみて」と言って，聞いてもらい感想を聞くことがある。そのときに，子どもたちからまた新たな発言があって，さらによりよいものへと高まっていく。これが授業をみんなで作り上げる作業ということになる。子どもたちは，友達のすばらしい表現や言い回しに出会うと教師のところへ跳んできてその喜びを伝えてくれる。それは，幼稚園の子が何か発見して先生のところにその感動を伝えに来る姿と同じである。

　次に示すのは，この単元の授業を終えた時，平均以上の学力を持ちいつも授業の中心的存在であるNさんの感想である。「授業は，先生の質問に手を挙げ的確に答えることだと思っていた。しかし，本庄先生は，答えがあっていると思うのに頷くように首を振るだけで，みんなに発言を要求した。最初は，答えがあっているのになぜなのか，授業に慣れなかった。しかし，授業をみんなで作り上げることは，他の友達のすごさを知ることになり自分の考えもみがくことが出来るおもしろさがあると思った。これで終わりかと思うとちょっと寂しい気もする」。

　余談になるが，朗読劇をした子どもたちが，中学2年生になったときのことである。小学校6年生のときにした〈竹取物語〉を暗唱するテストがあったそうだ。その場で，すぐに教科書に出ていないその続きを言ってみせ，先生を驚かせたそうだ。それも，6年生の同じクラスで学習した〈竹取物語〉を選ばなかったグループの子どもたちも，早々に合格したということだった。同じ空間

で感動を持って学んだことは，〈竹取物語〉以外のグループにも影響を及ぼしていることがわかる。

4　まとめ

　この劇活動は，能力の高い子が中心となるのではなく，意欲のある子が中心になり，友達とのかかわりを通して子どもの意欲が渦となり個々の学びを広げたり深めたりしながら成り立っている。

　劇活動は，国語科を中心とした総合的な学習であり，目標に向かって全員で作り上げるため，一人ひとりの存在がなくてはならない。また，自分の目で確かめたり調べたりしたことや，自分の考えや思いが十分活かされることで，劇を作ったのは自分であるという自負が，次の活動への原動力となっている。どの子にも優れた力や良さがある。教師はそれを十分活かせるかどうかである。その良さや優れた力は，ある時は中心となり，ある時は支える側として発揮されることになる。

　また，物語の劇活動は，一人一文に責任を持ち文をつなぐことで完成する。文をつなぐことは，人と人とをつなぐことであり，心も一緒につなぐのである。一文の一つ一つの言葉を大事にした読みは，演じることを通して練り上げられ，言葉が生きたものになる。すべて体を通した学びである。体を通した感動ある学びは，体が覚えていて忘れない。

　今回，4年生の劇活動〈ごんぎつね〉と6年生「古典朗読劇」について示したが，どの学年で取り組んでも，子どもたちが意欲的に取り組み，短時間で成し遂げることができる。

5　生き方を考えさせる

　劇活動のグループ学習のように子どもたちが教師の手を離れ，主体的に授業に取り組むようになるには，物事に真剣に向かい，友達と協力し，最後まで責任を持ってやり遂げる心を育てなければならない。

1　比較して考え行動し生き方を考えさせる

　「靴をそろえる」という生活目標がある。学校では，靴のかかとの部分を靴箱のへりにそろえて入れることが決められている。しかし，全員が揃ってできにくい。特に，「トイレのスリッパがそろいにくい」という反省が教職員朝会で出される。そのことを子どもたちにどのように指導するか，常に行動レベルで考えさせるようにしている。朝の会で，早速「みんなにしてほしいことがある。先生のするのをよく見て，同じことを黙ってしてね」と言って，雑巾を机の上に置いた。子どもたちは不思議そうにしている。次に「上靴を脱いでその上に置いてみて」と言う。そっと置く子，大きな音をたてて置く子，みんな置けたことを確認する。「なんでこんなことするん」と，どこからか聞こえてくる。「シーッ」と合図を送る。「では，もう一度靴を履いて，今度は雑巾のへりにかかとをきちんと合わせて置いてね」と言う。どの子もかかとがはみ出ないように慎重に置いている。ここで両者の靴の置くときの心の状態を訊いてみる。全員が，後者の置き方は意識して置いたということだった。「靴をそろえる」という行為は日ごろ何気なくしているけれど，意識することで出来栄えが変わること，物事をするときには，ちょっと意識するだけで，結果がちがうことを実感させるのである。

　次に，自分の靴がこのようにそろっていると思う人は上靴をはく。そして，当番にクラスの靴箱を見に行かせる。当番は，その結果を教師に伝えるのではなく，靴が，そろってない子のところに行って「おしかったで」と，そっとささやく。それを聞いて自分で直しに行く。そして，「今日は意識して物事をす

るという学習をしたので，いつもしている朝の漢字練習は短時間で覚えることを意識してやってみよう」と言って，朝の学習につなぐ。

一方で，「トイレのスリッパをそろえる」ことについては，スリッパは自分のものではないので，なかなかそろいにくいが，自分の靴をそろえることができたその力を他人のために使う生き方につないで考えさせておく。しなければならないと強制はせず，各自の意思に任せる。心を動かされた子が，スリッパをそろえることになるが，その行為について帰りの会で，「社会は，このように進んで行うことでよくなっていく」と伝えておく。一方で，進んで行った子たちを呼び，その心を大いにほめておく。注意や強制より，ずっと主体的な子どもの姿が広がっていく。

2 責任をとる生き方を考えさせる

退職後の私の席は，職員室の入り口すぐのところだったので，職員室へ来る子どもたちの様子をよく観察できた。

ある日，4年生の先生が，金属の柄のところが折れている箒を持って，二人の男子を職員室に連れてきた。学校の備品が壊れたときによくある光景だが，教頭先生に詳細を話して謝っていた様子がわかった。それが終わって，私の前を通過しようとした二人と担任の先生を呼び止めた。その箒を処分するということだったので，担任の先生に，そのままここに置き，後で2人に私のところに来るようにお願いした。

5校時が終わり二人がやってきたので，「箒の人生考えたことある？」と箒の気持ちになって切り出した。「あなたたちにも人生があるように箒にも人生がある。あなたたちの教室をきれいにしたいと思って，この教室にやって来た。私を使ってくれる人は，どんな人かと思いながら掃除の時間を待っていた。ところが，振り回されて掃く部分に上靴でのられてこの始末。こんな悲しい人生があっていい？そのまま捨てるか，元の姿に戻すか，どうする？」と訊いた。一瞬硬直し黙ってうつむいていたが，一人が小さな声で，「直します」と言って，隣の子の方を向いた。もう一人も頷いて「直します」と言った。柄の部分は金

属でできていたので，準備しておいた棒を中に入れ，子どものできるところは子どもに任せ，一緒に修理した。そして，箒の先端の部分に，マジックで，それぞれの名前の頭文字を取って「よし・とも」と書いた。「これは，今日から二人の専用箒にするね。箒の人生忘れないでね」と言った。その時のほっとした二人の笑顔は今でも忘れられない。二人はうれしそうに教室に戻ったそうだ。後で，担任の先生から「どんな指導をしてくださったのですか」と訊かれたので，上記の事をそのまま話した。

　何かしでかして心が窮屈になったとき，どう生きるかをしっかりと考え行動させる。そして，行動した後には，心が解放され元気になるような対応を心掛けている。

　その後，担任の先生が，「あの箒，また壊れたけれど，2人で協力して直して使っています。以後，真面目に掃除をしています」ということだった。自分のしでかした行為ときちんと向き合い，どう生きるかをしっかりと考え，行動させることが大切である。

　これは，254ページに取り上げられている荒れたクラスの「鉛筆削り」の件と同じである。あの時，すでにクラスには，負の空気が蔓延してしまっていた。子どもたちは，初めのうちはこれではいけないと感じていても，あのように破壊的なことが繰り返され，当たり前のようになって，麻痺してしまうことが怖い。ひいては，いじめにつながることにもなるだろう。

　この場合，壊した子だけでなく，クラス全員への指導でありながら一人ひとりときちんと向き合い，自分の置かれた立場で何ができるか何を成すべきかを，しっかりと考え行動させることが大切であり，生き方を問うのである。

　生き方には，それぞれの考えがある。教師の考えを押し付けるのではなく，具体的な行動を話し自己決定させる事で，子どもは自らの行動に責任を持つ力をそなえていくようになる。

3　負の出来事をプラスに変える生き方を学ばせる

　6年生を担当した時の事である。4階の手洗い場の石鹸の液が入れても入れてもなくなってしまうと，養護の先生から使い方を指導するようにという話があった。子どもたちの使い方をそっと観察してみると，手洗いする際に，両手にぬって泡立て，シャボン玉を作って飛ばしているのだ。4階から飛ばすから見ていても気持ちがいい。風のある日は，四方八方に飛んでいき，そこに太陽が当たって虹色に輝くシャボン玉を見ることができる。翌日，だまって飛ばしている子の横に行って同じ行為をしてみた。なかなかうまく飛ばない。「難しいな」と，つぶやく私に「もうちょっと水付けてみて，強く吹いたらあかんで」と教えてくれ，私も楽しんだ。これで液がなくなることがわかった。その子は「これをしているのは，ぼくだけとちがうで，他にもたくさんしているで」と言う。普通なら教師は子どもたちへの注意とその行為の禁止で終わるだろう。

　教室に戻り，子どもたちに保健の先生から，石けんの使い方に気を付けるよう言われていることを話した。一方，一緒にシャボン玉を作った彼には，「シャボン玉作り」を学級活動の時間に提案し協力してくれそうな子を誘って考えてみるように伝えた。そして，6年生がするのだから，幼稚園の子がシャボン玉遊びするのとはちがって，人が入れるぐらい大きいシャボン玉作りにしたいなと注文しておいた。その活動は，彼と科学の好きな子たちが，インターネットで調べたり図書館から本を借りてきたりして，調べ学習をし，それをもとによく話し合い進めていった。話し合いは，他の教科の時間が使えないので，朝や帰りの時間，給食を食べながらの時間を活用した。時には，授業の最後の5分間を使いたいという子どもたちの要望にも応え，そのかわり授業に集中するよう伝えた。そんな日の授業は，よく発言し教え合いも活発になることが多かった。この活動には，教室に入りにくい児童も一緒に参加して楽しんだ。

　子どもたちの中で起こる様々な問題は，どんな些細なことも大切にし，禁止ではなくどのようにしたらできる方向に進めるか，常に子どもたちとよく対話した。授業の合間の短い休み時間，給食のとき，そうじをしながら，あるとき

は休み時間を終えて教室に戻っていく階段をいっしょに歩きながら……あらゆる時間を使い子どもの心を知る手がかりとした。

　この対話は，先生方にも大切なもののようだった。退職の年は6年生の担任だった。10年も先生の経験がある教育実習生を受け持つことになった。その実習生が，「先生の周りにはいつも子どもがいますね。教卓のところに集まってくる子どもを観察していたら，特定の子どもだけでなく，入れ代わり立ち代わり，すべての子が先生とやり取りしていますね。そして，私自身も教室で，職員室で，ときには移動中に歩きながらたくさん話をしてくださいました。子どもたちのいいところ，学校や地域のすばらしさ，授業の事，学級経営の事，教育の事，人生の事……本庄先生の話を聞くのが私は大好きだった」と書き残しておられた。

　また，4年生の新学期が始まって間がなかった時のことである。多くの子が音楽の教科書を忘れていた。最初に学習する曲が「さくら」だった。ちょうど校庭では桜が散り始めていた。このときを逃してはもったいないと，リコーダーを持って校庭に出た。「本がないから吹かれない」と言うので，私は「大きな黒板がある」と言って，運動場の端から大きな字で1列に階名を書き始めた。それを見ていた子が，続きを書き完成させた。その横には別の子が，もう一筋同じように階名を書いている。それを見て「階名と階名の間は，歩幅ぐらい開けて書くと，吹きやすいで」と声をかけている。また，書くのを手助けする子が出てくる。みんなはそれを見ながら，面白がって練習している。

　授業を終えた後，Mが「僕はリコーダーが苦手で，吹けるまでに時間がかかるけれど，運動場に書かれた階名を歩きながら追いかけていくと，3回繰り返したら吹けるようになった。音楽室だったらぜったいできてない」と伝えにきた。

　教科書がないから授業ができないのではなく，できるようにする工夫を子どもと一緒に考える機会になった。

4　友達の悲しみ，苦しみを受けとめ，みんなで行動する生き方を学ばせる

「日々の生活の中にたくさんある出来事を大事にする」と書いたが，次の事例は，クラス1人の悲しみや苦しみをみんなで考えて行動したことである。

その時は4年生の担任だった。それは，今から5年前，交通事故で意識不明になったクラスの友達のお父さんに車いすを贈った出来事である。朝起きると，一番に新聞に目を通すことにしている。その日の朝，「静岡で，姫路の会社員意識不明の重体」という見出しが目に入った。普段はそんな記事の詳しいとこまでは読まないが，姫路ということだったので，内容まで読みながら，その住所と名前で，ひょってしてクラスの子のお父さんではないかと不安になった。案の定学校へ行くと欠席の知らせが届いていた。家庭の事情で2～3日休むということだった。朝元気に家を出かけたお父さんが，一瞬にして命をなくすかもしれないという恐怖と闘っている彼の気持ちを考えると，落ち着かなかった。クラスのみんなも大変心配していた。

2日後，登校してきた彼に意識が戻ったか訊ねるが首を横に振るだけだった。クラスのみんなでいったい何ができるだろうかと考えた。私は医師から「だめ」と言われても，深い愛によって奇跡が起きた話を今までにもたくさん聞いたことがあるので，子どもたちに1年たって意識を取り戻した実話や，ヘレンケラーの話をした。今，私たちにできることは，彼のお父さんが，意識を取り戻すよう祈るしかないということになり，一枚一枚折り紙の中に元気になるように書き，千羽鶴を折り始めた。家に帰ってからも家の人にも手伝ってもらいながら折り続けた。数日後には，夏休みになってしまうので，それまでに完成させなければならなかった。

その時の子どもの作文を紹介しよう。題は「I君のおとうさんの笑顔を見るために」。

(M子の作文より)

> 　7月の初めI君のお父さんが事故にあい，一人は亡くなるという大きな事故でした。私たち4年1組で千羽ヅルを折ることにしました。千羽ヅルは授業の合間の休み時間を使ってみんなで作り上げました。ツルが折れない子にも教えて作りました。そのツルを白い糸や赤い糸で50ずつ通しました。針を使うのは慣れていなかったため，何回も手にさしました。I君の気持ちを考えるとこんな痛さどうってことはないと思いながらがんばりました。残りは先生が，夜中の3時まで起きて完成させてくれていました。また，朝早く神社にもっていって神様にお願いもしてくれました。そのツルにお守りを付け手渡してあげました。私たちの気持ちが集まって奇跡が起きたらいいなあと思いました。

　2学期に入り，お父さんは意識を取り戻されたが，自分自身や子どもの事はよくわからないということだった。

　ある日，給食の時，私が座っていた後ろの班から聞こえてきた雑談だった。子どもたちの会話は次のような内容だった。「お父さんの意識はもどったけれど車いすがないと生活できない。だけど車いすは高いしなあ」「テレビでペットボトルのキャップやプルトップを集めたら車いすがもらえると言うとったで」「ほんまか。そんなんやったら簡単に集められるやんか。スーパーの前にある自動販売機のところにはたくさんあるで」。その日，その後の会話は聞いてなかったので，子どもたちがどのような行動を起こしたかは知らなかった。

　次の日，ある子の顔が青黒く腫れていたのでどうしたのかを尋ねた。なかなか話してはくれなかったが，他の子の連絡帳でわかったのである。あの日，学校の帰りに集め回っていて帰りが大変遅くなり，顔を殴られた子は，塾にも間に合わず大変叱られたのだった。その他にも，缶のキャップを外していて手を切ってしまった子がいることも分かった。大変なことになったと思った。

　私はこの一途に思う心を何とかしてやらなくてはと思い，取りあえず集めることにストップをかけ，本当にプルトップで車いすがもらえるのか，いろいろ

なところに問い合わせてみた。しかし，その間も子どもたちは，コンビニやスーパーに事情を話し集め回っていた。わかったことは，ペットボトルのキャップを集めれば外国の子どものワクチンに役立ち命を救うことができることだった。どこの県に問い合わせても車いすがもらえるというのはなかった。さらに，いろいろ調べているうちに，プルトップを集めて車いすを寄贈している朝日新聞の事業に出会った。しかし，この車いすの寄贈は，病院や福祉施設など団体にはしているが，個人にはしていないということだった。大変困っていたところに朗報が飛び込んできた。クラスの子どもの保護者に朝日新聞の販売所に勤めておられる方がいて，子どもが家でこの話をしたことがきっかけとなり，「会社の会議にかけてみる」と言ってくださったのだ。このことで子どもたちの活動は一気に加速し，全校生に保護者に中学校の生徒会活動に，また保護者の勤めておられるスーパーなどいろいろなところに広がっていった。また，この会議のおかげで朝日新聞が3回にわたってこの話を記事にしてくれた。車いすをもらうには，40万個というほど遠い数であったが，新聞に掲載されたことで全国から届くようになった。

　9月の後半から集め始めたこの活動は4か月ほどかかり，翌年2月19日に車いすを贈ることが出来たのである。たくさん集まったので2台の車いすをいただくことになった。1台はIの父に，もう1台は宮城県の特別支援学校に贈ることになった。なぜこの学校になったかというと，この学校の生徒から，「ぼくたちは，いつも社会から助けていただくことばかりで生活している。そのぼくたちでもできることを考え社会の役に立ちたい」と，キャップを送ってくださったからだ。この手紙を読んだ子どもたちは，特別支援学校だったらきっと車いすがいるから役立つと思うということで贈ることに決まったのである。

　学級活動の時間は，協力して数を数えたり数が多くなってくると保健室から借りてきた体重計で重さを量ったりして表に記入し，自分たちのがんばりぶりを確認していた。車いすの贈呈式のときに，たまたま小川先生が来られたのである。

　この活動を通して，先ほど家に帰って叱られた子が，新聞記者の質問に次の

ように答えている。
「帰る時，ドアの前で鬼が待っていると思うと怖くてなかなか家に帰れなかった。おこられても少しでも集まったと思って後悔しなかった」。
子どもたちが主体的に活動した様子や学んだことを紹介しておきたい。

(Kの作文より)

> 40万個集めないといけないので大きな箱が必要だった。給食台が入っていた段ボール箱を栄養士の先生にもらって，その中に集めることにした。その段ボール箱は僕の背より大きかった。段ボールの中が見えないので2cmほど縦にくりぬき，透明の大きなテープを持ってきてその箱に貼り目盛を書き「命のメーター」が見えるようにした。この「命のメーター」という言葉は，友達が考えてくれた。みんなとても気に入っていた。

(Rの作文より)

> 「おじいちゃんおばあちゃんにも協力してもらうよう電話をかけた。また，マンションの前にあるゴミすて場のところをあさってさがした。……みんな新聞を見て届けてくれ，とても感動した。僕はこう思った。「日本人はとても宇宙も太陽も突き抜けるやさしい人たちだなあ」。遠い県から送られてきた袋をみると，送ってくるのに750円もかかっていた。それを見て，誰かが中間休みに「そんなんやったらお金を出し合って買ったらええやん」と言った。ぼくは「そうだけど届けてくれる人の心のやさしさを感じないとなあ」と思った。

この活動を通して，たくさんの子どもが人のやさしさに触れた喜びを感じ，できないと思っていたことでも，一人ひとりの力を集め行動したらかならず問題を解決できるということを学んだのである。

5 できにくい子をほっていかない生き方を考えさせる
― どの子もできるようにする

　教師誰もが，クラス全員が出来るようにしたいといつも思っている。私は一番できない子ができることを確認してから，次に進むようにしている。いつも先生方から「そんなことは無理ですよね」と言われてしまう。できない子には，考える時間を与え，理解するときには体を使って考えさせる。また子どもたちをつなぐことで解決している。

　算数の時間のことである。2年生になっても10の合成や分解ができないので，繰り上がりや繰り下がりの計算に困ってしまう。毎日5分間は計算力をつける時間である。1分もあればほとんど全員ができるが，できにくい子は手を使っているので2問ほどで時間が終わってしまう。時間の制限があると，いつも最後まで解けた喜びを味わえない。その子ができるまで待っていると，できた子が遊んでしまう。そこで，早くできた子には，できたプリントの裏を使って，自分で問題を作って何題ぐらいできるか目標をもたせる。プリントやドリルの裏が真っ白なのは，自分の力で進むためにあることを教え，最後の子ができるまで集中してやれた子をほめる。この集中できた力は，どんなときにも役立ち，一生使える力であることを話しておく。また，時間がかかりできにくい子には，計算ドリルや漢字の宿題を自分ができそうな数に絞ってしてくることもある。

　それがわかると，必ずどこからか「ええなあ」という声が聞こえてくる。その時には，「あなたもそうしなさい。これからは3問以上しないように，3問だけがいいと言ったのだから」と言う。そして，「みんながすらすらと20問解けるのに，3問しか解けないというこの悲しみがわかるか。このことがわからない限り，いくら百点をとっても賢くなれない」と。「この悲しみがわかるか」という言葉は，何度言ったことだろう。そして，「自分は簡単だと思っていることでも，人にはいろいろなことで，できにくかったり苦手だったりすること

があるよね。一緒に過ごしたら，あの子はじっとするのが苦手だな，あの子は走るのが苦手だな，あの子は……ってわかるよね。あなたは苦手なことはないの。先生もあるよ，それをつつかれたらつらいよね。賢い人のすることじゃないよね。賢い人なら，きっとその悲しみがわかって，相手を勇気づける言葉や行動をするよね。あなたは賢いから，考えてきっとできると思うよ。そして，先生から『人間が偉い』とほめられてね」と言うだろう。

　また，どの教師もできにくいことやわかりにくいことがあれば，子ども同士の教え合いによって解決している。しかし，早く出来た子ができない子を教える形になるため，教えているのに言うことを聞かない子が出てくることがある。そんなとき，教師は「その子をほっておきなさい」となってしまうことがよくある。そこでそのようなことがおこらないようにするには，教えてもらう側に，「あなたは誰に教えてもらいたい？」と聞いてみる。名前の出た子を呼んで，教えられる側の気持ちを伝えて2人をつなぐことが大切である。

　このような教え合いは，班活動でもときどきすることがある。わかりにくい子がいるとき，どの班の教え方が上手か競うことがある。10分間でその日の学習をわかるようにすること，どの班も必死で教えている。10分経ったら，教えてもらった子が本当に分かったか黒板の問題を解く場面を作る。解いている間は，だれも何も言ってはいけないルールにする。みんな必死で教えた子が解いている姿を見ている。何か違っていても声を出せないので，目で合図したり机をコツコツ叩いたりしながら正解に導いている。時間切れにならないようどの班も必死である。これは仲間の連帯感を生む。できにくい子をほっておかないという心がクラスに広がり始める。うまく教えられたところには，「先生の先生やね。次からは，先生の教え方より上手なこの班にお願いしよう」と言っておく。班で心を合わせる喜びが主体性を生み，わかりにくい子をどのように教えればよいか工夫する姿が見られるようになる。

　次にできにくい子が意欲的に取り組む方法として，体を使って考えると先に述べた。計算や九九を覚えるなどの単調な繰り返しに取り組もうとしない子どもたちを指導することになった時のことである。私は，楽しく計算をさせたい

と思い，一辺30cmぐらいの大きさいころを作り，出た目を足す遊びからスタートした。体全体を使ってすることは楽しいので，あっという間に10問解くことができ，その後の計算ドリルもスムーズに進めることができた。また，九九を覚えられない子と一緒に学習した時には，学校の階段を使いリズムを取りながら覚えたり廊下に九九カードを並べ跳びながら覚えたりした。教室で椅子に座って覚えるより楽しく覚えられ，次の日も「今日はこの階段を使ってしよう」と自分から取り組むようになった。

6 子どもを理解しかかわり方を考える ― 発達障碍児とどうかかわるか ―

　どのクラスにも，どうしたらよいかと悩む子どもが常にいる。発達障碍児H子との出会いは，私の教育観をさらに広げ確かなものにしてくれた。本来，特別支援学級で生活するようになっていた子どもだったが，特別支援学級に入ることを嫌い，40人近くいる普通学級に入ってきた。1学期は，H子の行為を理解できなかったり，それをおもしろがってあおる子どももいたりして，落ち着いて授業することが出来ない日々が続いた。とにかく，H子に気づかれないようにしっかり観察することからスタートした。H子が何をしようとしているのか，どんなことに興味や関心を持っているのか，どんな行為の時にパニックになるのかを知り，興味や関心のあることをいっしょに取り組むようにした。

　H子は，意思に反して突然泣いたり大声を出したりした。また，強弱の程度がわかりにくいため，人に触れるときには跡形が残るぐらい強くたたいてしまったり，物を扱うときにも乱暴になったりした。授業中は立ち回り友達のノートに勝手に落書きしたり，友達の新しい消しゴムを取り上げ返されたときには，その消しゴムが割れたり半分以上無くなっていたりして，友達を悲しませる行為が繰り返された。こちらが行動を規制したり何かをさせようとしたり禁止する言葉を言ったりするとパニックになった。よく観察してみると，すべての子に同じようなことをするのではなく，関心のある子に集中していることがわかった。

その都度，友達とのかかわり方をもう一度，状況を再現しながらどのように言ったりしたりするのがよいかを，H子にも周りの子にも繰り返し教えていった。そこで，応急処置として学用品の事でトラブルが起きた子どもには，机の上にはいつ使われてもいい学用品を置いて，大事な物は机の中にしまっておくようにした。しかし，みんなで何かするときには，待つことができず自分勝手な行為をするため何もできなくなってしまうこともよく起きた。

　ある時，給食が終わり掃除の時間になった。H子は自由帳に自分の好きな絵を描いている。C_1「先生，H子が机を送ってくれないので掃除ができません」，C_2「早く送ってよ」と言ったとたん，H子はものすごい勢いで机をたおしてしまい学用品が辺りに飛び散った。それを見ていた子たちはあわてて拾い集め元に戻すということがあった。子どもたちにH子とどのようにかかわらせるかが大きな課題であった。

　H子が机を送らなかったら掃除はできないか，はれ物にさわらないようにそっとしておいたほうが良いのかをみんなで考えた。子どもたちからは，「H子に送ってくれるよう声をかけ，だめだったらH子のいる場所だけ机はそのままにして掃除をする」「送ってあげる」「危険なのでなにも言わずそっとしておく」などの考えが出た。このように，対処の仕方が子どもによって違うのでとても難しい。その時の状況によってどれにするか判断がいるからだ。私が一緒にいるときには，よく身振り手振りで「今はそっとする」，このときは「誘う言葉をかける」，あるときは「その場から逃げる」というのもあった。子どもたちはその繰り返しで，H子との対応を学んでいった。

　そこで，子どもたちには，授業中H子が急に立ってうろうろし始めても，よく観察してから言葉をかけるよう伝えた。そして，言葉をかけるときには「○○してはダメ」という禁止の言葉や命令口調など負に感じる言葉はさけ，誘う言葉がけにするよう気をつけた。「H子ちゃん送ってほしいときは，いつでも言ってね。私たちが送るから」と声をかけ，自分たちのしなければならないことに取り組んだ。これはたいへん有効で，みんなで行動するときは，H子が好意を示している子に「H子ちゃん，したくなったらいつでも言ってね」と声を

かけさせた。しかし、いつもうまくいくとは限らない。ときには、教室を飛び出し、どこにいったかわからなくなることもよくあった。小川先生が来られた時も学校を飛び出してしまったのだった。そこで、いつ、そのことが起きるか予測できないので、クラスのみんなで先生がいなくても授業ができるように、当番活動を充実させリーダーを育てていくことを考えた。

7 現職研修を通して

1 どの先生もできる「子ども主体の授業」に向かって

❶ 「スマイル」の会

　「スマイル」の会については、小川先生も取り上げてくださっているが、この会の事を少し説明しておきたい。この会は、子どもを豊かに育てる学級経営や教科指導など、学年を越えて「教育を語り合おう」という会で、研修担当の先生が、「スマイル」と名づけ、大切な機会を設けてくださった。勤務時間を終えた17時からの始まりだった（後に校長先生の計らいで16時からになった）が、いつもたくさんの先生方が集まってくださった。この会は、「学びたい」という思いだけがひとつになり、経験や年齢に関係なく、養護や栄養教諭など、職種が違う立場からも幅広く学び合える良さがあった。また、自主参加なので時間があるときには、いつでも参加できた。そこでは、先生方が自分の授業の課題や子どもの接し方、不安や悩みなどを自由に語り合い、自分の教育を振り返り、学んだことを自分の実践に活かしてきた。

　特に、職種の違う先生方からの発言は、担任が子どもへの指導の足りなさに気づいたり、子どもの行為で見えなかったことを知ったりするのに役立った。若い先生方が会終了後も納得いくまで質問されたり経験を積まれた先生が私の授業との違いを伝えてくださったり、私はいつもエネルギーをもらっていた。また、毎回経験を重ねておられるベテランの先生もいてくださることで、私が話していることと同じことを考えたりしたりされていることがわかり、いつも

これでいいのかと自問している自分を安心させてもらっていた。
　月1回ということで始まったが，行事など学校の状況によって，研修担当の先生から，そろそろ「スマイル」の会をもちたいのですが，ということで，日の設定がなされた。
　特に，テーマは決まっていなかったので，「愛あふれる学校」と「子ども主体の授業」という大きなテーマは変えず，その時期に必要なテーマを設け話し合った。この「愛あふれる学校」というのは，重谷校長先生が，「先生方は，子どもたちにもっと心を育てないといけない」と言われて名付けたのだった。校長先生は，市の校長会長をなさっていたので，いつも大変忙しくされていた。それでも，「スマイル」の会には必ず参加してくださった。
　私も，研修担当の先生から「スマイル」の会の依頼を受けると，校長先生のいらっしゃる日に設定していただくようにお願いした。それは，私の教育，また，小川先生・岩田先生との個人的研究について知っていただきたかったからである。何よりもこの会に参加される先生方が，校長先生の話を聞きたかったからでもある。
　平成26年度は次の校長先生に変わっていた。現校長大西先生は，この荒川小学校で教頭をしておられたので，「スマイル」の会のことをよく知っておられた。その年の最後の「スマイル」の会のことである。一年間の終わりの時期だったので，タイトルを「この1年間で，子どもたちに，どんな心を育てることができたでしょうか」にした。先生方が，一年間一生懸命取り組んできた実践を伝え合う場としたいし，最後の参観日に，先生方の頑張りが保護者にも届くようにするための話し合いにしたいと思った。
　いつも，先生方にどんなお知らせをして「スマイル」の会に誘おうかと考える。「今日の集まりは，一年の振り返りを子どもの姿を通して，笑いながらできたらなあと思います。"子どもの姿は，先生の姿""あ〜こわあ〜"と思いながら来てもらえたらうれしいです」と書いておいた。

2　感動をつなぐ

　その日の放課後，いつものようにたくさんの先生方が集まってくださった。
　私は「今日は校長先生のラブレターという話から始めます」と言って，「スマイル」の会をスタートさせた。私は，退職後，週２日の勤務になっている。朝私が学校に着くと，机上に封筒が置いてあり，表には「ハッピーバースデイ」と英語で書いてあった。誰が私の誕生日を知っていてくれたのだろうと思って開けてみると校長先生からだった。その日は，うれしい気分でスタートした。もちろん，私だけではなく，すべての職員に誕生月には同じことをなさっていた。その中には，ロッテのガーナチョコレートが入っていた。その予期せぬ行為に心が明るくなった。一瞬でも，私に心を向けてくださる方がいると感じた嬉しさだった。
　さて，この校長先生の行為を次，どのようにつないでいくかを考え，この「スマイル」の会につなぐことにした。今年の研修の大テーマは「心を育てる」である。この心を「スマイル」の会のどの部分で活かそうかと考えた。現校長先生は「笑顔でスクラム」という学校便りを出しておられた。その学校便りを，どれだけの先生方が読んでいるか，そして，そこに書かれた内容を子どもたちと話題にしているか，また，校長先生が，朝会で子どもたちに話された内容で記憶に残っていることは何かを出し合った。しかし，その内容について子どもたちと十分話し合っている先生は，ほとんどいなかった。
　次に，その学校便りは「今何号か」という質問をしてみた。この問いに正解した先生に，校長先生からいただいたチョコレートと同じガーナチョコレートをあげることにした。４つ買ってきていたが，足りなかったら困るなあと思った。しかし 23 人の先生の中で正解したのはたった一人だった。それは，学校便りが何号かというような細かいところにまで関心がなかったからかもしれない。しかし，教育は，このような見過ごしてしまいそうなところを子どもたちにちょっと意識させ，見えないものを見えるようにすることのように思う。
　その後，この会に参加した人は，学校便り「笑顔でスクラム」を今までより

意識するようになったという。私も,それ以来,コンビニやスーパーなどで,ガーナチョコレートが目に付いた。今まで目にも留めなかったチョコレートだったが,校長先生のこの行為によって,見えなかったものが見えるようになった。そして,どのスーパーに行ってもガーナチョコレートが気にかかるのと同時に,この校長先生を思い出す。このように,教師は子どもたちにちょっと意識付けし,子どもの心に残る仕掛けをしてやりたいと思う。

　また,一日の学校生活のいろいろなところで,子どもたちは,教師を感動させるたくさんの行為を行っている。それに気づいて,その感動をきちんとわかる具体的な言葉で返してやることが大切である。できて当たり前,指示されたことは,して当然という姿勢からは,この感動は生まれない。

　退職後,そのままこの荒川小学校で2年間勤務することが出来たお陰で,いろいろなクラスに入り,授業をさせてもらったり,担任と一緒に授業をしたりすることが出来た。そのため,自分の実践してきたことを先生方に実感して伝えられた。またこのことは,小川先生・岩田先生との研究「私の教育が一般化できるか」という課題への追究の場としても大切であった。「スマイル」の会で話していることが,実際にどういうことなのかも,先生方といっしょに考えることができたからである。そして,授業の後の話し合いで,担任の先生から出てくる言葉は,「子ども主体の授業」を作る上で大変役に立つものだった。先生方の学びが何であるかということを知る手がかりとしても重要だった。「先生,授業は子どもとの『間』がとても大事ですね。そこが私とちがう」「先生,場の設定が重要ですね」,「子どものつぶやきは,あのように拾ってつなげていくのですね」等,「子ども主体の授業」は,子どもたちが生き生きと楽しく学ぶ姿になる。

　先生方は,自分の考えていることを,1時間の中で次々と子どもにさせなければという思いが先にたってしまって,授業を進めることにとらわれがちになるが,子どもを信じもっと任せることが大切である。先生がすべてしてしまうのではなく,子どもたちが,創意工夫し知恵を出し合って協力してやり遂げる場を構成することである。子どもたちの発想には,素晴らしいものがたくさん

ある。技術はおぼつかなくても，小さな出来ることを重ねていくことで自信が生まれる。

いろいろなクラスでさせていただいた授業をいくつかを紹介しておきたい。

1　授業者としての立場で（その１）── 学び合いをつくる

　ある朝，私が学校へ着くと机上に，国語の単元〈おおきなかぶ〉の授業をどのように進めたらよいか授業をしてください，という１年生の先生の書き置きがあった。担任の先生から，「１時間みんなで読んでおおまかに話をつかんで感想をもったところまで授業をしています」と言われた。

　早速，１時間目が始まるまでに，段ボール箱に新聞を巻き，その上に模造紙を貼り，１ｍあまりの大きさに仕上げたかぶを持って１年生の教室に行った。わあ，と歓声があがり，子どもたちはそのかぶをさわりながら，中に何が入っているのか気になるらしい。子どもたちは，「新聞紙？　箱？　重たいから土？」など言い合っている。私は「何が入っているか，授業の最後に教えましょう」と言って授業を始めた。これを作ったのは，言葉のやり取りだけからイメージしていく難しさをさけ，このかぶを介して，より内容をとらえやすく考えやすくするためである。ある場面のおじいさんの気持ちを想像した後，「とてつもなく」という言葉の意味を理解させるために，子どもたちにどれぐらい大きなかぶになったかを尋ねると，子どもたちは，これぐらいと手を広げる格好をしたり，教室ぐらい，校舎ぐらい，運動場ぐらい，最後には宇宙ぐらいという答えを返してきたりした。その大きさを想像した言葉は，教科書のどの言葉からわかるかを尋ねると「とてつもなく大きい」の「とてつもなく」という言葉であると理解することができた。

　そして，今日の学習のまとめで一場面の音読をした。子どもたちは，１回目句読点に気をつけながら上手に読んだ。２回目は，「うんとこしょ，どっこいしょ，まだまだかぶはぬけまん」と，かぶを引っ張るところを演じたい子がいないか訊くと，４人の子の手が挙がった。その４人が作ったかぶのところに出てきて，みんなの音読に合わせて演じ始めたとき，その中の一人が「そんな読

み方やったら大きなかぶはぬけない。もっとゆっくり読んでよ。このかぶは，とてつもなく大きいかぶやで」と学び合いが生まれ，演じる子と読み手との呼吸が合い，読み方が違ってきたのである。一つの事を協力して作り学び合う楽しさを演じることを通して学んだのである。

最後に，このかぶの中に何が入っているか質問してみると，「おじいさんの心」と返ってきた。子どもの感性のすばらしさに感動しながら授業を終えた。

❷ 授業者としての立場で（その２）── 意欲をもって学習教材に出会う

あるクラスでは，〈花いっぱいになあれ〉の授業もさせてもらう機会があった。それは，「題名にこだわることを大切にしている」とは，どのようなことかを教えてほしいということだった。それは，子どもたちに今から学習する物語が，どのようなお話かを想像させ，楽しいものにしてほしいという願いと，主体的にこの物語と出会わすためである。子ども主体の授業をするには，子どもたちが言葉にこだわり，子ども同士の自由発言を通して，一人ひとりが今から学習する物語のイメージを作ることが大切である。

そこで，当番が授業の始まりの号令をかけ終わると，私はだまって黒板に「花いっぱいになれ」と間違えて書いた。子どもたちは，「先生，『あ』が抜けています」などと口々に言うのが聞こえてくる。私は「『あ』がなかったらだめですか，『あ』があるのと，ないのとはちがいますか」と訊いた。ここからは子どもたちの自由発言である。「ちがうよ」「『あ』がなかったらえらそうに言っている」「命令しているみたい」「『あ』があると優しい感じがする」「こうなってほしいとお願いみたいに言っている」「花いっぱいになれって命令したら，花はいっぱいになりたくないです」「『明日天気になあれ』っていうのと同じです。お願いするから，神様に気持ちが伝わるんです」。この発言に多くの子の頷く姿がある。これは子どもたちが「なあれ」の言葉のイメージを共有出来た姿である。

ここで私は，「このお話は，花がいっぱいになってほしいという願いのこもったお話なんですね。それじゃあ，『あ』はぬかしたらだめなんですね」と言って『あ』を付け加え，みんなで「花いっぱいになあれ」と読んだ。子どもたち

の願いのこもった読み方を黙って聞きながら，みんなで本文を読み始めた。「今日から〈花いっぱいになあれ〉の物語を勉強します。みんなで読んでみましょう」と授業に入るのと比べてみてほしい。

❸ 授業者としての立場で（その3）── 全員出来るようにする

　この授業で担任の先生に伝えたいことは，全員を出来るようにする授業の方法である。それは最後の子が出来るまでの時間を，他の子どもには，その間自分の力に応じて自由に取り組めるようにすることである。

　3月あと5日で1年間が終わろうとする日，1年生の先生から「先生，子どもたちが文の基本である主語・述語の関係，『は，を，へ，「　」』の使い方がしっかりしていないことが気になるので，授業してくれませんか」と言われた。子ども主体の授業になるように，1時間の授業をする上で大切にしていることは，本時の目標をはっきりさせておく。誰もがイメージできる身近なこととつなぐ。子ども同士をつなぎ学びを広げる。子どものつぶやきを大切にする。学び方を学ぶ活動をする。そして，誰もができるようにすることである。

　その日は雨が降っていた。そこで，まず私は「雨が」と主語を言い，子どもたちが「降る，降っている」と述語の部分を言い応答関係を作った。そのことで子どもたちの緊張がほぐれた。次に，「〜は」の使い方である。子どもたちに短い文をたくさん作らせることで，「〜は」の使い方に慣れさせようと考えた。そこで，担任の先生の名前を使うことにした。「N先生は」と書くと，子どもたちは次々と文を書き始めた。書けた瞬間に担任の先生と共に丸をつけて回る。そして，丸をつけながら「N先生は赤ペンで丸をつけた」「N先生は給食を食べた」。誰かが作った文を声に出して「へえー，N先生って10個もイチゴ食べたのね。へえー，給食をおかわりして食べたのね。食いしんぼうね」等と驚いてみせる。それを聞きながら，できにくい子もいちごがりんごになったり数が11個になったり，友達の文を真似ながら自分の文が作れていく。普段の授業なら子どもたちが自分の考えを広げる時間になるが，今日の課題をし終えるには，教師が広げる役をすることで子どもたちに「出来た」を味わわせなけれ

ばならない。

　その時，句読点ができていないことに気づいた。句読点の場所を説明するのは簡単だけれど，できにくいことや忘れていることは自分で調べる活動が重要なので，最後の教材である「花いっぱいになあれ」のページを開け，句読点を声に出して読むように言った。「コンは，（てん）おひげをひねっていいました。（まる）」「コンは，（てん）わあわあなきました。（まる）」これを3回読んでみた。子どもたちは，いつもと違う読み方をおもしろがった。そして，自分の書いた文も同じように句読点を言いながら読んでみて，抜けていたら付け加えることにした。子どもたちの多くが消して書き直そうとしたので，消さなくて良いこと，加える方法を教えたり，次の文から付け加えたらよいことを伝えたりして，どんどん文を作っていった。丸をつけて回っていると，「『先生は』じゃなく『ぼくは』で作ってもよいか」とどこからかつぶやく声が聞こえてきた。そこで，次は，「ぼくは」，「私は」を主語にして「〜へ」の文を作ることにした。

　私が「次は『へ』の駅に行きます。ドアが閉まります。だいじょうぶですか」と言うと，どこからか「ちょっと待って」と聞こえてきた。最後の子が出来るのを見届けて，「〜へ」の文作りに入った。出来た人は手を後ろに回して待っていなくても，自分の力に合わせて次々と楽しい文を作ると良い。このようにして「　」（カギかっこ）の使い方まで復習できた。

　その日の宿題に，今日の学習と同じように家の人を観察して文作りをするよう担任の先生に伝えた。子どもたちの，「先生，私はこの時間に6ページも書いた」と言って勉強したページを満足そうに何度も繰り返し見ていた姿，「先生，ノートに書いたら，アメリカや宇宙に行くのも簡単やな。文を書くのはおもしろいな」とつぶやいている姿を嬉しく思いながら授業を終えた。授業を終え，職員室へ向かう私の後姿を追っかけてきた子が，「先生，ぼくな，いっつもみんなから遅れてしまうんや。出来んで，いややったんやけど，今日はちゃんとできたんや。また，ぼくの組にきてな」と伝えてくれた。担任の先生は，特別支援学級のA児が，何も言わなくても黒板に書かれた文をきちんと書いていたので，びっくりしたということだった。それは，一人ひとりが自分の力を出し，

出来た喜びを味わった空気が教室に広がったからだろう。

4　授業者の立場で（その４）――子ども一人ひとりの思いを受けとめ解決する

　退職後の２年間の勤務の中では，特に不登校や教室に入りにくい子，学習についていきにくい子の指導と，若い先生の指導に当たっていた。

　あるとき，３年生のクラスで授業することになり教室に行くと何人かが掃除道具入れの戸を叩きながら騒いでいる。中にはＯ児が隠れている。Ｏ児は，みんなと同じようにしなかったり，自分の思いが通らなかったらすねたりして，いつもみんなからつつかれることが多い子どもで，学力も少し劣っている。私はとりあえずみんなに席に着き，教科書の今日学習するページを開けるよう伝えた。みんなは席に着いてからも，Ｏ児の日ごろの勝手ぶりについて文句を言い続けている。私が「言いたいことはそれだけ？今，人のいやなところを聞いて気持ちよかった人？」と言うと，誰も手を挙げない。「毎日そんなことを繰り返しているから，Ｏ児は出てこられないのとちがうかな，Ｏ児は，<u>賢い子だから</u>掃除道具入れの中で<u>よく考えて</u>，しばらくしたら<u>自分の席について今日学習するページをちゃんと開ける</u>と思うよ。それぐらい待ってあげてもいいじゃないの」とＯ児にも聞こえるように言って授業を始めた。Ｏ児は，いつの間にか自分の席に着き，今日学習するページを開け授業に参加したのである。Ｏ児のような子は，いつもみんなからつつかれ，自分はダメな子だと思いこんでいることがある。そのような子が素直にみんなと同じような行動を取ろうという気持ちになるには，先ほどＯ児にかけた言葉を見てほしい。まず，<u>よく考える賢い子であること</u>，次にどのような行動を取ればよいか，先生が今こうあってほしいことを<u>具体的に行動レベルで伝えてやる</u>。そして<u>考える時間（自分の心と向き合える時間）を与えてやる</u>こと，最後に，先生が思っていた通りよく考えられる賢い子であったと<u>ほめること</u>が大切だと考えている。

　しかし，今日のように素直に行動をおこすときばかりではない。授業が始まっても折り紙を折っていたり，自由帳に絵を描いていたりして指示に従わない子もよく見かける。そんなときには「楽しそうだね，怪獣が好きなんだね。時計

が何分になったら自由帳をしまって教科書を出せるかな。決めてね」,肯定の言葉で語りかけ自己決定させている。次の言い方と比べてほしい。「いつまでしているの。早くしまって教科書を出しなさい」周りの子たちからも「〇君,早くしまいなよ」と叱責する声が聞こえてくる。これを繰り返していると,いつの間にか先生や友達との関係も悪くなって,子ども同士の見方も,いつも勝手なことをして困る子となってしまいがちになる。どうしても自分の意地を通そうとする子には,「ここは,今から国語の大切な授業をする場だから,折り紙や自由帳をしたいなら,この場所から出て違う部屋でしよう。みんなに迷惑がかかるから。あなたにとって,今,国語の授業より折り紙や自由帳の方が大切なのだから,それをすることを許すので,そこでしっかりと自分の思いを遂げてね,その代わりみんなに自慢できる作品を作ってきて。1時間ぐらい国語をしなかったからって,どうってことはない。できたものを見せてね。その素晴らしい作品は,校長先生にも見せてあげよう。そして,家の人にも,国語の時間に,このすばらしい作品を作ったことを連絡しよう。家の人には先生のほうから,『国語の勉強をしないでごめんなさい』と謝っておくから大丈夫」と言って,どうするか自己決定させる。この言葉を聞いた周りから「ええなあ」と聞こえることがある。そんなときは,「折り紙をしたかったら,あなたもどうぞ」と言うことにしている。しかし,ほとんどは,教師の指示に従って正規の授業を受けることになる。

　そこで,このようなことがあった後は,「ええなあ。ぼくもしたいなあ」とつぶやいた子どもたちの心も大事にして,学級活動の時間へとつないでいくことにしている。

　「〇君と折り紙がしたかった」とつぶやいた子たちを集めて,次の学級活動の議題に提案するよう伝え,そのことが実現するように進めていく。そうすると,勝手なことをして困る〇君から,楽しいことを考え出してくれる〇君にみんなの見方が変わっていくようになり,勝手な行動が少なくなっていく。この活動で一緒に取り組んだ友達と繋がるようになり,いつも叱責するような言葉をかけていた友達も〇君への言い方がちがってくる。

このような学級活動は，日々子どもたちが係り活動として自主的にしていることとは少し違って，そこには十分時間をかけ，調べ学習や教え合いが組み込まれたものになる。そして，それは「怪獣の世界を作ろう」という目標になり，一つのことをみんなで作り上げる活動になっていく。ディズニーランドのように班毎に「怪獣○○の国」を作り，それらが一つになって，怪獣の世界が出来あがることになる。その際には，学習指導要領をもう一度読み直し，3年生の図工科で育てる内容を忘れず組み込んでいくことにしている。

8　おわりに

　私の目指した子ども主体の授業は，幼児教育における子どもの遊びを通した学びの在り方を小学校教育につなぐことで可能になったといえる。

　教育は地味で，ていねいな営みである。教師は，子どもたちが学校生活のあらゆる場で見せる何気なく見過ごしてしまいそうな小さながんばりや優しさに心を留め，いろいろな「もの」や「こと」とつないでいくこと，何よりも人と人とのつながりが切れないようにすることを大切にしたい。また，教育は，教師の熱い思いが子どもの心を動かし，その中で子どもたちは人としての生き方を学んでいく。家庭や教育制度などさまざまな課題はあるが，教師は温かいまなざしで子どもと向き合い，子どもたちのすべてを認め共にあきらめない心を育てていきたいと思う。

（本庄冨美子）

第2節 臨床教育研究における研究者と教育実践者の関係はどうあるべきか
―研究者の立場から―

1 教育学研究における実践との関わり
（自らの教育研究経歴の振り返りから）
―文献による教育内容研究―

　本節の書き出しとして小川の研究略歴になぜふれるかを述べる必要がある。近年，アクティブラーニングが流行している。2015年の教育方法学会でもアクティブラーニングの課題研究が行われ，提案者のひとりの松下佳代が，過去の教育方法研究の軌跡をたどる必要を強調していたが，現代版問題解決学習ともいうべきアクティブラーニングにおいて，問われるべき問題解決における能力の育成には，知識との結びつきが必要だという松下の見解は，すでに1970年代に私が追及していた教育内容研究の問題意識と変わりがないことを確信した。このことから問題解決的臨床教育の現場においても教育内容が深くかかわっており，その点で私の研究経歴を語る必然性を確信した次第である。

　私が教育研究者として現場との関わりを持つようになってから，ほぼ半世紀に近い。思い起こせば，元東京教育大学大学院教育学専攻科で教育方法学を学ぶことになったのも私の父が小学校の教職にあったことと無関係ではない。今から50年以上前の教育学研究はドイツ教授学の翻訳学であり，アカデミックな色彩が濃厚であった。しかし，指導教官のT教授は小学校教師の経歴を持ち，学風はドイツのヘルバルト派教授学の系譜を継承していたけれども，教育実践に関心を持ち，附属小学校の公開授業や，僻地教育校への訪問を熱心に奨励していた。それゆえ，現場の教育実践への関心を維持することができた。私の初期論文にもそのことが反映されている[①]。その問題意識は，理論的諸命題はいかにして現場の実践に具体化されるかというものである。言い換えると，私は教育方法学，ドイツ流に言えば，教授学という学問自体の抽象性に疑問を感

じていたのである。それゆえ，J. S. Bruner の『教育の過程』が翻訳され，マスコミで大きく取り上げられた時も，その内容の基本原理である「dicipline（学問）の『構造』を教育内容理解の基本とする」という考え方を具体的に理解することが困難であったので，この本のベースとなったウッズホール会議について調べることにした。なぜならこの会議において，ここに参加したアメリカの専門科学者たちによる中等学校カリキュラム改革グループの具体的内容が問題にされていたからである。そこでこの内容の分析を行うことにしたのである。当時有名な Bruner の命題「学問の『構造』を重視する」というメッセージだけでは抽象度が高くてよく分からなかったからである。BSCS（生物カリキュラム）や PSSC（物理カリキュラム）の教師用指導書の具体的内容を分析することで学問の「構造」の意味を理解しようとしたのである[2]。とはいえ，この時教員養成大学に奉職するまでは，理論と実践の関係性の追究はまだ机上での関心に留まっていたと言わざるを得ない。

2　教育内容研究の現場への適用

　教員養成校において教育実習担当教官となり，研究においても，教員養成教育の実践についても附属学校との関係が求められ，経験を重ねるにつれて教育現場での研究会に参加する機会も増加していった。そこでは私の問題意識は現場の教育課題に対して，教育研究者としてどう貢献できるかという自己研究課題とも通底することになる。そのひとつの事例は，1970年代の北海道における研究集会に指導講師として招かれた時の私の発言にある。当時，現場の研究集会は，教員組合と北海道教育委員会との共催という形をとっていた。研究集会とはいえそこは両者の政治的イデオロギーの対立の場であった。

　国語科についての議論においても，組合側が文章を問題にする場合，その内容こそ問題にすべきだというのに対し，指導主事は文章や言葉の道具性を強調して両者はまったく譲る気配もなく，その対立で研究会は膠着状態になった。その時の私の発言は「日本語の文章を読み解く時，大切なのは文の末尾表現で

あるということが，日本語の文法上言われている。この指摘は文章の中身（内容）の問題ですか，それとも言葉の道具性の問題ですか」というものであった。この発言は両者の議論が抽象度を上げたまま具体化せず，不毛になっている事実を指摘し，言葉の道具性に着目することで，文章の的確な意味（内容）を把握できるのだということを主張したものであった。当時，私は J. S. Bruner の前述の原理を教育実践に生かそうと考え，この原理とは教師が教育内容理解を試みる時のメタ思考の必要性を求めていることと読み替え，教師が教授する教育内容の解釈基準（解釈論）をどう確立するかが私の研究テーマであるとし，国語や社会科の教育内容を具体的に分析していた。

詩歌の解釈には，韻律性に着目する必要がある。英語圏の言語における詩歌の韻律性は頭韻や脚韻であるのに対し，日本語の韻律は音数律である。ここで両言語におけるアクセントやイントネーションの違いに起因するという吉本隆明の言説に注目する必要がある[3]。例えば，「横浜」という発音を日本人はフラットに（「ヨ・コ・ハ・マ」という4つの音を等拍に）発音する。そのため日本の詩歌においては五七調という音数律で韻をふむのである。他方，欧米系の言語を使用する外国人は「横浜＝ヨコハマ」の発音について「ハ」にアクセントを付けてしまう（「ヨュ ハーマ」）。

吉本隆明は，五七調の音数律の場合，その韻律の変わり目は，歌の意味の変換あるいは読み手の視点の転換点にもなっていると主張する。その一例は，「目に青葉，山ホトトギス，初鰹」である。すなわち，「目に青葉」は視覚から捉えたもの，「山ホトトギス」は聴覚を通して捉えたもの，「初鰹」は味覚で捉えたものである。こうした分析を通して，この句の音数律の節目を視点の変換として読むことで現場の教師への指導内容の解釈に活かされるのである[4]。

3 従来の教育学における理論と実践との関連性

1972年から私は，東京学芸大学幼稚園教育教員養成課程に転職し，幼児教育の研究と教育に携わらざるを得なくなった。これまでの教材解釈論を継続し

ながら，新たな幼児教育というフィールドへのアプローチを模索することになった。これまで学習者の主体的学びに自らの関心があったことから，子どもの遊びを研究課題とすることにした。しかし，小学校の「教授－学習過程」と遊び中心の保育過程とは，活動の原風景も教師と子ども一人ひとりとの関係のディテイルも異なっている。それゆえ保育の実態を把握できるようになるのに，10年程かかったのではないだろうか。いずれにせよ，その間私は大学と附属幼稚園との間で研究と保育者養成教育の実践をめぐる連携の責任者として，保育の実際を見聞きしたことは，理論と実践の関係を学ぶのに有益であったといえる[5]。以上の体験から，ここで改めて臨床教育研究のあり方について理論的に整理を試みたい。

　教育研究はそもそもなんのためにあるのか。保育学をふくめて教育学の存立の根拠はどこにあるのか。私は大学院の博士課程で教育学を学んだ当初，教育学がアカデミックな学問的根拠をもつものであって，単に現場の教育実践に対して技術的知識を提供するものではないということを教授たちから繰り返し強調された覚えがある。それは，ドイツにおいて教育学が哲学講座から分離する形で成立し，19世紀から20世紀にかけて新人文主義哲学の影響の元に，教育学が大学の学部や講座として生まれ，私が学んだ旧帝国大学の系譜を誇る教育学部は教師養成のための師範学校とは異なるアカデミックな機関であるという社会的な制度として生まれたからに他ならない。そしてこのことと，F. ヘルバルト以来のドイツ教授学がドイツ新人文主義哲学の影響下にあり，解釈学的な教養主義的知識を介してこそ教育実践と有効に関わり得るという基本原理は深く関わっていた[6]。

　しかしそれにもかかわらず，ヘルバルト派の教育学者たちが師範学校の教師養成の原理として教授段階論を適用しようとしたことは，教授学が近代社会制度である学校教育制度の専門職養成の理論として社会的に要請されたからにほかならない。M. フーコーが学校教育の成立がこうした諸学問を生んだと述べているように[7]，教育学も実証主義的な有効性の議論以前の問題として，近代社会制度である学校教育の教師職の知識や技能を言語的に体系化するという社

会的要請の産物であったといえよう。

だとすれば, 教育学はそもそもその存立の動機において教育実践に関与するという意味で, 臨床的であらねばならぬという社会的要請を内在していたと言えるのである。

4 臨床教育学の誕生における「臨床」概念の意味

では, 何故にあえて昨今「臨床」研究という言い方がされるようになったのであろうか。1980年代, その教師養成教育の実践において, また現場の教育実践において様々な問題が生まれ,「臨床」研究という言い方が顕著になってきた。しかしこうした呼称の研究が注目されるに至る以前に, われわれ研究者は既に「臨床」研究に関わっていたのである。それゆえ問題は, なぜあえて「臨床」研究という明示をする必要があったのかである。新しい名称はそれ以前とどこがどう異なるのかを明らかにせねばならない。そこでまず問われるべきは「臨床」という概念の検討である。「臨床」という概念は本来医学において, 実際に病人を診断・治療することであることはすでに知られたことであり, 語源の「臨床」（clinic）はギリシャ語のkline（ベッド）に由来するとされている。亀谷は「臨床」とは,「狭義には,『臨終の床』を意味し, 死にゆく人と医者とがもはや病気や医学的治療を超え,『〈よく生きること〉が妨げられている人とそれを支援する人との〈同行関係〉』といった意味合いを含み持っていたからだといえる。『同行』とは『志を同じくする人』『信仰, 修行を同じくする仲間, 同じ道の修行者』のことをいう」という[8]。「そこには, 示唆的にであれ, すでに『患者―医者』関係を超えた関係性が, その元来の意味の中に含まれていたといえよう。それは死に直面するものとそうでない者という, 生存のあり方において絶対的に対等でないもの同士が, 信仰に基づいて一時的ではあれ, 永遠の対等・共生関係を成立させるということである」[9]。そして, こうした用語が採用された背景には1980年代に多くの教育問題が多発し, 教師だけでなく研究者は共に現場の問題に取り組まざるを得なかったからである。

この「臨床」の原義から，われわれ教育研究者は教育実践に対してどういうかかわりを構想すれば良いのであろうか。前述のように教育学は，その出生の時点から教育現場とのかかわりを持っていたということでは,そもそも「臨床」的でない教育研究などはあり得ない筈であった。にもかかわらずあえて,「臨床」という概念を頭にかぶせる意味をどう考えるべきかである。言い換えれば時代の流行に従って臨床心理学からの転用として，「臨床」概念を教育研究に振り分けることに，筆者は疑義を覚えるからである。亀谷の言説を引用したのは,「臨床」概念において重要なことは，① 実践現場に参加すること，② いかなる役割を担ってかかわるかということ，③ 役割の相違を超えて共通の関係性を確立すること，④ 共通の目的を達成すること，例えば，医者と看護師と患者はそれぞれその役割の違いにもかかわらず，患者のベッドサイドにかかわりつつ（臨床の場に立つ）〈①と②と③〉，病気を治すために〈④〉努めるのである。この関係はカウンセラーと，カウンセリー（被相談者）との関係に対応させることができる。しかし学校教師，特にクラス担任の場合，教師一人に対しクラスの子どもたちは多数である。にもかかわらず，一人ひとりのパーソナリティーを対象にしなければならないという点では，「臨床」概念に含まれるといえる。

5　教育実践における「臨床性」

　では,「臨床」研究で教育研究者が教育現場に参入する場合，その根拠をどう考えることが出来るか。教育研究者は，基本的に教師養成教育者でもある。もちろん，アカデミックな学術研究機関で教育現象の研究者であるという立場もあるが，教育学の本質上，近代学校という近代社会システムを無視することはできないとすれば，教育学は近代社会の専門職である教員職の養成と切り離す訳にはいかない。ちょうど「臨床」医学が医師養成機関の基礎科目であるのと同じように，教育学は「臨床」の学でなければならない。教師養成教育の課程における教育学の中でも教授行為にかかわる教授学と直接に関連する諸科目は，教育実習と関わるがゆえに「臨床性」が求められる。医師養成教育におい

てインターン自体が「臨床」の場であり，「臨床」医学が介在する場であるのと同様である。それゆえ教授学はそもそも「臨床性」を持たざるを得ない。

次に問題になるのは，先に亀谷が述べる「臨床」の概念内容が夫々の現場でどう具体化されるかである。それは「臨床」の場に参加している「教育する」側と「教育される」側の関係（二重の非対称性）の問題である。私は教育実践における教師（保育者）と子ども（幼児・児童・生徒）との関係を二重の非対称関係[10]とした。一つは「大人と子ども」であり，もう一つは「一対多数」の関係とした。にもかかわらず，システムとしての課題は子ども一人ひとりの達成課題が目論まれている。この教育システムの担い手である教師は，子ども一人ひとりとの応答性による成長発達を確立することを求められているがゆえに，厳密な意味で「臨床」と呼ぶに値する。しかしそれはカウンセリングと比較すれば，物理的な時間的空間的制約の中では一対一対応は不可能である。それゆえ，教師の子どもたちへの一斉的な働きかけが子ども一人ひとりに対し「応答的に」作用することで，子ども一人ひとりの「モチベーション」を喚起することを想定するがゆえに，それを私は「集団臨床」と呼んでいる[11]。

しかし，「集団臨床」に値する関係は，教師と子どもたち，子ども同士をお互いの関係性を問題にせず，ただ教室内に集めただけでは，成立しないことはもちろんである。すでに述べたように，この相互に関係をもたない構成員からなる集団は，そのままでは非対称性が露わになり，教師対子どもたちに過激な権力関係が生まれかねないだろうし，子どもたちの間にも大人社会を反映し，成績上の序列をも反映して差別化によるいじめなどが生まれる可能性は否定できない。

こうした事態を克服し「集団臨床」を実現するためには，先に述べた非対称性を教師が自覚することからはじめなければならない。言い換えれば教師と子どもたちの間の応答関係は，多数の子ども一人ひとりの存在が，実質上の相互コミュニケーションを成立させていない時にも，教師によって十分に認知されているという確信を子ども一人ひとりが持っていることである。加えて教師は自分の役割を遂行するパフォーマンスが基本的に認知され，承認されていると

いう実感を持っていること。このことを子どもの立場でいえば，教師のパフォーマンスを通して，子ども一人ひとりが教師のパーソナリティーに惹かれる関係が成立していること。それは教師の権力性が権威性に変わることであり，さらにこの関係性の中で，教師の眼差しを通して子ども一人ひとりが平等に自分らしさを表出することが承認されているという確信を得ることで，イデアールでイマジネールな自己が教師にも他の子どもたちによっても承認されるのだという確信を持つようになることである。こうした状況を教師が創出した時「集団臨床」は初めて可能になる[12]。

では，教育研究者がこうした「臨床」の場に対して，研究者としてかかわる場合をどう考えるか。つまりここでの「臨床」研究とは何かということである。

6　「臨床」研究はどうあるべきか

1　「臨床」の場としての教育実習

教育研究者がいかなる形で教育現場に参入することができるのか。これに答える前に教育研究者は基本的に教員養成機関において，教員養成教育の実践者であるという事実を確認する必要がある。特に，教員養成カリキュラムにおいて教育学は最も基本的な理論的前提でなければならない。なぜなら教育学は将来教師を志望する学生たちにとって，教育という現象を理解する際の基本的な知性を獲得する学であり，教養の学であるからだ。中でも教授学（教育方法学）は，そうした学生たちにとって自分たちが学んできた知識や技能を実際の教育現場で実践する機会，すなわち教育実習においてその有効性を検証するために必要とされる。それは医師養成において医師志望の学生にとっては，インターンの過程で「臨床」医学の有効性が問われるのと通底している。その意味で教授学は基本的に「臨床」学でなければならない。インターン生が患者のベッドサイドで診断治療行為を行う状況を見てその行為の妥当性を判断するのである。それが「臨床」医学の役割である。それと同じように，教育研究者が果た

して，教育実践者の行為を観察し，その行為の意図と，その行為が働きかける対象である子どもたちとの間の相互関係性を把握し，適切なアドバイスが出来るような能力を持つことが出来るであろうか。この場合，教育研究者は教育実践者が当事者として当面している教育現場の状況に研究者として参加し，状況理解を当事者と共有する必要がある。

このことを私は「参与観察」と呼んでおきたい。以下，教育実践者と教育研究者の関係を含めて「臨床」教育研究のあり方を明らかにしていきたい。

2　教育実践者とそれを取り巻く状況

教育研究者は教育養成教育における中心的役割を持つ存在であり，自分の指導する学生が参加する各種実習校の実習に対して責任を負う存在である。それゆえ，教員養成校の附属校は教育実習に関しては，大学の教員養成カリキュラムと深く連携した実習実施プログラムを立てる必要がある。従って大学側の実習担当教師は教育実習実施プログラムに関しては附属の実習担当教師との間で，事前の合意形成が図られるべきである。こうした体制があって初めて，医学部に所属する附属病院のインターン制度に似た教育実習が可能になる。

しかし，現在そうした附属学校と大学との連携が確立しているところは，ほとんど皆無である。ましてや，実習校として依頼している一般の幼稚園や学校においてはなおさらのことである。教員養成教育においては教育研究者と現場教師との十全な連携が成立していない現状こそ「臨床」教育的アプローチが教育研究において深まらない大きな要因でもある。

本来の実習を考えれば，附属校の教師は教育実習の場において好むと好まざるとにかかわらず，自己の教育実践を省察する立場に立たされるはずである。つまり，実習生の指導者として自己の教育実践を省察する立場に立たざるを得ない。私は東京学芸大学に赴任して幼稚園教員養成課程の教官として，附属幼稚園教諭との合同研究会を組織し教育実習の運営を中心テーマにして月１回のミーティングを行った経験を持った。そして随時学生の実習に参加し，実習最後の学生の反省会には幼稚園教員と共に参加してきた。加えて，附属幼稚園の

公開研究会にも必ず参加してきた。その中で，教育研究者として附属校教師たちと共有すべき点は教育実践についての研究の視点である。それは言い換えれば，それぞれの実践をどう省察するかということである。

　例えば，当時の私と附属校教師との実習をめぐる実践を紹介しよう。筆者が大学で教える幼稚園教育課程論という科目に関しては，学生が授業（保育）参観をする附属の保育について担任する教員に作成してもらった日案を前もって学生に配布し，それを学生たちに読ませておきその教員の保育を見学し，大学での次の授業で見学した保育を思い起こしながら，その日案の文面や構成を検討し，指導案とは何かを学ぶといった活動を展開する[14]。

　こうした経験を通じて気づくことは，幼児教育の現場と小学校の現場，学年の異なる授業現場あるいは，教科の異なる授業現場，はたまた自分とは異なる担任の授業現場など，異なった現場を持つ教育実践者が教育研究のレベルでコンセンサスを見出すことは決して容易なことではないということである。それは，実践者たちが体験する現場の原風景の違いが，お互いの共通理解を妨げているということでもある。別の見方をすれば，「臨床」研究における対象ともいうべき教育実践の現場について理論化することは決して容易ではないということである。

　こうした状況の中で教育研究者と教育実践者がどう出会うか。「臨床」研究は研究のための研究ではない。「臨床」医学が臨床での診断と治療という行為を適切に遂行するための理論であるように，「臨床」教育研究は教育実習生や，現職教員の教育実践を援助する知見を提供できなければならない。特に現職教育の中で，「臨床」教育研究者が教育実践者と出会い，お互いに連携関係を確立することは大変困難なことである。なぜなら，「臨床」教育研究者が研究対象として参入したい現場があったとしても，どこでも自由に観察の認可が得られるとは限らないからである。実践当事者やその実践者が所属する学校の経営者にしてみれば，いたずらに自分の学校の実情を部外者の目に晒すことは，好まないという意識を持つのは当然といえば当然だからである。

　建て前から言えば，教育活動には，教育評価はつきものであり，そこでは師

の実践こそ経営者や教師相互の評価対象になるべきだし，中でも自己評価は重要である，といわれてきた。しかし，実際には上からの勤務評定という形でのみ実現されているだけである。お互いに実践について率直に話し合い，批判し合うという状況は職場において成立することは大変困難である。ましてや一般的には，部外者である研究者の介入が受け入れられる余地は決して大きくはない。

例えば子どもが問題行動を起こし学校内では手に負えなくなった時，外部からの支援の要請を学校側が求めた時初めて，専門家の参加が認められる。あるいは学校側が公的な研究指定を行政当局から受けていて，校内研究会の指導講師として招聘される場合のみ参加が認められる。いずれにせよ，教育研究者が教育現場で「臨床」研究に参加できるためには，高いハードルがある。

研究歴の少ない大学院生などの場合，現場研究に相応しいフィールドを自力で選ぶ以前に研究上の倫理規定があり，自己の研究が対象となる現場の教育実践の評価を受けざるを得ないとすれば，現場への参加には大きな壁があるばかりでなく，そうした外部者からの否定的評価をあえて引き受けてもいいという現場はけっして多くはない。特に，幼児教育施設に多くみられる私的経営の場合，世間的評価を顧慮する傾向が大きいので純粋に研究的スタンスで参加可能な現場を見出すことは極めて困難である。言い換えれば，「臨床」研究を教育研究者と教育実践者との間で確立するためには，そうした関係性を長期的展望の中で，ハビトゥスとして形成するには忍耐強い努力が必要である。そのために必要な条件を次に挙げる。

① 教育研究者が，「臨床」研究を志向するならば，教員養成教育において自らの教育実践（大学の講義）について反省的思考を発揮し，受講した学生の教育実習における実践との関わりまでフォローすることが望ましい。

② 教育研究者が，「臨床」研究を志向するならば教育実習において実習指導の教師と共に実習生の反省会に参加し教育実践についてのカンファレンスを体験すべきである[15]。

③ 教育研究者が，「臨床」研究を志向するならば附属学校の公開研究会に参加し，もし司会者などを引き受けることがあれば，その機会を通じて教育

実践当事者の立場を身体知として理解する必要がある。そうすれば，大学における自らの教育実践への省察と，研究対象とする幼児教育や義務教育の教育実践との間に，通底する視点を見つけることができるはずである。
　これまで，教育研究者は教育実践を研究者としての側面でのみ対象化し，自らが大学教育あるいは教員養成教育の実践者であるという視点を自覚してこなかった嫌いがある。それは教育研究は学問研究の一環であるという自負から，研究における対象の対自化（客観化）の必要性を強調しないと，科学的実証性が保障されないという信念に呪縛され，保育実践学は日常実践の問題解決であるという側面に目を向けようとしなかったからである[16]。
　近年，研究の当事者性が社会学などでも主張されるようになった。社会現象をマクロな視点から俯瞰し，統計的手法で現象の事実性を確率的に把握することも大切なことである。しかし，社会の状況の中に身を置き，現状の有り様にかかわりのある存在として，ミクロな視点でその問題状況をどう克服するかを探究考察するアクションリサーチは，実践研究には不可欠である。エスノグラフィの研究手法がわれわれの教育実践のフィールドワークの一手法として紹介され，教育実践の研究にも適用することは教育学を実践学として構築するための必要条件である。
　なぜなら，エスノグラフィの場合，研究者は研究対象となるフィールドに参加し，そのフィールドで生活しその日常を記述することでフィールドの特質を理解しようとする。それゆえ，教育現場をフィールドとして教育実践を教育研究の対象にする場合（「臨床」研究の場合），研究者は現場教師の当事者性を共有することで初めて，教師と子どもたちとの関係性や子ども同士の関係性を理解できるのである。
　具体的に言うなら，教育実践は基本的に未成熟期の子どもたちと日常的に接触する仕事であり，子どもとの関係性も公私の区別も大人に比べると曖昧であり，教育活動におけるコミュニケーションにおいても，バーバル，ノンバーバルの区別も明確ではない。つまり，身体的な関与が大きい状況の中で展開する。言い換えれば，教師と子どもたちが教室の中で，何らかのコミュニケーション

や活動を展開していて，しかもそうした関係性がハビトゥスとして継続している場合，そこには，その集団が醸し出す「雰囲気」あるいは，「ノリ」が存在するのである。そうした状況の中で教師の教育的意図がコミュニケーションによって子どもたちに伝えられ，様々な形で受け止められ子どもたちの自己形成を促すのである。教育研究者は教師と子どもたち，また子どもたちの間の「雰囲気」や「ノリ」を通して教師の教育的意図が子どもたちにコミュニケイトされるという事実を把握する必要がある。

　また，こうした教師のメッセージを子どもたちは一人ひとり様々な形で受け止め，子どもの視点でまた子ども同士の様々な関係のあり方を介して理解する。それゆえわれわれ教育研究者が「臨床」研究をするためには，こうした状況性を感知する必要がある。われわれは「参与観察」という言葉の「参与」の意味をこうした状況に参入するという形で理解している。要するに，研究者は教育実践者の当事者性を身体知として分有する必要があるのである。

　それと同時に，研究者は教育実践者とは異った視点で教育現場を捉える必要性を語らなければならない。前述のように，教育実践はオーラルな語りを含めて身体行為として展開される。そこでは自己の行為を時間の進行の過程で直観的にしか遂行できない。例えば，複数の子どもが争って殴り合いをしている時に，どう関与するかは咄嗟の判断であり，その場での判断が後で間違っていたということも，決して少なくはない。だから，反省的に思考することが必要になる。研究者がそうした実践家の思考を促す援助を提供できれば，教育実践はより向上するはずである。もし研究者がこの現場を見ていた場合，実践当事者の教師が複数の子どもへの直接，間接の対応を瞬時にしなければならないという構えを維持しなければならないのに対し，研究者は観察者に徹することができるので第三者性の度合いが大きい。それゆえ，現場教師よりも，先の喧嘩の場面を観察できたはずであり，反省の時点で教師の咄嗟の判断の適切さを検討し直すことができるはずである。

　例えば，ある幼稚園の教師がタンバリン，鈴，カスタネット，トライアングルなどの楽器を使って合奏を指導した時，このクラスには，発達障碍児が数人

おり，全員が合わせられるように，何時もやっているわらべ歌遊びの曲で，拍子のリズム打ちをし，そのリズム打ちに合わせて「小さな世界」という曲をのせて合奏を行った。そのため子どもたちは皆誤りなくやることができた。しかし，子どもたちは「ノッテ」いなかったし，楽しそうでもなかった。その訳は，わらべ歌の4拍子と「小さな世界」における西洋音楽の4拍子は本質的に「ノリ」が異なるからだと，園内研修の講師の岩田は指摘した。そしてさらにタンバリンなどの打楽器を鳴らして「ノル」のはどんな曲が良いかと岩田は保育者に問いかけた。教材の適切性についてのこの問いかけによって，打楽器にあったリズミカルな曲がいいという答えを引き出した。こうした教材観に基づき，同じ時間に合奏を実践していたもうひとつのクラスでは「世界中の子どもたちは」というリズミカルな曲を取り上げており，子どもたちが繰り返し分担奏を繰り返す度に「ノッテ」いたことは，終わった瞬間に子どもたちが床に寝転がって放心状態になったという事実からも明らかだった。

　さらに，子どもたちには障碍の有る無しに関係なく，音楽などのリズムに「ノル」という特性がある。部分的にズレることがあっても「ノル」ことが楽しいという共感にも通ずるので，それぞれの子どもが持つリズム楽器がリズムに応じてそれぞれ自分の楽器の音を響かせる方が，「ノリ」を前提に楽しみながら自己発揮できるのではないか，ちょうど映画「天使にラブソング」の音楽のようにという意見が出された。ここには教材観を起点として教育活動を構想し子ども一人ひとりの活動へのかかわり方，個性の発揮の仕方などへと言及しながら教師の実践のあり方を見直す視点を研究者が提供している姿がある。

3　研究者にとってフィールドとは何か

　こうした話し合いを有効にするためには，研究者は実践者の現場についての確かな理解を確立することを通して，研究のフィールドを確定しなければならない。そのためには，フィールドワークの手法を確立した文化人類学がどのようにフィールドを確定したのかを振り返る必要がある。かつて文化人類学者が関心を持ったのは西欧文明が参入していないという意味での未開発地域であっ

た。そこには研究者が身につけてきた西欧文化とは異なる独自の文化が存在していることが想定された。そしてその文化圏は地理的条件（海，川，山が隔壁になり）によって，その独自の発展と特色が保障されている，といった暗黙の前提や，加えてコミュニケーションの主要な手段である言語がまったく異なるといった前提によって，フィールドは特定の地理的テリトリーを前提に独自な文化圏として同定することが可能であった。

しかし，世界の情報通信がインターネットなどでグローバルな規模で可能になり，経済構造も世界的規模で市場化されるに至り，文化の独自性を保障していた地理的条件の隔壁が崩れ，人種や固有言語も文化的固有性を保持する力は希薄になってきた。そこで研究の対象はマクロな文化圏ではなく，現代においても残存し，また存続させないとその固有の価値それ自体の存在理由が失われるミクロな文化形象に研究対象を絞らざるを得なくなってきた。その結果，こうしたフィールドワークの手法は未開発文明地域だけでなく，都市空間にも拡大し，われわれの日常生活の問題解決のために心理学や社会学や教育研究の分野にも適用されるようになってきた。それは現代社会が様々な形に機能的に分化し多様化されるようになり，それぞれの分野がそれぞれ固有のハビトゥスを形成し，外部からは不可視的な面を持つに至ったからだとも言える。

従って建前では，教育研究は本来教育実践の理解と向上に貢献するものであるはずであるが，実際のところ両者の相互関係については，研究者も実践者も明確なヴィジョンもプログラムも持ち得ない場合も多いし，その関係の必然性を否定するものすら存在する。しかし「臨床」研究を志向する研究者にとってフィールドを確定し，その課題を明確にすることは研究の意図や効果を明らかにすることであり，欠くことはできない。

4 教育研究におけるフィールドとは何か

教育研究の場合フィールドとは何か。まずフィールドに学校教育の場を選んだとしよう。そしてある学校のA学級H教諭の教育実践を取り上げたとする。そこでH教諭とそのクラスに配属されている特定の発達障碍児との関係の記録

とその子どもについてのVTRを映像化したとしよう。この場合研究者の関心はH教諭とこのクラスに配属された発達障碍児との関係であったという理由から記録内容が決定された。しかし，このクラスの中で発達障碍児は多くの日常を過ごしており，健常児との間の直接的対話量の多少にかかわらず，発達障碍児と健常児との関係を無視してよいという理論的前提がない限り，教師と障碍児との関係のみに記録収集を限定することはできない。フィールドとはそもそも何を指しているのか。フィールドは研究者の関心のみで恣意的に決められるものでないことは，文化人類学に始まったフィールドワークの起源に思い至せば明らかである。

では，フィールドをどう設定するのか。教育現場をフィールドとする場合，その現場が近代的な制度によって成立している点で，少くとも「制度」的制約は考慮せねばならない。さらに，「教師」という仕事は，近代教育制度において規定された「役割」を遂行することであり，同種の他の教師の仕事との共通性があるということも，フィールドの特色として認識しておく必要がある。具体的に言えば，教師の役割は公教育である限り憲法，教育基本法など教師の行動を規定する様々な法規定に制約されており，その制約があるがゆえに，実践者を含め多くの教育活動に参加する関係者がこの制約の中で蓄積してきたハビトゥスの総和が教育実践のコモンセンスを形成している。それは歴史性があり，それを捉えるには継続的観察が必要である。

とはいえ，特定の対象にしぼることなしにフィールド研究は始まらない。フィールド研究における対象限定の必然性とその背景の普遍性への言及の必要性はフィールド研究のジレンマであり，そこに研究の結果の妥当性の限界がある。

いずれにせよ，フィールド研究という場合，われわれは何よりも研究対象にする現場に立つということがフィールドを規定するには不可欠である。そして詳細な記録の採取に入る前に，授業参観をすればその状況を体感し直感的な印象を抱くことになる。その時研究対象にするH教諭の教育実践が独自の特色を持っており，それはクラスの日常的な学級生活にも独特な雰囲気を醸成して

いるという直観を抱いた時に，そうした直観に導かれて詳細な記録収集に入るのである。それゆえ，ここでのフィールドの限定は常に仮説性にとどまらざるを得ない。

とはいえ，そこで展開する授業実践の記録された事実関係の意味を解釈するにあたっては，その事実が近代的制度や役割を前提として成立していることを忘れるべきではない。言い換えれば，40人学級という縛りがあり，学習指導要領に準拠した教科書を使用せねばならず，学校教育法を遵守した学校経営の元での教育実践にならざるをえないということである。さらに，教師の役割は上述の法的制約に規定されているとはいえ，H教諭という具体的なパーソナリティの身体行為として児童たちに発信されているのである。そして，研究する側はこの実践が児童たちにどのような効果をもたらしているかを分析しなければならない。そしてその上で，研究者はより豊かな教育実践をもたらすにはいかにすべきかを提言する役割を担うのであり，その提言はH教諭が自らの実践を反省的に省察し，新たな実践を構想するのに役立つものとならなければならない。

そのためには，研究者はH教諭の実践当事者としての立場を，「もし私がH教諭の立場であったら」という形で想定する必要がある。たとえば，教卓の前に立ち30人前後の児童に向かって話し始める時，子どもを叱責せずに静寂な秩序を維持できるか。さらにその時自らの話を展開しながら，子ども一人ひとりの聞く態度を的確に診断できるかについての具体的経験に基づく想像力があれば，その研究者はH教諭の実践の事実関係について当事者的視点に立った分析と解釈が可能なはずである。しかし，これまで研究者と現場実践者とは，教育実習を巡って「協働」は行われるようになったとはいえ，そのことは教育実践の具体的問題について，応答的対話が成立したことを意味するものではない。真の対話を成立させるには，教育研究者自身が教員養成教育において教育実践者であるという自覚によって，教育実習者の立場を共有できているかどうかを省察し，教育実践者に対して理論的啓蒙をするものであるといった従来の固定観念を克服する必要があるのである。

かつて，私が北海道教育大学に奉職していた時，現職の教師を対象に著名な教育学者を招いて講演会が開催された。私も聴衆の一人として教師たちの中にいた。講演終了直後に耳にした教師たちの呟きは「総論賛成各論反対だよな」という発言にお互いが頷き合う様子であった。

　こうした現場における理論と実践の乖離は，「臨床」教育研究においては，「臨床」それ自体の意義を不毛にするものである。それゆえ，「臨床」教育研究において，研究者がフィールドとして措定した研究対象の範囲は，教育実践者である教師の役割範囲やクラスの児童を含むものであるとするならば，教育研究者の教育実践者に対する関係は，前述のように教育実践者の当事者性を共有する視点を持つことである。そして，その教育実践についての反省的省察をすることが，より良い実践に導くためであり，教育研究者は実践当事者よりも第三者性のレベルを高く維持できるため，より確かな反省的省察を導くことができると考えられる。

　ただし，教育実践をより向上させようと努めているのは実践者自身であり，その実践者の意図や企ては身体行為を伴う語りとして展開され，児童一人ひとり，そしてクラス全体に様々に受け止められていく。こうした関係性は状況を共有することに始まって，当事者性を想定することではじめて実践者自身の実践についての省察と対話が可能になるはずである。言い換えれば，教育理論と実践の二項対立という古風な図式は教育研究者と教育実践者の相互コミュニケーションの不成立に由来することは明らかである。

　一方，教育研究者は教育実践者の行為について，当事者的視点から観察することができれば，その実践について様々な省察が可能になるはずである。ちょうど，それはサッカーの監督が試合を見ながら，あれこれ考えてハーフタイムに選手にアドバイスをするように。こうした関係づくりを通して両者の間に介在する既存の職業的な階層意識や二項対立的思考の図式を克服することが必要である。そのために必要なことはまず現場教師との信頼関係を確立することである。

5　理論と実践の関係について

　「教育」という作用は，人類が言語を使用し文化を創造しそれを次世代に伝えようとする営みとして成立した。それゆえこの作用は意図するしないにかかわらず人間の本質的行為として存在する。現代社会では，学校教育において専門職として教師が「教育」行為を意図的計画的に行っている。しかし，家庭でも一般社会でも普段の生活行為の中で，教育行為は無自覚的に行われている。一方，専門職としての「教育」行為は意図的計画的行為であるためには，理論的な武装が求められてきた。「教師」としての資格を得るには，教員養成教育において教育理論を学ばなければならないゆえんがここにある。

　しかし，一旦資格を得て現場に立った教師は日々の教育実践においては，日常生活とかわりなく児童一人ひとりと日常語で会話し授業でも同じように対話する。大学院生を前に量子力学の理論をレクチャーする大学教授であれば，自分の物理学教育の実践において，自己の理論的背景をつねに自覚することはあるかもしれない。しかし，教育理論は日々の教育実践において直接自覚されるものではない。今日の教育実践の妥当性を反省的に振り返る手掛りも，明日の教育実践を考える手掛かりも，昨日までの授業におけるクラス全体の，あるいは一人ひとりの個別の反応の中にあったりする。つまり，教育実践は，現象としては日常生活の語りや応答行為と変わらない様相であらわれるのである。

　それゆえ，教育実践の省察は様々なレベルがあり，実践の全体像を省察するための理論レベルの省察を可能にするには，日々の日常行為の省察を継続的に積み重ねていく必要がある。

　そして，一般に豊かな教育実践は，そうした様相から直観的に感知されるものである。教師と児童一人ひとりと，あるいはクラス全体との対話の豊かさは「ノリ」として見る者にも伝わり，子どもたちの表情にも現れるものである。もちろん，直感的によき印象を与えた実践が理論的にすぐれた実践とはいえないということもあり得よう。しかしその逆はあり得ない。それゆえそうしたよき実践に出会うことが教育研究者には必要なのである。よき教育実践の担い手

が，仮に様々な教育理論を学びその影響の元で実践を構築したと述べたとしても，具体的にわれわれが目にするのは教師の語りを含む身体行為のパフォーマンスとそれに応答する児童たちのパフォーマンスである。そこに直観的に良さを発見し，その実践を分析研究するところから「臨床」研究は始まるのである。教育実践は「教師」としての役割を負った人間が児童という役割をアプリオリには持たない存在との間で成立させる相互コミュニケーションである。「教師」は自分の役割を行使するためには，子どもたちにも「教師」の役割に対応する「役割」をとってもらわないと，良い教育実践は生まれない。教師が専制的な権力を行使して強制的に子どもたちを秩序に従わせるのではなく，子どもたちが教師の役割を容認し，自らそれに対応する「児童」の役割をとることによって主体的姿勢が生まれ，良き実践が成立するのである。そしてその姿勢は教師の人柄への信頼によっている。かくて，教師の教育実践のパフォーマンスは子どもたちとの間の人間関係的コミュニケーションであればあるほど総合的な身体行為として展開される。

　実践的行為を研究対象にする教育研究者は，そうした身体行為としてのパフォーマンスを直感的に受け止めるのである。教師が意図的計画的に構想して実践するにしても，そこには教師自身の即興性や瞬時の創造性も含まれており，その教育実践の良さは，パフォーマンスの良さとして直観的に感じられるものである。とはいえ，それは単に教師の語りが流暢であることを意味しない。私の旧友の語りはきわめて訥々として決してうまいとは言えなかったが，生徒たちは実によく聞き取っており，豊かな対話が成立していたのである。

　われわれ研究者はそうした実践と出会い，それを記録し分析することを通して実践を解釈し理論を構築することを考えるのである。その理論はこの実践者が自己の実践を省察することに役立ち，自分の今後の実践をより自覚的に行うことで，自己修正ができるようにすることに役立てるべきである。さらに，この理論は実践者の実践を他の教師の実践として応用する手掛かりになるためのものである。前述のように，教師の教育実践は総合的な身体行為として行われるものであり，スポーツや舞踏やドラマの演技と同様に，教育理論をそのまま

具体化できるというようなものではない。その意味で実践者のパフォーマンスはそれぞれ個性を持ち独自性をもっている。

とはいえ，それは理論的媒介ができないということではない。問題は教育実践の独自性や創造性と研究者の理論的解釈との関係性をどう確立するかということである。これまで多くの実践を見てきた私が痛感していることは，教育実践は，特に対象とする子どもの年齢が低ければ低いほど身体行為を含み全身で行われることになるということである。それゆえ，そのパフォーマンスは意図的計画的な部分を含みつつ，全体的には１回的である。しかもそのパフォーマンスが子どもたちとの相互関係によって展開するとすれば，その都度独自な色彩を持つことになる。それゆえわれわれ研究者はそうした実践の創造性を前提にその背景にあるものを分析をすることになる。しかし，われわれの研究はそうした実践の創造性をすべて理論的に明らかにすることではない。それは実践者の個性に依存する面が多いので，理論的に解明することが困難な点も多いからである。われわれ研究の目的は，教育実践の中で多くの教師たちが自己の実践に適用できる点を明らかにすることである。理論研究の課題は，教育実践を体験を通してしか学習できないために，教育実践の向上があまり捗(はかど)らない人に対して，教育実践についての新たな考え方を提供することである。教育実践は総合的性格を持つものであり，実践者の意図を超えた側面にも極めて優れたパフォーマンスを見出すことができることもある。それゆえ，教育実践のパフォーマンスとして実践してみることで問題解決することもありうるのである。行為を優先させることで気づく発見もある。たとえば，なぜ無気力か不明な子どもの手をとって一緒に園庭を駆けたら，その幼児が元気になったということもある。この点については子どもも教育実践者とともに共通の側面を持っており，両者の相互コミュニケーションは両者にとって有効である。

教育実践を教室における教師と子どもたちとの相互的なパフォーマンスとして，舞台空間における劇に例えるとしよう。その場合教師は演技者であり劇の始まる前は脚本家であり演出家であり，舞台装置家である。一方研究者は演劇評論家であり，演出家である。そしてどちらも演技者としての経験を持ってい

る。こうした設定を通して教育実践者と教育研究者の関係を考えれば，両者の相互コミュニケーションのより良い有効性を構想することが可能になるはずである。そして研究者はこうした交流を通して教育実践をどのようにしたら豊かなものにすることができるかを考えるべきである。それと同時に研究者は自らの限界を常に意識しておく必要がある。研究の仕事は実践について語ることである。そこから教育活動としての独自性が仮に明らかになったとしても，それは，ただ相対的に独自性を語ることができたに過ぎない。実践の独自性を独自だというだけでは他者には適用できないからである。

　また，教育実践のフィールドが見つかり，研究対象を記録し，分析できたからといってそれを研究成果だと自負したがる研究者の傾向もある。しかしそれは，その研究対象を制度的区分や教師の役割範囲に同定させて設定することが研究者にとっても研究可能性が高く，そしてそのことが教育実践者の問題意識の点でも好都合であったに過ぎないのである。さらに研究対象を確定できたとしても，研究上の課題解決のために事実の間主観性をどう確保するかという問題が控えている。以下，臨床研究における記述の基本的条件をあげておく。
① 記述の目的を教育実践当事者と共有する。② 記述対象，時点，記述の場等について，他者に理解できるようにすること（図示＝イラスト）。③ 事実記述と解釈とを書き分けること，④ VTR記録を併用すること。映像記録の場合定点映像でアングルを固定化し俯瞰する視点が望ましい。⑤ 同一の記述対象に対する概念は同語反復させる。⑥ 解釈に関しては間主観性をめざすこと等である。

　こうした実践の事実を記録し分析することによって，教育実践の問題解決をはかる努力を共有することである。こうした体験こそが学生が当面する教育実習での実践課題を共に解決する力量となるのである。

（小川博久）

第3節　今後の教育研究のために

　本書の締めくくりとして，今後の教育研究について総括的なまとめをしておきたい。3.11を契機にして，世情は大きく変化するかに見えた。しかし，7年近くを経過した今，一見何の変化もないかのように見える。東日本を襲った大地震と津波の衝撃はわれわれの潜在意識に大きな衝撃波を残していることは否めない。人間の生の営みは，いかなる繁栄を見せようとも決して永劫に続くものではないということ，そしてさらに現代文明の英知である科学技術の栄光は，大自然の大きな波長には，抗すべくもないということを福島原発事故が教えてくれている。こうした状況のもとで，われわれ教育研究者が研究に取り組む姿勢として改めて確認すべき研究視点としてあげられることは次のことである。

1　研究における当事者性の重要性

　近代社会になって，自然科学を基盤とする学問研究が社会秩序を構成する常識の基盤と考えられるようになった。物事の真偽を証明する方法として論理性と実証性が問われるということが自然現象を対象とする自然科学だけではなく，社会科学や人文科学の分野にも適応されるようになり，学問研究が専門家養成の基盤として考えられるようになってきた。社会学では世論調査の方法が民意を知るための方法として，法律学では刑事訴訟法などで，犯罪認定の方法として物証性が重視されるようになり，認識の客観性が事実認定において不可欠だとされるようになった。

　しかし，こうした客観性の論拠とされる科学的認識は，論理性において統計的妥当性を基盤としているために，統計的データを欠く場合正しい認識とは見

なされないという結果を招いた。それは，われわれの身近な生活現実やそこでの実践についての認識を主観的であるがゆえに恣意的な認識としてしまう結果を招いた。それは生活現実と対面し，どう生きて行くかという生活実践者の体験と実感を無視することになった。しかし近年，身体知への関心が高まると共に，日常の生活実践や様々な職業実践への関心が高まり，社会的な関係の中での実践当事者の身体知に基づく認識のあり方が，問われるようになってきた。なぜなら，日々教育現場で子どもたちと向き合い教育行為として関係を作りコミュニケーションを試みる教師の体験と認識を無視したところに，教育研究は成立し得ないからである。そして，そうした問題意識を追求するアプローチとしてエスノグラフィが現在注目されるようになっている。本書でも採用している教育実践を研究する方法として，教育現場の当事者である教師のフィールドスタディは，今後も持続させていかざるを得ない。なぜなら，それこそが当事者性を保障する知だからである。

2　研究における現場性とグローバル性

　教育実践者の実践行為がより豊かな成果を生み出すことができるようにするには，教育実践研究者はどのような知見をその実践行為から引き出すことができるかが課題となる。その際研究対象となるのが，教育実践者その人であり，加えてその人を取り巻く環境である。それをわれわれは教育現場と呼ぶことができる。それゆえ，研究者はまず教師養成の現場の当事者であるとともに，他の教育実践者だけではなく教育現場との関係性を確立することが不可欠であり，特定の教育現場というコミュニティにエキストラ・メンバーとして参加することでもある。研究者と教育実践者との関係については，すでに述べているので繰り返し論ずることはしないが，要するに実践者が自らの実践についてより豊かな反省的思考を展開できるようなコミュニケーションをできることが望ましいのである。言い換えれば，研究者は当該の実践者が実践についてのメタ・シンキング（反省的思考）を展開するのを援助することである。そしてその前

提として上述のように教育実践者とフィールドを共有する感覚をもつことは基本的条件であろう。加えて研究者が反省的思考を実践者に提供するということは，実践者よりも第三者的視点に立てるので，当該の教育実践についての俯瞰的思考を深めるデータを提供することができると言い換えることもできる。われわれ教育研究者は教育実践者と当事者性を共有する者であると同時に，現場の外から現場を俯瞰できる存在として現場に反省的思考を提供できる存在にもなりうるということである。そして，こうした認識を研究者が持つためには，研究者自身が教師養成の場で教育実践者でもあるという自覚が必要である。

現在は，高度に進歩した情報化社会である。政治，経済，社会などあらゆる問題は，マス・メディアを介してグローバルに伝達されまた影響し合う。ということは，こういう状況においてわれわれはある問題についてグローバルに情報が伝播される限り，グローバルなパースペクティブにおいて思考を巡らさざるを得ない。教育研究も然りである。例えばいじめ問題を考える時に今も昔もいじめは存在したという議論もある，しかし，いじめは今や先進資本主義国の学校教育には偏在する問題であるという側面もあるとすれば日本社会の特質としてのみ捉える訳にはいかない。われわれ教育研究者が現在の日本の教育問題を研究するにあたって，それは問題領域であって特定の既成のアプローチのみを要請するものではないのである。言い換えれば，われわれは，問題解決のためには政治経済など社会科学の様々なアプローチとかかわる覚悟をしなければならないということである。

3 おわりに

10年に亘るフィールドワークを終えるにあたって，現在の地点で痛感することは，近代学校が持つ教育課程の問題性に当面させられているということである。本庄実践それ自体の限界も認識しなければならないということである。例えば，障碍児が本庄クラスに入ることでクラスに適応し，クラスのメンバーから受容的に迎えられて一時的に障碍児であるという隔壁が相互に薄くなった

かに見えても，家庭に帰れば親が受容的でなかったり本庄学級に居られるのが一年どまりで，次年度には学年担任が変わることで，障碍児を囲む環境条件が変わらざるを得ないという状況があるということである。

　つまり，近代学校システムが持つ分業システムや均質な時間空間の分割システムは教育的行為を平均化し，均質化し，個別化していく。本庄実践は子どもたちにとってそうした近代学校のシステムを超えて，教師のパーソナリティーが障碍のある児童の存在それ自体を受け止める形でかかわったことが，人は障碍をもつ人とどうかかわるべきかという生き方のモデルになって本庄学級がその子の居場所になり得たと思うのである。こうした居場所を提供できる場に学校がなるためには学校はどう変わればいいのか，そういう問いをこの研究はわれわれに投げかけている。つまり本庄実践は究極のところ近代学校システムの問題性自体をわれわれに問うている。つまりそれが本書を世に問う契機ともなっている。

（小川博久）

【注】
①小川博久「教育研究における理論と実践の問題－教授理論建設の予備的考察」東京教育大学大学院教育学専攻科『教育学研究集録』第8集　1969　53頁
②小川博久「科学教育の改造と教授過程－ＰＳＳＣの教育方法学的分析」同上書　1965　31頁～38頁
小川博久「アメリカの生物教育の改造－科学教育と教授過程研究　その2」東京教育大学教育方法談話会『教育方法学研究』第1集　1966　66頁～86頁
③吉本隆明『言語にとって美とは何か』勁草書房　1975
④小川博久「理解力を育てる教師」『児童心理』(特集：理解力を育てる授業) 36号の5　1977　64頁
⑤飯田秀一他著「幼稚園教育教員養成課程のカリキュラム改善のための研究(1)－学科内容と教育実習との関連付けについて」『東京学芸大学紀要』(第一部門　教育科学) 第30集　1989　115頁～129頁
⑥牛田伸一「『教育的教授』論における学校批判と学校構想に関する研究－」『「教授学的学校論研究」の「序説」にかえて』協同出版　2010　1頁～43頁
⑦ミッシェル，フーコー著，田村俶訳『監獄の誕生－監視と処罰』新曜社　224頁
⑧亀谷和史「発達研究と臨床教育学－保育実践での〈臨床的〉発達観を通して」　小林剛・皇紀夫・田中孝彦編『臨床教育学序説』2002　柏書房　136頁
⑨皇紀夫「教育の『問題の所在』を求めて－京都大学の構想」同上書　15頁～26頁
⑩小川博久『保育者養成論』萌文書林　2013　232頁～272頁
⑪小川博久『保育援助論』(復刻版)萌文書林　2010　120頁～140頁
⑫小川博久・岩田遵子『子どもの「居場所」を求めて－子ども集団の連帯性と規範形成』ななみ書房　2009　74頁
⑬小川博久・岩田遵子「教育実践における『反省的思考』論の可能性の検討(1)」『聖徳大学児童学研究紀要』11　2009　81頁
⑭小川博久「教育実践学のフィールドワークとしての教育実習」『東京学芸大学教育学部付属教育実習研究センター紀要』第20号　1998　19頁～34頁
⑮飯田秀一他「幼稚園教育教員養成課程のカリキュラム改善のための研究（Ⅱ）－附属幼稚園における「教育実習」過程の分析を中心にして－」『東京学芸大学　教育実習の改善に関する研究』第3集　1989　319頁～326頁
⑯D.ショーン著，佐藤学・秋田喜代美訳『専門家の知恵－反省的実践家は行為しながら考える』あゆみ出版　2003　19頁～52頁

おわりに

　平成13，14年度の文科省の「幼・小連携の事業」に取り組んで以来，約10年間，小川先生と岩田先生が，「教育のあり方」について，私に研究する機会を与えてくださった。最初は，私の実践について，東京から通って下さる程の価値がどこにあるのか，分かりにくかった。しかし，この研究で教育にとって何が大切なのか，また，どのように子どもを指導していくのかが明確になったといえる。特に，私の授業を観て，小川先生と岩田先生とが議論される内容や岩田先生の緻密な分析は，自分の授業改善と子どもへのかかわり方，私が目指す「子ども主体の授業」を確かなものにしてくれた。また，実践者として，2人の議論に加わらせていただける喜びも大きかった。

　この研究を本にまとめる企画は，小川先生より早くから言われていたが，私が実践をまとめるのに時間がかかってしまった。それは，「子どもの主体や意欲」といった子どもの内面を軸として書き表す難しさだった。そのために，小川先生と岩田先生，出版社の長渡晃氏には，長いこと待たせてしまった。それにもかかわらず，私のつたない実践をこのように大切にし，本に残してくださった小川先生・岩田先生・長渡晃氏に深くお詫びし，心より感謝申し上げたい。そして，この本が，教育に携わる先生方の心に留まることがあるなら幸せに思う。

　最後になったが，この研究が出来たのは，個人的な研究を応援してくださった西森達雄元校長先生，そして，それをさらに進められるようにしてくださった重谷隆元校長先生，教職員の自主的研修を外部へ広げてくださった大西一富校長先生，また，どのクラスでも気軽に授業させてくださったり，自主研修「スマイル」の会に参加してくださった荒川小学校の先生方のお陰である。本当に，ありがとうございました。

本庄冨美子

本書は，「子ども集団における規範意識形成の理論的・実証的研究」平成19年度〜平成21年度科学研究補助費基盤研究(c)（研究代表　岩田遵子，研究分担　小川博久）と「子どもの居場所となる学級集団形成過程の演劇論的研究」平成22年度〜平成24年度基盤研究(c)（研究代表　岩田遵子，研究分担　小川博久）による研究成果をまとめたものである。

　初めて本庄教諭の授業を参観した際のことは，10年以上経った今でもよく覚えている。2月の半ば過ぎのことだった。2年生の本庄クラスの子どもたちは〈スーホーの白い馬〉の劇の練習をしていて，その日の授業はひとつひとつの場面について，どのような動き方が良いかを皆で考えながら進められていた。どの場面を練習するかを，子どもたちの方が本庄教諭よりもよく分かっていて，本庄教諭も子どもたちもそのことを喜んでいる風だったり，監督役の子どもが「先生，今の○○さんの（パフォーマンス），凄く格好よかった〜。もう1回観たい！」と嬉しそうに飛び跳ねながら言い，本庄教諭がそれに賛同してその場面が再度演じられたりして，本庄教諭が授業を進めてはいるのだが，子どもたちが主体となって進めている感じが強かった。さらに驚いたことに，発達に難を抱えた子どもがいると聞いていたのに，どの子どもなのかは分からなかった。参観中にどの子かを教えていただいたが，その子は他の子どもたちと一緒に楽しそうに話し合ったり，パフォーマンスをしていたりしたので，1学期のうちはクラスから外れていたということの方が信じ難かった（このクラスの様子については，前著に詳しく紹介してある）。どうしたら，こんなクラスになるのだろう。それを解き明かしたいと思った。

　それ以降，約10年間，本庄教諭の実践を追いかけてきた。指名されて答えに窮している子どもに，他の子どもたちが答えを教えるのではなく，その子が

自分で考えを進めていけるようにヒントを言ったり，励ましたりする姿が頻繁に見られるのが，印象的だった。「勉強ができてもそれだけでは何の意味もない。まだ理解できておらず困っている友たちを助けてあげられて初めて価値がある」という本庄教諭の価値観をクラスの皆が共有しており，支援を要する子どもが縄跳びを飛べたり，当番活動を皆と同じように遂行できたり，発言できたりしたときに，自分のことのように喜ぶ姿を，幾度となく目の当たりにし，その度に感動を覚えた。

　本庄教諭の授業は，どの授業も子どもたちが主体的に活動することによって展開するが，それが可能なのは，他の子どものことを自分のことのように思えるような関係が築かれているからこそである。今流行りの「アクティブラーニング」は，授業を展開する単なるテクニックとして論じられる傾向にあるが，学級経営と切り離して論じられるべきではない。本庄教諭の授業は一斉教授形態でも，子どもたちが自分たちで活動を展開し，アクティブラーニングへと移行する側面を多分に持っている。子どもたちの主体的な活動が始まるのは，本庄教諭が仕掛けるというよりは，本庄教諭の意図を超えたところで，子どもたちが自発的に展開していくのである。「子どもが主導する授業」と題された第3章で紹介した授業はいずれもその例である。そしてそれらの授業実践は，他の章で紹介した実践と通底している。

　私たちが取り組んだのは一斉教授でもアクティブラーニングになるような本庄教諭の授業実践の特質を，フィールドワークによって明らかにすることである。前著と合わせて，少しは明らかになったのではないかと思う。

　本書が完成したのは，何よりも10年間，いつも私たちを快く受け入れ，歓待して下さった本庄教諭と本庄クラスの子どもたちのおかげである。小学校という組織全体としては，外部の研究者がひとりの教師のみの授業を参観するこ

とは，手放しで喜ばれたわけではないと思う。教育実践をフィールドワークすることの難しさを感じたことも無かったわけではない。それでも本庄教諭はいつも私たちを歓迎してくださった。心よりお礼申し上げたい。

　また，遅筆な私を常に励まし，原稿の完成と校正を驚くべき忍耐力で待ってくださった小川博久先生には感謝をしても仕切れない。いろいろな現象が入り混じっている実践を理論的に読み解くには，議論することが欠かせないが，姫路への往復新幹線の車中でも研究室でも，小川先生は私の研究の師匠として，また実践現場に通う同志として，常に言葉足らずの私の思考に付き合ってくださった。先生との議論と，先生の類稀なる忍耐力が無ければ，この本は完成しなかったと思う。

　そして最後に，出版の構想から長い期間，小川先生と同じくらい辛抱強く待ってくださった長渡晃氏には，心より謝意を表したい。この本がなんとか出版の日の目を見ることができたのは，長渡氏の誠実な仕事のおかげである。

　この本を手に取り，最後までお読み下さった読者の方々から，忌憚のないご意見を賜ることができれば，嬉しい限りである。

岩田遵子

2018年3月

■ 著者紹介 ■

小川　博久（おがわ　ひろひさ）

1936年	東京都生まれ
	東京教育大学大学院博士課程満期退学
	北海道教育大学釧路分校を経て東京学芸大学教授退官。その後日本女子大学教授を経て，現在，聖徳大学教授（通信教育課程大学院博士課程担当）
	東京学芸大学名誉教授，日本保育学会会長，野外文化教育学会会長，中央教育審議会幼児教育部門専門委員，日本学術会議子どもを元気にする環境づくり戦略・政策委員
著　書	『保育実践に学ぶ』建帛社
	『年齢別保育実践シリーズ　遊びが育つ　1歳から5歳』フレーベル館
	『「遊び」の探求』生活ジャーナル社（共著）
	『保育援助論』生活ジャーナル社
	『子どもの「居場所」を求めて』ななみ書房（共編著）
	『遊び保育の実践』ななみ書房（共編著）
	『遊び保育論』萌文書林

岩田　遵子（いわた　じゅんこ）

1962年	宮崎県生まれ
1988年	東京芸術大学音楽学部大学院音楽研究科音楽教育専攻修了
2004年	日本女子大学人間生活学研究科人間発達学専攻博士課程後期単位取得修了
2005年	日本女子大学人間生活学研究科博士（学術）学位取得
	小田原女子短期大学講師，県立新潟女子短期大学助教授，東横学園女子短期大学准教授を経て，現在，東京都市大学人間科学部児童学科教授
著　書	『現代社会における「子ども文化」成立の可能性』風間書房
	『「遊び」の探求』生活ジャーナル社（共著）
	『子どもの「居場所」を求めて』ななみ書房（共編著）
	『遊び保育の実践』ななみ書房（共著）

本庄冨美子（ほんしょう　ふみこ）

1952年	兵庫県生まれ
1974年	東京学芸大学幼稚園科卒業
1974年	姫路市公立小学校教諭（38年間勤務）（生活科，総合的な学習の研究）
2001年	兵庫県「幼・小連携事業」研究委員
2007年	姫路市幼児教育共通カリキュラム作成委員
2010年	兵庫県優秀教職員表彰受賞
2012年	文部科学大臣優秀教員表彰受賞
2012年	姫路市公立小学校非常勤講師
	（不登校，特別支援児童の指導，現職職員の指導）

授業実践の限界を超えて ある教師の表現者としての教育実践

2018 年 4 月 1 日　第 1 版第 1 刷発行

●著　者	小川博久／岩田遵子／本庄冨美子
●発行者	長渡　晃
●発行所	有限会社　ななみ書房
	〒 252-0317　神奈川県相模原市南区御園 1-18-57
	TEL　042-740-0773
	http://773books.jp
●絵・デザイン	磯部錦司・内海　亨
●印刷・製本	協友印刷株式会社

©2018　H.Ogawa,　J.Iwata,　F.Honsho
ISBN978-4-903355-45-0
Printed in Japan

定価は表紙に記載してあります／乱丁本・落丁本はお取替えいたします